知识搜索对
企业创新绩效的作用机理

苏道明　吴宗法　著

The Influence Mechanism of Knowledge Search
on Enterprise Innovation Performance

同济大学出版社·上海

内 容 提 要

知识经济时代,企业所处的商业环境不断变化,科学技术的发展也日新月异。企业在激烈的市场竞争中想要获取或者保持竞争优势唯有不断创新,这就要求企业在利用好现有知识的基础上,广泛搜索和利用外部知识来开展创新。在这个过程中,企业会面临一个难题:制订怎样的知识搜索策略才能更好地促进企业创新绩效。这就需要探究出知识搜索策略对企业创新绩效的作用机理,从而帮助企业进行有效的管理和资源配置,合理选择知识搜索策略,促进企业提升创新绩效。本书围绕"企业如何增强知识搜索策略对创新绩效的作用效果"这一命题展开剖析,并试图解答以下四个问题:①知识搜索及其二元效应如何影响创新绩效?②为什么知识搜索宽度对企业创新绩效具有倒 U 形曲线效应?③企业外部环境是如何调节知识搜索策略与企业创新绩效之间的关系?④关系嵌入性是如何调节知识搜索宽度与创新绩效之间的关系?本书的出版不仅推进了知识搜索领域相关研究的进展,还帮助读者更加深入地理解知识搜索策略,同时也为企业进行知识搜索实践提供了一定的参考和借鉴。

图书在版编目(CIP)数据

知识搜索对企业创新绩效的作用机理/苏道明,吴宗法著. —上海:同济大学出版社,2022.8
ISBN 978-7-5765-0234-3

Ⅰ.①知… Ⅱ.①苏… ②吴… Ⅲ.①企业创新-企业绩效-知识管理-研究 Ⅳ.①F273.1②F272.5

中国版本图书馆 CIP 数据核字(2022)第 086337 号

本书由同济大学管理科学与工程上海市高峰学科资助出版

知识搜索对企业创新绩效的作用机理
苏道明　吴宗法　著

责任编辑　陆克丽霞　　**责任校对**　徐春莲　　**封面设计**　陈益平

出版发行	同济大学出版社　www.tongjipress.com.cn	
	(地址:上海市四平路 1239 号　邮编:200092　电话:021-65985622)	
经　销	全国各地新华书店	
排　版	南京文脉图文设计制作有限公司	
印　刷	大丰科星印刷有限责任公司	
开　本	710 mm×1000 mm　1/16	
印　张	16.75	
字　数	335 000	
版　次	2022 年 8 月第 1 版	
印　次	2022 年 8 月第 1 次印刷	
书　号	ISBN 978-7-5765-0234-3	
定　价	88.00 元	

本书若有印装质量问题,请向本社发行部调换　　　版权所有　侵权必究

前　言

知识经济时代,企业所处的商业环境不断变化,技术更新和市场环境变化越来越快,企业在激烈的市场竞争中想保持或者获取竞争优势唯有不断地创新,而这就要求企业在利用现有知识基础之上,广泛搜索和利用外部知识开展创新活动,因此知识搜索策略对于企业就显得至关重要。

随着消费者需求变化加快、产品的复杂度和集成性加剧,企业在产品或服务上的创新迫切需要企业关注内部和外部的知识源,尤其是能给企业提供更多的创新选择和新思路、新技术的需要,客观上要求企业关注外部知识网络中的新知识。因此,企业知识搜索策略对企业创新的影响引起了学界的关注,知识搜索研究者从不同的维度对外部知识搜索进行了考察,但是关于知识搜索策略与企业创新绩效的关系在实证研究过程中并未达成一致的观点。有学者提出外部知识搜索能够为企业带来异质性的知识,扩充企业知识基础,从而避免企业陷入能力陷阱或核心刚性,因此外部知识搜索对企业创新绩效具有正向促进作用。但也有学者指出,开展知识搜索是需要付出时间资本等组织资源的,对于企业而言,受认知能力的限制,不加约束的知识搜索会给企业带来财务和吸收能力上的压力,从而对企业的创新绩效产生负向作用。近期,有学者通过实证衡量知识搜索对企业创新绩效的成本和收益,并提出知识搜索策略对企业创新绩效具有倒 U 形曲线效应。由此可见,知识搜索与企业创新绩效之间的作用机理比较复杂。在开放式的创新环境下,企业和外部知识源之间的交互变得更加容易,企业创新所需要的知识资源可以通过内部知识挖掘来完成,也可以通过外部知识搜索来实现,但是企业自身的知识治理机制、吸收能力和企业所处的外部环境的动荡性和敌对性会加剧企业利用知识搜索策略进行创新的难度。企业面临着一个选择:制订怎样的知识搜索策略才能更好地促进企业创新绩效。这就需要打开知识搜索策略作用于企业绩效的"黑箱",探究知识搜索策略作用于企业创新绩效的机制,从而帮助企业进行有效的管理和配置资源,合理选择知识搜索策略,促进企业创新绩效的提升。

本书致力于打开知识搜索策略对企业创新绩效的作用"黑箱",围绕"企业如何促进知识搜索策略对企业创新绩效的作用效果"这一命题展开剖析。从组织结构与体制的角度切入,引入知识治理机制和吸收能力作为知识搜索和企业创新绩效作用过程的中介,并且将外部环境特征和关系嵌入性作为调节变量纳入模型,以打开知识搜索策略是如何作用于企业创新绩效这一"黑箱"。具体而言,本书从以下几个方面逐层深入展开探讨:首先,研究知识搜索的宽度与深度对企业创新绩效具有怎样的作用效果,知识搜索宽度与知识搜索深度的联合维度和平衡维度对于企业创新绩效的提升又有怎样的影响。其次,研究为什么知识搜索宽度对企业创新绩效具有倒 U 形曲线效应,知识搜索宽度通过怎样的机制和路径作用于企业创新绩效。再次,研究企业的外部环境(环境动荡性和环境敌对性)如何调节知识搜索策略与企业创新绩效之间的倒 U 形曲线关系。最后,研究关系嵌入性(信任、信息共享和共同解决问题)是如何调节知识搜索宽度与企业创新绩效之间倒 U 形曲线关系的。本书在回顾文献的基础上,首先运用探索性案例研究,经过调研和访谈获得原始数据,然后对原始数据进行案例内分析,形成案例数据编码表,再进行案例间分析,建构初步理论和相关假设。在此基础上,我对上海、河南、浙江等地的创新类企业的 273 份调查问卷数据进行初步的统计分析,并针对问卷量表的信度、效度和同源方差进行检验,在样本达到研究所要求的基本条件之后对各个变量进行描述性统计分析和相关分析,再利用层级回归和结构方程的方法进行实证检验。

本书最终得出以下主要结论:

(1) 知识搜索深度对企业创新绩效具有显著的正向线性效应,知识搜索宽度对企业创新绩效具有倒 U 形曲线效应。

(2) 知识搜索宽度与知识搜索深度的联合维度对企业创新绩效具有显著的正向线性效应,表明知识搜索宽度和知识搜索深度能够弥补彼此间的不足,在企业创新过程中具有同等重要的作用,企业保持这两种知识搜索策略比单一使用一种知识搜索策略更能促进企业创新绩效;知识搜索宽度与知识搜索深度的平衡维度对企业创新绩效具有显著的正向线性效应,这说明单独采用知识搜索宽度策略或者单独采用知识搜索深度策略都有可能给企业带来创新风险,而保持知识搜索宽度与知识搜索深度之间的平衡则能有效降低风险。

(3) 企业的知识搜索策略并不完全直接影响企业的创新绩效,而是通过知识治理机制和吸收能力两种中介机制作用于创新绩效。知识搜索宽度对于企业创新绩效的作用具有两面性:一方面知识搜索宽度搜索到的新知识具有知识治理价值;另一方面,又可能存在吸收能力问题(由于企业现有知识基础有限,新知识的复杂性和异质性导致其难以被吸收和转移)。知识治理机制和吸收能力对企业创新绩效都有正向影响。

(4) 不同的外部环境特征对知识搜索策略与企业创新绩效之间的关系具有不同的调节效应。其中,环境动荡性只对知识搜索深度和企业创新绩效之间的关系具有显著的正向调节效应,而环境敌对性则只对知识搜索宽度和企业创新绩效之间的关系具有显著的正向调节效应。

(5) 关系嵌入性(信任、信息共享和共同解决问题)对知识搜索宽度和企业创新绩效之间的关系具有正向调节效应。这说明关系嵌入性能力的增加能够提高从外部知识源获取新知识的能力,进而促进企业创新绩效的提升。

本书对于知识搜索与企业创新绩效之间关系的相关理论进行了拓展和深化:

(1) 验证了知识搜索宽度与企业创新绩效的倒U形曲线效应,说明目前在我国企业中知识基础建设已经初见成效,而且在企业中已经出现了过度的知识搜索现象。

(2) 突出了知识搜索宽度与知识搜索深度的联合维度与平衡维度对企业创新绩效的贡献,这一结论区分了知识搜索宽度与知识搜索深度的联合维度与平衡维度对企业创新的不同影响机制,指出知识搜索对企业创新的影响可以从组织二元效应的视角出发。

(3) 构建了知识搜索宽度作用于企业创新绩效的中介机制模型,揭示了知识搜索宽度为什么会对企业创新绩效产生倒U形曲线效应。深化了知识搜索宽度对创新绩效倒U形曲线效应的解释,为解决现有研究中关于知识搜索对创新绩效影响的争论提供了一个新的视角。

(4) 考察了外部环境特征(环境动荡性和环境敌对性)和关系嵌入性在知识搜索策略对企业创新绩效作用机制中的不同调节效应,这一发现有利于理解企业所处的环境以及企业和外部知识源之间的关系是如何影响创新效果的,进一步扩展了结构权变理论的适用范围,推进了知识搜索领域及相关研究的发展,为提高理解知识搜索策略提供了更加全面和深入的理解与认识。

感谢同济大学管理科学与工程上海市高峰学科资助本书出版。

目　录

前言

第1章　绪论 ………………………………………………………… 001
 1.1　研究背景 ………………………………………………………… 001
 1.2　研究问题 ………………………………………………………… 006
 1.3　研究设计 ………………………………………………………… 009
  1.3.1　研究方法 ………………………………………………… 009
  1.3.2　技术路线 ………………………………………………… 010
  1.3.3　内容结构安排 …………………………………………… 012
 1.4　主要创新点 ……………………………………………………… 013

第2章　文献综述 …………………………………………………… 015
 2.1　知识搜索研究综述 ……………………………………………… 015
  2.1.1　知识搜索的内涵与分类 ………………………………… 015
  2.1.2　知识搜索的前因 ………………………………………… 022
  2.1.3　知识搜索的测量 ………………………………………… 029
 2.2　创新研究综述 …………………………………………………… 030
  2.2.1　数据来源与研究方法 …………………………………… 032
  2.2.2　分析与结果 ……………………………………………… 033
  2.2.3　创新绩效的维度和测量 ………………………………… 040
 2.3　知识搜索对企业创新绩效的作用机制研究综述 …………… 043
  2.3.1　知识搜索对企业创新绩效的直接作用机制 …………… 043

2.3.2　知识搜索对企业创新绩效的间接作用机制 …………… 047
　　2.3.3　对现有研究的总结 …………………………………… 050
2.4　知识搜索宽度对企业创新绩效作用的解释变量研究综述 …… 052
　　2.4.1　吸收能力研究综述 …………………………………… 052
　　2.4.2　知识治理的研究综述 ………………………………… 059
　　2.4.3　吸收能力与知识治理的关系 ………………………… 065
2.5　知识搜索对企业创新绩效作用的情景变量研究综述 ………… 068
　　2.5.1　外部环境研究综述 …………………………………… 068
　　2.5.2　关系嵌入性研究综述 ………………………………… 073
2.6　本章小结 ……………………………………………………… 077

第3章　探索性案例研究 ………………………………………… 080
3.1　理论背景与理论预设 ………………………………………… 080
3.2　研究设计 ……………………………………………………… 082
　　3.2.1　案例研究方法概述 …………………………………… 082
　　3.2.2　探索性案例选择 ……………………………………… 084
　　3.2.3　数据资料收集 ………………………………………… 085
　　3.2.4　数据分析方法 ………………………………………… 086
3.3　案例企业简介 ………………………………………………… 086
　　3.3.1　电子企业A …………………………………………… 087
　　3.3.2　通信企业B …………………………………………… 087
　　3.3.3　磁钢企业C …………………………………………… 088
　　3.3.4　客车企业D …………………………………………… 088
　　3.3.5　电气企业E …………………………………………… 089
3.4　案例内分析 …………………………………………………… 089
　　3.4.1　知识搜索 ……………………………………………… 089
　　3.4.2　关系嵌入性 …………………………………………… 096
　　3.4.3　外部环境特征 ………………………………………… 100
　　3.4.4　创新绩效 ……………………………………………… 104

3.4.5　案例数据信息编码 ·· 109
3.5　案例间分析与初始假设命题提出 ·· 109
　　　3.5.1　知识搜索（宽度和深度）与企业创新绩效 ························· 109
　　　3.5.2　知识搜索（宽度和深度）、外部环境特征与企业创新绩效 ··· 110
　　　3.5.3　知识搜索宽度、关系嵌入性与企业创新绩效 ····················· 112
3.6　本章小结 ··· 115

第4章　子研究1：知识搜索及其二元效应对企业创新绩效的影响 ············ 116
4.1　引言 ·· 116
4.2　理论假设与模型构建 ··· 117
　　　4.2.1　知识基础理论与组织二元论 ·· 117
　　　4.2.2　知识搜索宽度与企业创新绩效 ··· 119
　　　4.2.3　知识搜索深度与企业创新绩效 ··· 120
　　　4.2.4　知识搜索宽度与知识搜索深度的联合维度与企业创新绩效
　　　　　　 ·· 121
　　　4.2.5　知识搜索宽度与知识搜索深度的平衡维度与企业创新绩效
　　　　　　 ·· 122
　　　4.2.6　假设模型 ·· 123
4.3　研究设计 ··· 124
　　　4.3.1　分析方法 ·· 124
　　　4.3.2　数据收集 ·· 125
　　　4.3.3　变量和测量 ·· 127
　　　4.3.4　同源方差检验 ··· 129
4.4　研究发现 ··· 130
　　　4.4.1　信度与效度检验 ·· 130
　　　4.4.2　描述性统计与相关系数 ·· 134
　　　4.4.3　假设检验 ·· 134
4.5　结论与讨论 ·· 136
　　　4.5.1　结论 ·· 136

4.5.2　讨论 ·· 137

第 5 章　子研究 2：知识搜索宽度对企业创新绩效曲线效应的解释·········· 139
5.1　引言 ··· 139
5.2　理论假设与模型构建 ·· 140
　　　5.2.1　知识搜索宽度与知识治理 ··· 140
　　　5.2.2　知识搜索宽度与吸收能力 ··· 141
　　　5.2.3　知识治理与企业创新绩效 ··· 142
　　　5.2.4　吸收能力与企业创新绩效 ··· 144
　　　5.2.5　假设模型 ·· 145
5.3　研究设计 ··· 145
　　　5.3.1　分析方法 ·· 145
　　　5.3.2　数据收集 ·· 148
　　　5.3.3　变量和测量 ··· 148
　　　5.3.4　同源方差检验 ·· 149
5.4　研究发现 ··· 150
　　　5.4.1　信度与效度检验 ··· 150
　　　5.4.2　描述性统计与相关系数 ··· 154
　　　5.4.3　假设检验 ·· 154
5.5　结论与讨论 ·· 158
　　　5.5.1　结论 ·· 158
　　　5.5.2　讨论 ·· 158

第 6 章　子研究 3：知识搜索、外部环境特征与企业创新绩效 ··············· 161
6.1　引言 ··· 161
6.2　理论假设与模型构建 ·· 162
　　　6.2.1　知识搜索宽度与企业创新绩效 ······································· 162
　　　6.2.2　知识搜索深度与企业创新绩效 ······································· 163
　　　6.2.3　环境动荡性的调节作用 ··· 163

        6.2.4 环境敌对性的调节作用 …………………………………… 164
        6.2.5 假设模型 …………………………………………………… 165
    6.3 研究设计 ……………………………………………………………… 165
        6.3.1 分析方法 …………………………………………………… 165
        6.3.2 数据收集 …………………………………………………… 166
        6.3.3 变量和测量 ………………………………………………… 166
        6.3.4 同源方差检验 ……………………………………………… 166
    6.4 研究发现 ……………………………………………………………… 166
        6.4.1 信度与效度检验 …………………………………………… 166
        6.4.2 描述性统计与相关系数 …………………………………… 170
        6.4.3 假设检验 …………………………………………………… 170
        6.4.4 结论 ………………………………………………………… 175
        6.4.5 讨论 ………………………………………………………… 176

第7章 子研究4：知识搜索宽度、关系嵌入性与企业创新绩效 ……… 178
    7.1 前言 …………………………………………………………………… 178
    7.2 理论假设与模型构建 ………………………………………………… 179
        7.2.1 知识搜索宽度与企业创新绩效 …………………………… 179
        7.2.2 关系嵌入性的调节作用 …………………………………… 179
        7.2.3 假设模型 …………………………………………………… 183
    7.3 研究设计 ……………………………………………………………… 184
        7.3.1 分析方法 …………………………………………………… 184
        7.3.2 数据收集 …………………………………………………… 184
        7.3.3 变量和测量 ………………………………………………… 184
        7.3.4 同源方差检验 ……………………………………………… 185
    7.4 研究发现 ……………………………………………………………… 185
        7.4.1 信度与效度检验 …………………………………………… 185
        7.4.2 描述性统计与相关系数 …………………………………… 188
        7.4.3 假设检验 …………………………………………………… 191

7.5 结论与讨论 ·· 195
    7.5.1 结论 ·· 195
    7.5.2 讨论 ·· 196

第 8 章 结论与展望 ··· 198
8.1 主要结论 ·· 199
8.2 理论贡献 ·· 202
8.3 现实意义 ·· 205
8.4 研究局限与未来研究方向 ··· 208

附录 A 访谈提纲 ··· 209
附录 B 企业知识搜索宽度调查表 ··· 211
附录 C 正式调查问卷 ··· 212
参考文献 ·· 217

第 1 章
绪　　论

1.1　研究背景

知识经济时代,技术更新换代速度越来越快,市场需求也在不断变化,企业的创新压力不断增加,想要在激烈的市场竞争中立于不败之地,获得竞争优势,唯有不断地创新(Daghfous,2004b;Prajogo and Ahmed,2006)。企业想在短时间内实现技术创新,伴随开放式创新理念的提出和流行,企业越发认识到仅仅依靠内部已有知识基础去创新是远远不够的,必须在短时间内搜索到技术创新所需的知识,因此知识搜索对于企业而言就显得至关重要。企业在利用自身已有知识的基础上进行广泛搜索,利用外部的异质性知识,方能成功开展创新性活动(Chesbrough,2004)。研究者很早就关注到企业外部知识对企业创新能力的重要影响(Cohen and Levinthal,1990;Rosenkopf and Nerkar,2001),已有研究成果表明,善于利用内外部知识进行创新的企业更容易获得高的创新绩效,并形成自己的核心竞争力,从而在竞争中获得更大优势(Calantone,Dibenedetto,and Bhoovaraghavan,1994;Griffin,1997;Han,Kim,and Srivastava,1998)。进化经济学认为,外部知识搜索能帮助企业寻找异质性知识,通过知识的重新组合带来创新(Nelson and Winter,1982;Von Hippel,1988)。如2012年9月,由教育部科技发展中心主办,清华大学、锐捷网络协办的"互联网应用创新开放平台联盟",共有120多所大学和企业加入其中,广泛开展校企合作,通过这种合作激活企业内外部知识,降低了企业搜索信息、成果的难度,更有利于企业获取原创技术,从而提高了创新成果的商业转化率。因此,科学合理地搜索并利用企业内外部知识是企业开展创新的有力保障,也是企业在市场竞争中取得成功的基础。基于此,构建并不断提升知识优势成为知识经济时代企业的重要战略任务。

面对日益复杂的环境,开放式创新成为企业有效提升创新绩效的一条捷径。而"互联网+"的普及让跨界变得更为容易,交叉学科的蒸蒸日上为知识搜索提供了可能,也使得跨界的知识搜索的重要性愈发突出。例如,著名的大众汽车,根据中国部分地区雾霾比较严重的状况,为了给驾驶人员更好的空气体验,一方面利用自身在汽车行业积累的知识和经验,另一方面与IBM公司合作,共同研发了一款感知设备,通过这个设备可以监测车内外的PM2.5和有毒物质,并把监测数据资料上传到云空间,IBM通过认知计算以及互联网大数据挖掘得出结论,从而帮助驾驶人员了解开车过程中车内外空气质量的差别,以及怎样规划路线避开重污染地区。

对于企业而言,技术知识可以通过内部研发获得,也可以通过知识搜索获得。但是,对于那些处于追赶地位的企业来说,所有的技术知识若通过内部研发获取可能成本过高,从效益上来说这样并不经济,因此,将内部研发和外部知识搜索结合起来是一种可行的发展战略。

1. 知识搜索已成为企业提升创新绩效的重要手段

企业知识搜索是指企业为了新技术的学习、新产品的开发、新流程的创造、新市场的寻找而开展的知识搜索活动(Sidhu, Klavans, and Lin, 2007b)。根据演化经济学和知识资源观,知识已成为企业创新的基础和获取竞争优势的重要保障(Nelson and Winter, 1982; Cohen and Levinthal, 1990; Chesbrough, 2006)。知识搜索这个概念的提出最早是在1963年 R. M. Cyert 和 J. M. March 的《企业行为理论》(*A Behavioral Theory of the Firm*),随后知识搜索就成为理论界和实践界共同的研究热点。在相当长的一段时间里,企业管理者往往专注于自己的核心竞争力,如"门门通不如一门精""聚焦核心业务""精简节约"等,而不愿意关注核心业务之外的技术资源,但是随着产品的复杂性不断提升,这便要求企业要善于与外界资源合作,整合多个领域的知识资源为己所用,也就是"所知多于所做"(Brusoni, Prencipe, and Pavitt, 2001)。在这样的背景下,基于知识搜索的创新范式的建立成为西方学者的研究焦点。在现有研究成果中,针对知识搜索的研究往往从不同视角开展,如前因(Guo, Wang, and Xie, 2015)、情景(Chen and Miller, 2007; Cruz-Gonzalez, Lopez-Saez, and Navas-Lopez, 2015)、绩效(Martin and Mitchell, 1998; Singh, 2008)、资源观(Kriauciunas and Kale, 2006; Macher and Boerner, 2006)、能力观(Zhou and Wu, 2010)、交易成本理论(Bayona, Garcí A-Marco, and Huerta, 2001; Deng, Guo, and Zhang, 2014)、制度理论(Greve and Taylor, 2000; Giarratana and Mariani, 2014)等。随着对知识搜索研究的深入,研究者们对于知识搜索进行了分类,如根据创新过程中知识搜索的目的分为问题解决式搜索和冗余驱动搜索(Cyert and March, 1963; March and

Simon,1958);根据企业外部知识搜索的广泛程度和对已有内部知识的利用程度分为宽度搜索和深度搜索(Katila and Ahuja,2002);根据组织二元性(Duncan,1976;March,1991),从企业对搜索知识的熟悉程度可把知识搜索分为探索式搜索和利用式搜索(Fleming,2001;Russo and Vurro,2011);根据企业知识搜索的来源可把知识搜索分为本地搜索和远程搜索(Almeida,Dokko,and Rosenkopf,2003;Afuah and Tucci,2012)。

开放式创新要求企业的创新活动和知识资源必须涉足整合多个不同的领域。为了能够及时识别和抓住机会并创造价值,企业需要进入陌生的但是可能会给自己带来商业价值的新兴领域,这时就需要企业具备一定的有关这个新兴领域的知识,如此才能及时识别出现的新机会(Breschi,Lissoni,and Malerba,2003)。虽然识别了新出现的机会,但是抓住这个机会并结合自身能力进行创新还需要一定的知识基础(Suzuki and Kodama,2004)。在实践中,企业会为新产品的研发和流程的优化不断地进行知识资源的投入,同时会为了获得战略竞争优势而进行特定知识的储备,这些举措都会拓宽企业已有的知识基础,从而在专注于增强自己的核心竞争力的同时具备了更强的知识搜索能力,尤其是对搜索到的异质性知识的吸收能力,从而有助于企业推出创新性的且满足市场需求的产品(Garcia-Vega,2006)。在一些行业,如手机行业,产品更新换代的速度很快,为了能够更有效且更快地让自己的设计变成产品,需要和供应链涉及厂商建立良好关系,这就要求企业掌握多种知识(Gambardella and Torrisi,1998)。

在知识搜索战略的实施过程中,企业通过广泛搜索质量高的且与自身业务相关的知识,就更容易识别出有利于自身创新的知识资源,从而通过整合、吸收、重构产生新的知识。如日本的佳能公司坚持知识搜索战略,不断扩展自己的知识搜索宽度和知识搜索深度,佳能公司80%~90%的专利都来自生产部门,每一个生产部门都有一个研发中心,承担了光学、电子、新材料和信息等方面的研究工作,同时还有研究中心负责把这些技术产品化,从而保证佳能公司在多个领域始终保持领先地位。已有研究表明,"闭门造车"式创新会给公司带来很严重的负面结果(Chesbrough,2006)。在市场竞争日趋激烈的今天,开放式创新已成为企业获取竞争优势的必由之路,因此,企业在面临知识搜索时,应多头并举,而不能仅采用单一的知识搜索方法。如佳能公司在无资源无时间从事所有必需技术研究时,会通过交换技术、购买专利、合资或技术转让等策略来完成创新所必需的知识搜索。

宝钢、海尔等企业较早地认识到知识搜索战略对于企业创新的重要性,当市场竞争环境发生变化时,通过知识搜索敏锐地抓住了市场机会,并迅速围绕自己的业务范畴进行了新业务的开发,同时,应对竞争进行全方位的知识储备,最终在多个领域都培育了自己独特的核心竞争力。知识搜索战略帮助宝钢集团发展成为一个以钢铁为主、多业并举的结合实业、贸易和金融为一体的跨行业、跨所有制、跨地区、跨国经营的大型企业集团。知识搜索战略也使海尔从一个产品单一的街道工厂发展为涉足多个领域的世界五百强企业,为了贯彻知识搜索战略,海尔更是确立了"致力于颠覆传统企业自成体系的封闭系统,变成网络互联中的节点,互联互通各种资源,打造共创共赢新平台,实现攸关各方的共赢增值"的战略目标。

创新是一个复杂的过程,其基础是企业接触到的各种知识(Sammarra and Biggiero,2008)。知识搜索不仅为创新提供了知识基础,也与创新形成了螺旋上升的关系。大型企业如果实施多元化战略,会在业务多元化创新中受益,同时又会促进创新和经济增长(Suzuki and Kodama,2004)。知识搜索战略对于企业而言具有十分重要的意义,但是企业该如何开展知识搜索战略,才能以较低的投入获取更高的回报?因而,研究知识搜索对企业创新绩效的影响机制就变得很有意义了。

2. 扩大知识搜索宽度是企业提高创新绩效的重要途径

知识搜索是企业为了新技术的学习、新产品的开发等经营活动而开展的信息和知识的搜寻活动,知识搜索的目的是为企业创新活动提供知识基础,企业的知识搜索活动可以通过对现有知识进行深入发掘利用来实现,也可以通过与外部机构如高校、企业进行技术合作、联盟或技术并购(Cantwell and Santangelo,2006)来达到目的。

囿于企业自身资源限制,加上技术的复杂性、研发成本的不可控性、知识量的增加和扩散速度的提升以及产品的生命周期越来越短,企业若仅仅依托自身所拥有的知识基础,不仅增加了创新风险,同时创新效果还未必理想。所以,越来越多的企业认识到想要通过知识搜索取得高效的结果,不能只关注自己已有的知识,更要放眼外部知识源(Chesbrough,2006),即重视增加知识搜索宽度。

特斯拉在重视知识搜索宽度方面是业界榜样,它将自己拥有的所有专利都开了源,这么做便能让世界电动汽车行业的其他企业扩大知识搜索宽度,增加了弯道超车的可能性,同时,也方便更多的企业投身到电动汽车研发创新中,促进了电动汽车行业的繁荣。当然,我们应该注意到,由于特斯拉开放了自己的专利,从而让更多的企业采用了特斯拉的标准,这不仅提高了特斯拉技术的普适性,也让特斯拉在未来电动汽车标准制订上占了先机。特斯拉的技术盟友达到一定量级之后,都得采用特斯拉的充电标准,特斯拉就可以建立一个以特斯拉技术为支持的产业联盟。特斯拉不仅是电动汽车的制造者,同时也是核心电池资源的掌控者,这最终提升了特斯拉的竞争优势。

英特尔公司在扩大知识搜索宽度方面的做法主要是赞助大学研究、在大学周边建立开放式合作研究实验室、与其他公司结盟和收购。英特尔赞助了500多所大学，并且在业务关联的大学周围建立了开放式合作研究实验室，实验室一般由20个英特尔的研究人员和20个来自大学各研究院的人员构成。实验室所有权归英特尔，但是研究环境是开放性的，而且部分项目是完全开放的。英特尔公司非常重视向企业外部进行知识搜索和学习，此举帮助英特尔公司获得很多新想法并取得知识产权，英特尔公司会根据知识搜索的结果每两年更新一次战略规划，从而保证战略方向的正确性。

近年来，国内很多企业也注意到外部知识搜索对于创新的重要性，因而都采取了开放式创新战略，加强了外部知识搜索活动，利用外部知识来提升创新绩效。如小米公司面对竞争异常激烈的手机市场，为了获取比其他安卓（Android）手机厂商更强的竞争优势，除了采用差异化的战略推出了MIUI、米聊，更重要的是扩大了公司的知识搜索宽度，在公司外部服务方面对接了一批关联公司，如金山软件、优视科技、多玩、拉卡拉、凡客诚品、乐淘等，这样就形成了以小米手机为纽带的移动互联网生态圈，从而保证了小米公司的低成本、高效率、整合速度快和双向推动作用。海尔集团树立了"世界是我们的研发中心"理念，成立了海尔开放创新平台，平台由来自8个国家的内外部专家和学者团队共128人组成，涵盖了海尔、高校、供应商、消费者等，目的是真正研发出能够解决消费者痛点的需求。目前，该中心历时6个月与全球近千万不同类型用户交互意见，借助大数据技术进行数据挖掘，得到了81万粉丝最关注的122个具体的产品痛点，随后推出了海尔星盒、空气魔方、无压缩机酒柜等智能家居产品，并收到了良好的市场反响和消费者的好评。

随着开放式创新得到广泛认可，越来越多的企业在实践过程中发现通过增加知识搜索宽度，可以带来更多的异质性知识，这种异质性的知识可以为企业提供各种创新的可能，企业经过学习吸收可以实现重构整合，从而提升创新绩效。一个企业的边缘技术可能正是另外一家企业的核心技术（King and Hegarty，2003），而当这些技术和知识组合在一起的时候便会产生"1+1>2"的组合效应。企业加大知识搜索宽度，会接触到更多的异质性知识，而这些异质性知识可以帮助企业达到"取人之长，补己之短"的效果，这也是企业之间合作的出发点。因此，研究知识搜索对企业创新绩效的作用机制具有很强的实践价值。

3. 平衡知识搜索宽度与知识搜索深度是企业提高创新绩效的关键措施

随着企业知识搜索实践活动的不断深入，研究者发现知识搜索宽度与知识搜索深度这一对看似矛盾的选项,如果在一定的资源约束情况下,平衡运用二者比单一采用其中一种知识搜索战略更有利于提升企业的创新绩效。这个现象可以运用组织二元性理论进行解释。组织二元性是 R. B. Duncan 在 1976 年提出的概念,随后有学者不断进行深化拓展,将二元性概括为探索式和利用式(March,1991)。当学者把二元性的概念引入知识搜索战略时,主要分为两大阵营:一是以知识搜索宽度与知识搜索深度作为研究对象(Katila and Ahuja,2002),更多的则是探索式搜索和利用式搜索(Jansen, Van Den Bosch, and Volberda, 2006; Yang, Guo, and Yin, 2008)。知识搜索宽度与知识搜索深度对创新的作用效果会有所不同,与知识搜索宽度相比,知识搜索深度由于是对企业内部已有知识的深层次分析挖掘,因而更有利于吸收和整合。同时,企业已有的内部知识基也决定了对于知识搜索宽度战略搜索到的异质性知识的学习、吸收和重构能力(Veugelers,1997; Cassiman and Veugelers,2006);而搜索到的外部异质性知识可能会弥补已有知识的不足,为企业创新提供更多的可能。如果过度依赖知识搜索宽度搜索到的异质性知识,那么在一定程度上可能会影响企业核心能力的形成,导致在核心技术方面过度依赖外部伙伴,从而影响企业的独立性。如果过度依赖知识搜索深度,则容易陷入知识陷阱,导致核心刚性,从而丧失创新活力。知识搜索宽度与知识搜索深度是一个对立统一关系,在有限组织资源的约束下进行互动,要求企业的职能部门和研发部门共同参与。在知识搜索战略的实施过程中,隐性知识的转移效果和知识搜索技能的增强,能够显著提升企业知识积累(Veugelers,1997)。为了更好地实施知识搜索深度策略,企业平时要注意知识积累,建立完善有效的知识库和检索机制,而更好地实施知识搜索宽度策略则需要更加重视与外部知识源提供者的关系。如果企业能够平衡好知识搜索宽度与知识搜索深度二者的关系,在企业有限资源的约束条件下,可以更好地提升企业的创新绩效(Katila and Ahuja, 2002; Cao, Simsek, and Zhang, 2010;苏道明、吴宗法、刘臣,2017)。

因而,理论界和实践界广泛关注知识搜索宽度与知识搜索深度之间的关系以及知识搜索宽度与知识搜索深度对企业创新绩效的影响机制。知识搜索宽度与知识搜索深度之间是否存在一种平衡关系,如何保持这种平衡,才能更有效地提升创新绩效,这些研究具有重要的理论意义和实践价值。

1.2 研究问题

有研究证明,企业知识搜索策略能为企业提供创新所需的知识、新的视角和解决问题的办法,从而提升企业的创新绩效(Rodan and Galunic,2004;Suzuki and Kodama,2004;Garcia-Vega,2006;Lin,2011;Felin and Zenger,2014)。但是,并非所有搜索到的知识都会给企业创新活动带来正向效应,在企业创新知识管理活动中,潜藏着一些风险和难度,例如会带来企业知识的冗余、知识之间的冲突从而导致选择困难、部分知识难以被学习利用等,因而不利于创新(Breschi,Lissoni,and Malerba,2003)。同时,由于开放式创新理念的普及,带来了外部知识源的多样性和复杂性,从而更是加剧了这种冲突。在这样的背景下,企业迫切需要相关理论来指导企业实践,从而高效地确定合适的知识搜索策略,在企业实践过程中,有效管理和高效配置企业资源,真正发挥出企业知识搜索的优势。基于此,本书围绕核心问题"企业如何制订知识搜索策略从不同的知识源获取知识提升对创新绩效的作用效果"开展研究,力图开启企业知识搜索作用于企业创新绩效的"黑箱"。本书拟循序渐进解决以下几个问题。

(1) 知识搜索宽度和知识搜索深度对企业创新绩效有何种作用效果,其联合维度与平衡维度对于创新绩效的提升有怎样的影响?

早期的知识搜索研究都是从单一维度开展的,直到 Katila 和 Ahuja(2002)首次提出搜索宽度(search breadth)和搜索深度(search depth)的二维划分方法。搜索宽度强调的是在知识搜索过程中对于不同来源的知识应用的比例(Katila and Ahuja,2002;Leiponen and Helfat,2010);搜索深度强调的是企业在知识搜索过程中对于现有知识的利用程度,知识搜索宽度与知识搜索深度都会对创新绩效产生非线性的影响。企业通过实施知识搜索策略,丰富了已有知识储备,扩大了知识基,而这些知识可以为企业实施创新提供多种选择(March,1991),并给企业实施知识吸收提供了基础(Fleming,2001)。但由于知识吸收需要消耗组织资源,因此过于宽泛的知识搜索会增加组织资源的消耗,同时也会带来更多的复杂性和选择困难,从而降低了知识的可靠性(Grant,1999)。如果基于企业现有知识基进行深度挖掘,可帮助企业形成惯例,减少失误发生的概率(Levinthal and March,1981);但是,如果过度依赖知识搜索深度会带来一些负面影响,例如形成核心刚性(Dosi,1988),从而不能更好地适应环境变化。最近,一些学者的研究结论证明了知识搜索宽度与知识搜索深度对创新绩效具有倒 U 形关系(Laursen and Salter,2006;Leiponen and Helfat,2010)。本书将基于中国企业的情景,探究知识搜索宽度与知识搜索深度对创新绩效的影响,并且意图打开作用"黑箱";同时,基于组织二元理论,从联合维度和平衡维度考虑知识搜索宽度与知识搜索深度对企业创新绩效的影响。

(2) 知识搜索宽度对企业创新绩效具有倒 U 形曲线效应的原因探索,知识搜索宽度是通过怎样的机制与路径作用于创新绩效?

随着开放式创新模式的普及,企业受到自身规模和组织资源的约束,为了提升创新绩效,企业需要从顾客、供应商、大学等外部知识源搜索有利于创新的知识资源(Ahuja and Katila,2001;Chesbrough,2006)。增加知识搜索宽度可以增加产品创新性的可能性(Becker and Dietz,2004),但在实践中经常发现,知识搜索宽度对于创新而言是一把双刃剑,一方面,提供了企业创新所必需的新知识,为创新提供了多种选择;另一方面,由于组织资源的限制,随着知识搜索宽度的增加,知识搜索成本也会激增,所以过大的知识搜索宽度对企业来说并不经济,同时过大的知识搜索宽度也带来了知识吸收的困难,可能造成知识冗余。因而,本书认为,企业创新绩效的提升是知识治理和知识吸收能力共同作用的结果,知识搜索宽度增加了企业知识治理难度,而知识搜索策略所搜索到的异质性知识能否被企业高效利用,则受到企业知识吸收能力的影响,即知识搜索宽度对创新绩效的影响,受到企业知识治理和知识吸收能力的直接影响。为了验证该假设,本书引入了知识治理和知识吸收能力两个中介变量,构建了知识搜索宽度作用于企业创新绩效的中介机制模型,提出并验证了知识搜索宽度对企业创新绩效的影响以及知识治理和知识吸收能力在它们之间不同的中介作用,从而打开知识搜索宽度对企业创新绩效作用的"黑箱",揭示了知识搜索宽度对企业创新绩效产生倒 U 形曲线效应的内在机制。

(3) 外部环境(环境动荡性和环境敌对性)如何调节企业知识搜索宽度、知识搜索深度与企业创新绩效之间的倒 U 形关系?

知识搜索宽度与知识搜索深度对创新绩效的作用路径也可能会受到外部环境的影响。具体而言,在当前快速变化和高度不确定的环境中,知识搜索策略搜索到的知识资源很容易因无法适应环境的变化而失去价值,所以需要企业知识搜索策略能适应环境变化、突破现有的运营模式(Barney,1991)。市场动荡性指的是市场构成和顾客偏好的变化程度,技术动态性指的是新的产品技术发展的变化速度(Jaworski and Kohli,1993)。市场的可预测性和市场的变化程度成反比,当市场变化越剧烈,市场的可预测性就越差;当市场环境比较稳定,不会有间断创新的需求,连续创新就可以满足(Miller,2005),企业就没有动力开展知识搜索去提升创新绩效。当市场动荡剧烈时,企业面临客户的构成以及消费者偏好和潜在需求的快速变化,产品的生命周期迅速变短,企业原有的知识和经验急剧贬值,需要企业不断提升创新来推出新的产品和服务,这个时候企业开展实施知识搜索策略的动力会比较强烈。简而言之,在市场比较稳定的情况下,企业通过知识搜索深度方面的挖掘,促进内部交流和知识分享,知识搜索策略主要聚焦在知识搜索深度;当市场剧烈动荡时,企业如果还只聚焦知识搜索深度,侧重于对经验知识的挖掘,经验对创新绩效的功效将会越来越小(Fleming,2001)。如技术环境变化不剧烈,行业技术的可预测性就比较高,从而企业对拓宽知识搜索宽度的需求就比较低,只开展知识搜索深度就可以满足企业市场需求;当面临的技术市场高度变动时,企业现有的知识无法解决技术难题,企业就需要拓宽知识搜索宽度,如参加研发(Research & Development)学习、产学研合作等来搜索新的技术路线,彼时知识搜索宽度可以提供更多的技术机会,从而给创新活动提供足够的动力(Breschi, Malerba, and Orsenigo,2000)。因此,在技术环境比较稳定的情况下,通过做中学和内部交流等知识搜索深度活动可以带来企业创新所需要的知识;但当技术环境变化剧烈时,原有的核心能力可能造成核心刚性(朱朝晖、陈劲、陈钰芬,2009),这时就需要扩大知识搜索宽度以提供新的异质性知识来满足企业创新需要。本书将外部环境纳入知识搜索策略对创新绩效的作用路径中,提出并验证了环境动荡性和环境敌对性对知识搜索宽度、知识搜索深度之于创新绩效关系的不同调节效应。

(4) 关系嵌入性(信任、信息共享、共同解决问题)如何调节知识搜索宽度与创新绩效间的倒 U 形关系?

知识搜索延伸了企业创新资源的边界,但由于企业间规模、组织架构、管理水平和行业背景的差异,信息不对称带来的机会投机主义以及合作动机的不确定性和彼此间工作任务的相互依赖程度等问题的存在,使得创新企业难以搜寻、获取、转移和吸收外部知识。此时,作为一种识别、发展、维护和升级企业间关系的能力,关系嵌入性对于企业开展知识搜索策略、利用外部异质性知识资源具有积极作用(Barden,2012)。关系嵌入性企业间信任、优质信息共享以及共同解决问题的实现,改变了企业知识资源的运用边界和使用价值(Uzzi,1997;McEvily and Marcus,2005),进而促进企业创新绩效的提升。本书将关系嵌入性纳入知识搜索对创新绩效的作用路径中,提出并验证了关系嵌入性对知识搜索与创新绩效关系的调节效应。

1.3 研究设计

1.3.1 研究方法

1. 文献研究

本书的研究主题和理论假设均建立在中英文文献的阅读、分析和归纳基础上，厘清企业知识搜索对企业创新绩效的研究现状，结合协同创新理论、技术创新理论、知识管理理论等多学科理论知识，对知识搜索、知识治理、知识吸收能力、外部环境、关系嵌入性以及企业创新绩效等基本概念进行明确界定，并剖析它们的内涵与特征。在此基础上，构建企业外部知识搜索对企业创新绩效的关系模式与理论分析模型。

2. 探索性案例研究

本书的研究对象与视角均基于中国现实情景，这与国外相关理论与实证研究的前提假设存在差异，而探索性案例研究正是弥补该缺陷、体现情景特殊性的最优方法。在研究过程中，在文献研究的基础上，通过 5 个典型案例，基于案例内分析和案例间分析，提出了基本理论框架和基本命题，并以此作为研究假设提出的基本依据。

3. 问卷调查法

实证检验的数据收集，主要是通过向企业进行调查问卷取得。为了保证问卷的有效性和数据的真实性、可靠性，在文献分析的基础上形成问卷初稿，通过与学术界和企业界的专家、教授开展讨论并对其修改，再进一步通过预测试对题项进行修改和完善，形成最终的调查问卷，从而确保问卷内容的设计质量以及问卷发放流程的有效性。调查历时 4 个月，共收集了有效问卷 273 份，在数量上和质量上都满足了研究需要，为实证研究提供了数据支持。

4. 定量实证研究

本书采用了大样本问卷调查的方法获取研究所需的足够数据，在此基础上利用问卷响应偏差检验、共同方法偏差检验、描述性统计分析、克龙巴赫 α 系数（Cronbach's α）信度检验、效度检验、相关系数矩阵分析、层级回归分析、结构方程建模等统计分析方法对样本数据进行分析，定量检验基本假设，形成有关于企业知识搜索作用于企业创新绩效的基本判断。

1.3.2 技术路线

本书以知识搜索策略为出发点，以提升企业技术创新绩效为导向，从知识治理和知识吸收能力的视角，逐层深入剖析知识搜索、知识治理、知识吸收能力和企业创新绩效之间的关系，技术路线如图 1-1 所示。

首先，在研究背景的基础上，阅读大量国内外关于开放式创新、知识搜索等相关文献，找出理论研究的空白，并提出了四个问题。其次，在以往研究和探索性案例研究的基础上，构建理论概念模型，提出研究假设。再次，通过问卷收集

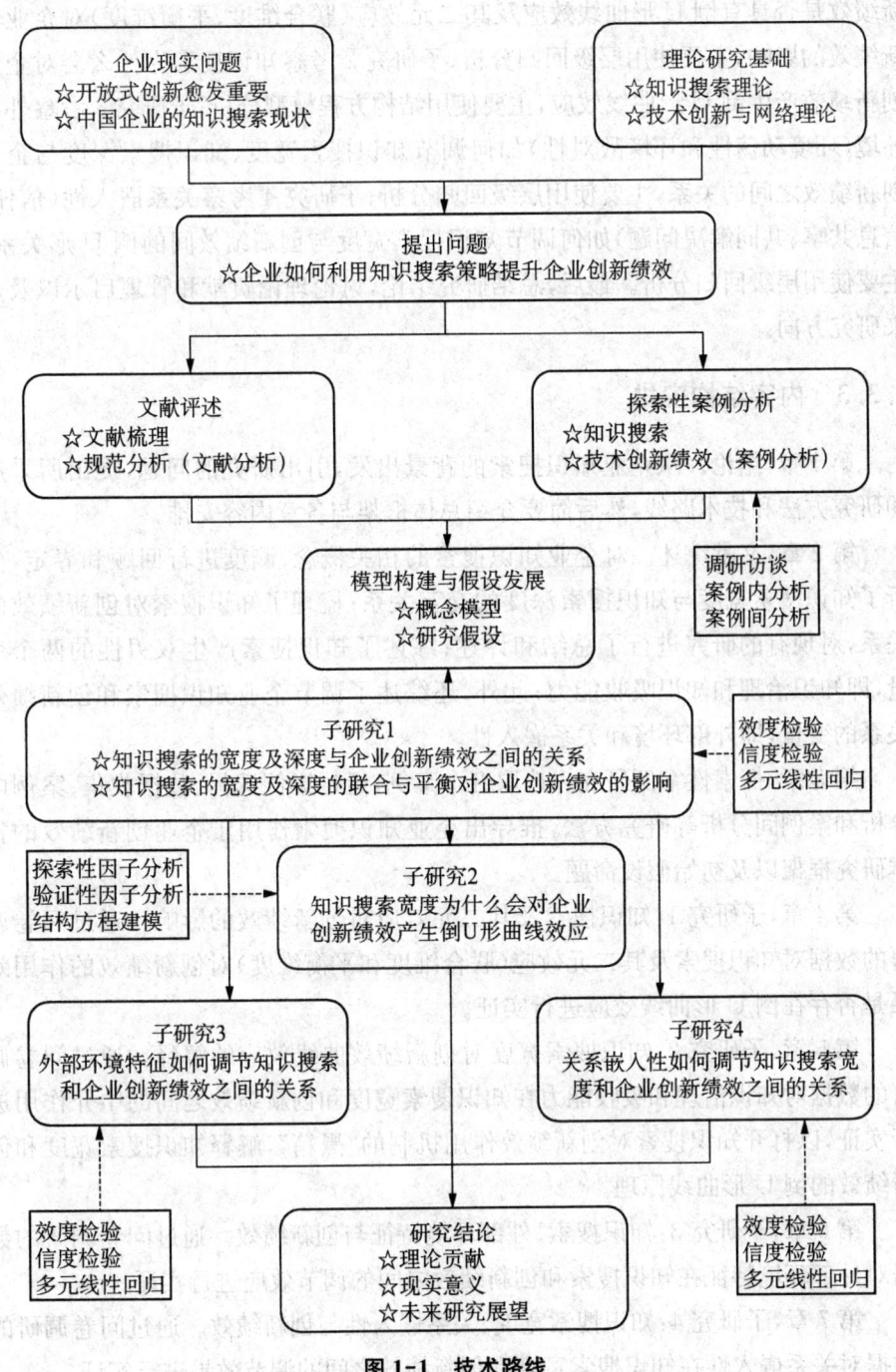

图 1-1 技术路线

数据,检验研究假设。子研究 1 考察企业知识搜索宽度、知识搜索深度对企业创新绩效是否具有倒 U 形曲线效应及其二元效应（联合维度、平衡维度）对企业创新绩效的影响，主要使用层级回归分析；子研究 2 考察知识搜索为什么会对企业创新绩效产生倒 U 形曲线效应，主要使用结构方程模型分析；子研究 3 考察外部环境（环境动荡性和环境敌对性）如何调节知识搜索宽度、知识搜索深度与企业创新绩效之间的关系，主要使用层级回归分析；子研究 4 考察关系嵌入性（信任、信息共享、共同解决问题）如何调节知识搜索宽度与创新绩效间的倒 U 形关系，主要使用层级回归分析。最后，总结研究结论，讨论理论贡献和管理启示以及未来研究方向。

1.3.3　内容结构安排

第 1 章，绪论。从企业知识搜索的背景出发，引出研究的问题，提出所采用的研究方法和技术路线，然后简要介绍总体框架与各章内容安排。

第 2 章，文献综述。对企业知识搜索的相关概念、测度进行回顾和界定，分析了知识搜索宽度与知识搜索深度的交互关系；梳理了知识搜索对创新绩效的关系，对现有的研究进行了总结和评述；综述了知识搜索产生双刃性的两个变量，即知识治理和知识吸收能力；此外，还综述了调节企业知识搜索和创新绩效关系的变量，即外部环境和关系嵌入性。

第 3 章，探索性案例研究。选取五个案例，通过案例选择、数据收集、案例内分析和案例间分析等研究方法，推导出企业知识搜索作用于企业创新绩效的整体研究框架以及初始假设命题。

第 4 章，子研究 1：知识搜索及其二元效应对创新绩效的影响。通过问卷调研的数据对知识搜索及其二元效应（联合维度和平衡维度）对创新绩效的作用效果是否存在倒 U 形曲线效应进行实证。

第 5 章，子研究 2：知识搜索宽度对创新绩效曲线效应的解释。通过问卷调研的数据对知识治理和吸收能力在知识搜索宽度和创新绩效之间的中介作用进行实证，以打开知识搜索对创新绩效作用机制的"黑箱"，解释知识搜索宽度和创新绩效的倒 U 形曲线原理。

第 6 章，子研究 3：知识搜索、外部环境特征与创新绩效。通过问卷调研的数据对外部环境特征在知识搜索和创新绩效之间的调节效应进行实证。

第 7 章，子研究 4：知识搜索宽度、关系嵌入性与创新绩效。通过问卷调研的数据对关系嵌入性在知识搜索宽度和创新绩效之间的调节效果进行实证。

第 8 章，结论与展望。结合现有研究成果对本书的主要结论进行讨论，总结创新点和管理启示，指出研究中仍然存在的不足和有待改进的地方，在此基础上提出今后进一步研究的方向。

本书内容结构安排如图 1-2 所示。

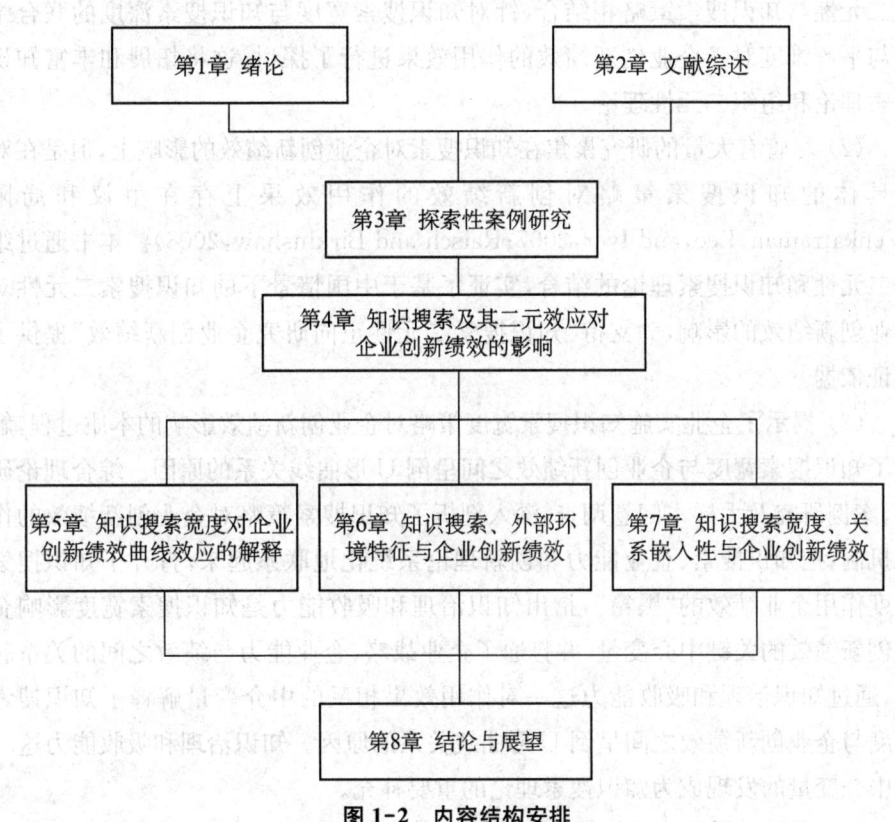

图 1-2　内容结构安排

1.4　主要创新点

本书围绕知识搜索如何影响企业创新绩效这一基本问题,在前人分析方法和研究成果的基础上,结合企业调研、访谈和问卷调查,综合运用严密的理论分析和逻辑推导,形成了四个研究子课题,然后运用回归分析和结构方程实证了理论观点的正确性和有效性。在充分借鉴相关理论和方法的基础上,从以下几个方面进行了创新性研究,拓展和丰富了原有知识搜索、企业网络和企业创新理论体系,体现了研究课题的理论价值和实践指导意义。

(1) 现有理论研究大都从单一维度考察知识搜索对企业创新绩效的影响 (Afuah and Tucci, 2012; Rosenkopf and Almeida, 2003; Almeida, Dokko, and

Rosenkopf，2003)，在探讨组织二元性时，通常也是局限于探索与利用(Gibson and Birkinshaw，2004；Lubatkin et al.，2006；Raisch and Hotz，2010)。本书将组织二元性与知识搜索策略相结合，针对知识搜索宽度与知识搜索深度的联合维度与平衡维度对于企业创新绩效的作用效果进行了探讨，这将拓展和丰富知识搜索理论和组织二元性理论。

(2) 尽管有大量的研究聚焦在知识搜索对企业创新绩效的影响上，但是在对于具体的知识搜索策略对创新绩效的作用效果上存在争议和局限(Venkatraman，Lee，and Iyer，2007；Raisch and Birkinshaw，2008)。本书通过组织二元性和知识搜索理论的结合，实证了基于中国情景下的知识搜索二元性对企业创新绩效的影响，为支持"知识搜索二元性正向研究企业创新绩效"提供了实证依据。

(3) 揭示了企业实施知识搜索宽度策略对企业创新绩效影响的本质过程，解释了知识搜索宽度与企业创新绩效之间呈倒 U 形曲线关系的原因。综合理论研究、案例研究及大样本问卷调查，深入剖析了知识搜索策略对企业创新绩效的作用机制，把知识搜索、企业能力和创新理论系统化地联系起来，打开了知识搜索宽度作用企业绩效的"黑箱"，指出知识治理和吸收能力是知识搜索宽度影响企业创新绩效的关键中介变量，并打通了企业战略、企业能力与绩效之间的关系脉络，通过知识治理和吸收能力这一对作用效果相反的中介变量解释了知识搜索宽度与企业创新绩效之间呈倒 U 形曲线关系的原因。知识治理和吸收能力这一对中介变量的发现成为知识搜索理论的重要补充。

(4) 详细阐释了不同外部环境特征(环境动荡性和环境敌对性)对知识搜索(知识搜索宽度、知识搜索深度)和企业创新绩效的影响机制以及关系嵌入性(信任、信息共享和共同解决问题)对知识搜索宽度与企业创新绩效之间关系的影响机制，并指出环境动荡性只正向影响知识搜索深度与企业创新绩效之间的关系，环境敌对性和关系嵌入性只正向影响知识搜索宽度与企业创新绩效之间的关系，从而拓展了知识搜索研究的广度和深度，为企业根据行业环境特点选择战略突破口、积极嵌入开放创新网络提供了决策依据，为企业实现战略转型升级提供了一个新视角。

第 2 章
文 献 综 述

本章主要对本书所涉及的理论基础和相关研究的有关文献进行综述,从而明确研究的理论切入点。具体而言,首先对企业知识搜索的内涵、分类以及知识搜索宽度与知识搜索深度的二元关系(即联合维度和平衡维度)进行全面综述和剖析,总结知识搜索对创新绩效的直接和间接关系的研究。在此基础上,对该领域现有研究做一个总结并提出可行的研究方向,借此引入知识吸收能力和知识治理机制两个中介变量,并对此剖析,从而试图对知识搜索与创新绩效关系的理论争论做出一个可能的解释。其次,对企业知识搜索宽度、知识搜索深度与创新绩效之间的调节变量,即外部环境特征和关系嵌入性,进行文献回顾与理论分析,为研究提供理论支持。

2.1 知识搜索研究综述

2.1.1 知识搜索的内涵与分类

搜索(search)是企业学习的重要组成部分,能帮助企业应对环境的不确定性(Nelson and Winter,1982),也能帮助企业整合各种科学技术知识,从而更好地提升实践绩效和业务水平(吴晓波、彭新敏、丁树全,2008)。最早系统地提出知识搜索概念的是 R. M. Cyert 和 J. G. March 在 1963 年出版的《企业行为理论》(*A Behavioral Theory of the Firm*)中提出知识搜索是企业生产实践活动重要的组成部分,是帮助企业解决生产实践问题、更好地在市场竞争中获取竞争优势的有效手段。企业知识搜索是指企业为了学习新技术、开展新产品、创造新流程、寻找新市场而开展的知识搜索活动(Sidhu, Commandeur, and Volberda, 2007a)。为了更好地适应激烈的市场竞争,企业需要投入大量的组织资源在创新知识的搜索上。随着开放式创新和跨界创新的兴起,企业知识搜索的本质就是寻找有利于自身推出新业务、新产品的新信息的过程(Laursen and Salter,

2006)。长期以来,理论界和实践界针对知识搜索做了大量研究(Zhang,2014;Shang,Yao,and Liou,2017;Guo Wang,and Xie,2015;Hwang and Lee,2010;Dosi,1988;Shenkar and Li,1999;Rosenkopf and Almeida,2003;董振林,2017;汪玥琦,2016),同时,学术界对知识搜索也产生了不同的分类,从不同的视角去刻画诠释企业的知识搜索行为。

关于知识搜索,理论界已有的研究成果可以概括为两种观点。第一种观点认为知识搜索是企业解决所遇到的问题的一种经营管理活动。这种观点继承并发展了 R. M. Cyert 和 J. G. March 的观点,认为知识搜索在支持企业解决发展中遇到的问题从而让组织更好地适应外部环境方面起着重要作用。演化经济学也持此观点,认为搜索是一种解决经营管理过程中遇到问题的活动,在解决问题的过程中,可以带来技术和知识的重构,从而创造多样性以适应外部环境(Nelson and Winter,1982)。

第二种观点认为搜索是企业学习的过程(Huber,1991;March,1991)。企业通过搜索可以更好地改良或者提高现有技术水平(Nelson and Winter,1982),或者学习和开发新的技能(Makadok and Walker,2010),以便更好地适应外部环境的动荡性(Cyert and March,1963)。伴随着开放式创新逐渐成为实践界的选择和共识,企业的创新活动越来越依赖于各种通道搜索到的新知识和新技术(Garcia-Vega,2006),"知识搜索"也成为技术创新和知识管理研究领域的重要研究内容。国内外学者对知识搜索概念的界定如表 2-1 所列。

表 2-1 国内外学者对知识搜索概念的界定

学者(年份)	定 义
Harrigan(1985)	企业对所服务的顾客不再有吸引力的时候,企业在市场中的再定位、改变计划所做出战略调整的行为
Sanchez(1995)	公司在动态环境下面对市场需求的变化做出快速反应的能力,包括在产品研发过程中对于技术、生产、配送、营销等环节所需新知识的搜寻,公司能否根据市场变化充分利用企业内外部资源因势利导进行创新,研发出市场需要的产品的能力
Lei,Hitt 和 Goldhar(1996)	在知识和能力的支持下公司通过调整其目标而获得的对不确定环境的反应能力,是在对变化的反应过程中公司快速、平稳地重新配置资源的能力
Shimizu 和 Hitt(2004)	当企业识别出外部环境发生重大变化时,能够快速做出反应,根据环境的变化对知识资源进行重新分配以适应外部环境变化的能力

(续表)

学者(年份)	定　　义
Shimizu 和 Hitt(2004)	企业在环境中识别变化因素并迅速将资源投入新环境的能力
Nadkarni 和 Narayanan(2007)	企业通过不断调整其当前战略行为、资源配置及投资策略而促使自身主动变革或适应于环境变化的能力
王铁男 等(2009)	企业通过主动或反应性方式对市场机遇或威胁做出迅速回应,以达到规避管理风险、处理不确定性环境的目的
范志刚(2010)	基于组织内外部资源以及集成内外部资源的能力,企业迅速调整组织内外部的资源、能力和结构,持续地塑造环境,或者对环境的不确定性做出快速反应,从而有效且高效地应对环境不确定性的能力
陈国权 等(2012)	组织为了适应动态环境变化的需要、开发或维持竞争优势,以调整组织的竞争种类与竞争速度的动态能力
裴云龙 等(2013)	企业通过主动或反应性的方式对市场机遇或威胁迅速做出回应,以达到管理风险或不确定性的目的
Zhang(2014)	开放搜寻战略就是从外部搜寻渠道或外部知识源获取知识或创造性思想的方式与方法
卢艳秋 等(2014)	组织占有和控制稀缺性资源以及高效配置和利用资源的能力
Grimpe 和 Sofka(2009)	企业所从事的确认与识别具有潜在应用前景的知识源,并从这些知识源转移知识的活动
张晓棠、安立仁(2015)	企业为解决问题而进行的跨时空、组织与认知边界,搜寻、获取、整合和应用知识资源的活动集合
潘佳、刘益、郑淞月(2017)	从所处环境中寻找、扫描或监测信息、知识和解决方案的行为,包括知识创造和知识重组的问题解决活动,是企业学习过程的重要组成部分

现有的知识搜索研究从不同纬度进行了分类,如图 2-1 所示。早期,学者们研究知识搜索是从地理边界的角度进行分类,将知识搜索分为本地搜索(local search)和远程搜索(distance search)(Nelson and Winter,1982；Helfat,1994；Podolny,Stuart,and Hannan,1996；Martin and Mitchell,1998)；有学者从搜索的知识属性角度把知识搜索分为产品知识搜索(product knowledge search)和工艺知识搜索(process knowledge search)(Katila and Ahuja,2002；Laursen and Salter,2006)；还有学者从知识来源的角度把知识搜索分为科学搜索(science search)和地理搜索(geography research)(Ahuja and Katila,2004)；也有学者突破了以往都是从知识探索这个维度的研究,转而从知识搜索的行为特征进行分类,把知识搜索分为搜索宽度(search breadth)和搜索深度(search depth)

(Laursen and Salter,2006；Katila and Ahuja,2002；Afuah and Tucci,2012；Han,Kim,and Srivastava,1998），其中，搜索宽度表征企业创新所用的知识来自新知识源的知识比例，搜索深度表征企业创新所用的知识来自以往旧知识的比例。最后一个分类方法受到学界的认同，也成为比较常用的划分方法。本书从数据的可得性和研究的普适性出发，也采用最后这种分类方法。

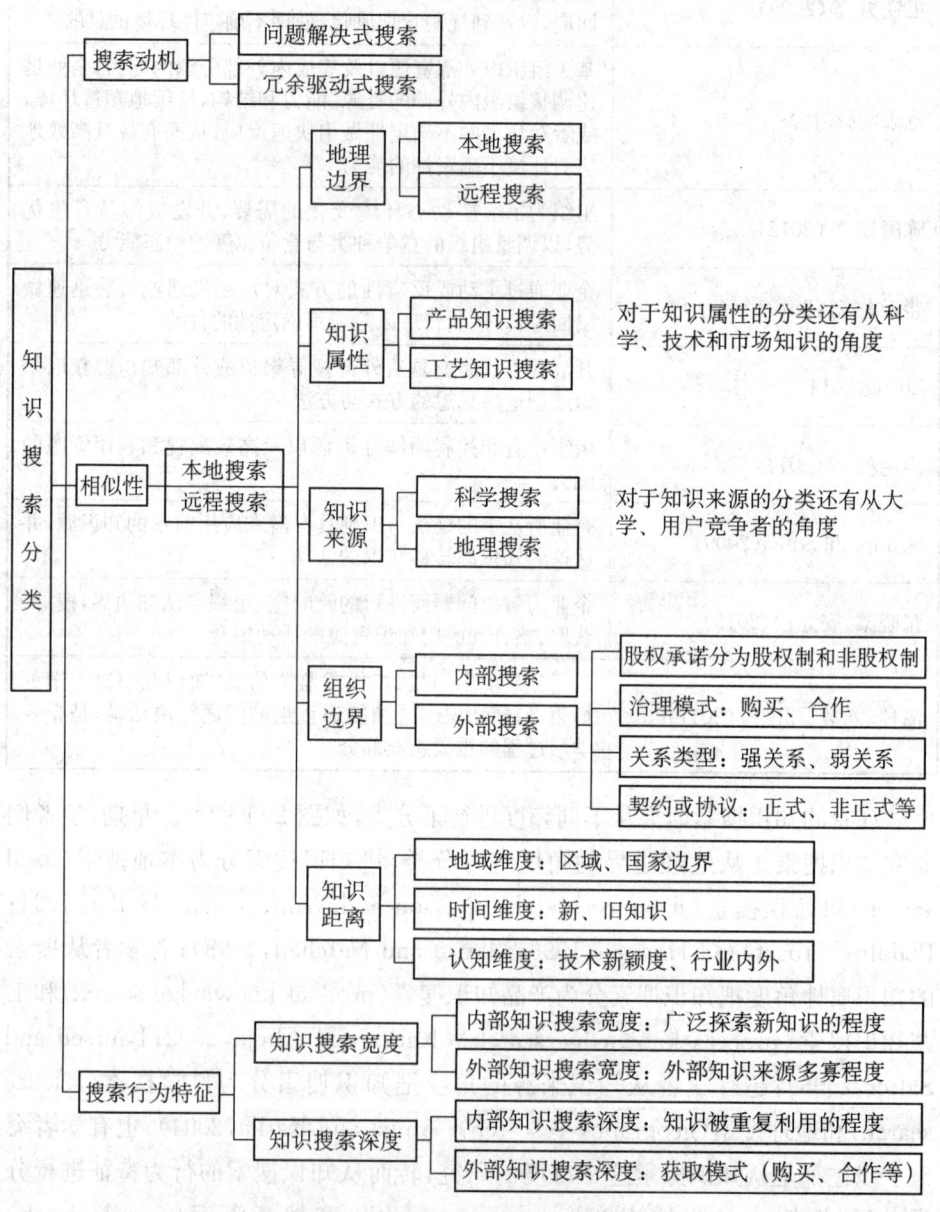

图 2-1　已有研究对于知识搜索的分类

1. 问题解决式搜索和冗余驱动式搜索

对知识搜索最早进行分类是从企业实施知识搜索策略的动机出发,把知识搜索分为问题解决式搜索(problem-solving search)(March and Simon,1958;Cyert and March,1963)和冗余驱动搜索(slack search)(Levinthal and March,1981)。企业在实践过程中会为了研发新产品、开拓新市场、开展新业务而遇到各种问题,解决这些问题需要企业利用已有的知识资源;当企业现有的知识资源无法解决遇到的问题时,就需要企业通过各种途径去搜索可以解决问题的知识资源,来解决企业在实践中遇到的难题(Howells,James,and Malik,2003)。这种为了解决企业运营过程中所遇到的难题而开展的知识搜索活动被称为问题解决式搜索。问题解决式知识搜索主要包含了解决问题全过程中技术知识的搜索和重构(Winter,1984;Katila and Ahuja,2002)。演化经济学在分析企业知识搜索行为时,也主要从问题解决的角度去分析,并认为知识搜索是在组织资源的约束下,按照一定的规则和路径,为了解决企业遇到的问题而开展的一系列活动(Nelson and Winter,1982;Huber,1991;Levitt and March,1988)。与问题解决式知识搜索对应的是冗余驱动式搜索,这种搜索策略并非为了解决企业在实践中遇到的问题,而是为了找到一些新的技术或方法,让企业拥有的但是暂时还没有发挥出其价值的知识资源——这些资源被称为冗余资源(Nohria and Gulati,1996;Levinthal and March,1981)——能够投入生产实践中,从而减少浪费,并带来效益的提升。

2. 本地搜索和远程搜索

有学者在研究知识搜索时,根据知识源提供的知识的相近性和地域上的距离把知识搜索分为本地搜索和远程搜索(Nelson and Winter,1982)。在这个分类基础上,Levinthal(1995)提出了本地搜索和探索式搜索,认为本地搜索可以更好地对企业现有的知识进行重组,从而经验化一些知识,以提高效率;探索式搜索可以为企业提供更多的异质性知识,从而为企业创新提供更多的技术选择和优化的机会。有学者深化了利用和探索的概念,提出了二元学习的概念,区分了利用式学习和探索式学习(March,1991;Katila and Ahuja,2002),在这个基础上,把本地搜索和利用式搜索统一起来,把远程搜索和探索式搜索统一起来。本地搜索或利用式搜索是指企业充分挖掘现有知识资源或是在自己擅长的知识资源附近寻求解决办法;而远程搜索或探索式搜索指的是企业超越了已有知识基础的知识搜索活动(Katila and Ahuja,2002)。本地搜索或利用式搜索活动因为知识搜索活动是在企业熟悉的知识范畴内进行的,所以具有成本低、风险小的优势(Pisano,1990;Helfat,1994;Stuart and Podolny,1996)。根据组织学习理论,组织学习具有积累性特点,企业对于新知识的学习和吸收取决于现有知识基础(Stuart and Podolny,1996;Cohen and Levinthal,1990)。本地搜索正是基于企业现有知识基础搜索新知识(Stuart and Podolny,1996),把企业的注意力聚焦在与企业现有知识基础类似的知识的搜索吸收上,从而让企业在所在领域更为突出(Rosenkopf and Nerkar,2001);同时,本地搜索也能帮助企业在一定程度上减小研发创新活动中面临的技术风险和经济风险(Tushman and Rosenkopf,1992),从而有助于企业更好地适应市场竞争。因此,本地搜索能够促进新知识的吸收,是一种行之有效的知识搜索策略。但与此同时,很多学者也注意到了如果企业知识搜索只是单一地采用本地搜索策略可能会带来一系列问题,如可能带来核心刚性(Leonard,1992),或是跌入能力陷阱(Levinthal and March,1993),也可能造成创新者困境(Christensen and Snyder,1997),进而影响企业的创新绩效。由于创新需要对多种知识进行重构和重新编码,而本地搜索缺乏知识的多样性(Rosenkopf and Nerkar,2001),所以为了更好地提升创新绩效,企业需要从外部其他知识源搜索所需的知识和技术(Chesbrough,2006)。随着跨界创新、开放式创新的兴起,企业需要突破边界以搜索到更多的异质性知识,并对其进行吸收重构,从而带来新的创新上的突破。总结目前学术界对这个边界的认识,有以下几种划分方法。

1) 地理边界

有学者从地理空间的维度出发来对本地搜索和远程搜索进行区分。地理距离指的是所进行的知识搜索这个企业行为是在地理范围内还是突破了企业所在的地理位置(Rosenkopf and Nerkar,2001),若知识源与企业在地理位置上比较近那么这种搜索行为就属于本地搜索,反之则称为远程搜索。通常来说,地理维度上定义的本地搜索在一定程度上会降低企业的搜索成本,增加企业与知识源的沟通,更利于知识的转移。但在实践中,企业经常需要跨越边界进行企业远程搜索,一方面便于引进新技术,另一方面也有利于企业开拓国外新市场。另外,企业也有扩大企业知识基础的需要,远程搜索能带来更多的技术选择,从而有助于企业把握潜在的市场机会(Ahuja and Katila,2004)。

2) 认知维度

从对知识认知的维度区分本地搜索和远程搜索指的是企业将要搜索的知识和企业现有知识基础的邻近程度。如果企业即将搜索的新知识与企业现有的知识差别较小,属于邻近的、熟悉的,那么就属于本地搜索;如果企业即将搜索的新知识对于企业现有知识基础来说是有距离的、陌生的,那么就属于远程搜索

(Rosenkopf and Nerkar,2001;Katila and Ahuja,2002)。与企业现有知识基础差别较小的知识即具有相似性的知识,对企业的创新绩效具有非线性的影响(Ahuja and Katila,2001);与企业现有知识基础相似性大的知识更利于交流和学习,进而促进新旧知识的融合(Grant,1996;Lane and Lubatkin,1998),而陌生的不相似的知识则为企业提供了新的创新选择,可以为企业解决研发问题提供新的思路(Cohen and Levinthal,1990)。当搜索到的相似性大的异质性知识被企业吸收重构后,会增强企业内部知识的异质性,从而扩大企业的知识基,帮助企业识别和搜索更多的异质性知识(Ahuja and Katila,2001)。

3) 组织边界

有学者用组织边界去区分知识源,从而根据组织边界的不同来区分本地搜索和远程搜索,认为在企业内部进行的知识搜索称为本地搜索,在企业外部进行的知识搜索称为远程搜索(Almeida,Dokko,and Rosenkopf,2003),并认为企业的规模会影响远程搜索的程度。规模大的企业更倾向于采用远程搜索的方式来寻找新的机会。

4) 时间维度

时间维度主要是将知识的新旧程度作为区分标准,时间短的称为新知识,时间长的称为旧知识,如果用新知识来解决企业遇到的问题,就被称为本地搜索,如果用旧知识来解决企业遇到的问题称为远程搜索。新知识具有更好的环境适应性,而且更容易进行知识积累。旧知识则更具有可靠性和合法性,而且搜索成本相对较低,搜索效率较高。如果一个企业具有良好的知识管理机制,搜索过去没有用到的冗余知识可能会带来巨大的效用(李强,2013);但是,如果只是聚焦旧知识,可能会导致能力陷阱(Katila and Ahuja,2002)。有学者的研究表明,外部的旧知识对企业创新绩效的提升作用更加明显,而行业内的旧知识则会对创新有负面影响(Katila and Ahuja,2002)。

3. 搜索宽度和搜索深度

Katila 和 Ahuja(2002)提出搜索宽度与搜索深度的概念,突破过去知识搜索的一维划分维度,将知识搜索延伸到了二维,将为了解决企业实践问题的搜索知识的空间从搜索新旧知识的程度,扩大到了搜索深度。搜索宽度聚焦在企业在知识搜索过程中对不同的知识源应用的广泛程度(Katila and Ahuja,2002;Leiponen and Helfat,2010);搜索深度表征的是企业在搜索解决实践问题的知识时,对企业现有知识和渠道的利用及发掘程度(Katila and Ahuja,2002;Laursen and Salter,2006)。知识搜索宽度为企业提供了更多的异质性知识,既丰富了企业的知识基础,又为企业创新提供了更多的选择(March,1991),并且给企业提供了更多的知识建构的可能性(Fleming,2001)。但是,过大的知识搜索宽度会消耗很多的企业资源,使企业搜索成本增加;同时,异质性知识的增多会带来吸收、重构方面的压力,从而让知识搜索的有效性降低(Grant,1996)。深入开展知识搜索深度策略可以有效减少失误发生的概率,帮助企业形成惯例,从而提升知识搜索的有效性(Levinthal and March,1981)。充分发掘和利用已有知识基础,可以加深对已有知识的理解,从而帮助企业明确自己需要怎样的知识;同时,知识搜索深度的经验可以被重复利用,从而提升知识搜索行为的预见性和有效性。但是,过于关注知识搜索深度,只是利用和发掘现有知识会带来负面影响,如可能带来知识僵化(Dosi,1988)、技术路径单一、创新乏力(Argyris and Schon,1996)等,进而影响企业的创新绩效。

知识搜索宽度与知识搜索深度并不是单一存在的知识搜索策略,而是广泛存在于企业使用的外部知识源中,如供应商、用户或高校等。通过对英国制造业的问卷调查研究,实证了知识搜索宽度和知识搜索深度与创新绩效之间存在倒U形关系(Laursen and Salter,2006;Operti and Carnabuci,2014)。也有学者针对芬兰制造业开展问卷调查研究,证实了知识搜索宽度对创新有促进作用(Leiponen and Helfat,2010)。由此可见,知识搜索宽度与知识搜索深度对企业创新绩效的影响还存在争议,尤其是缺少基于中国情景的研究成果。

2.1.2 知识搜索的前因

现有理论研究对于知识搜索的前因探讨得比较少(Guo and Wang,2014),往往探讨的都是知识搜索策略对企业绩效的影响(Katila and Ahuja,2002;Laursen and Salter,2006;Rothaermel and Alexandre,2009;高忠仕,2008;陈学光、俞红、樊利钧,2010;胡保亮和方刚,2013;阮爱君和陈劲,2015;应洪斌,2016)。借鉴有限的关于知识搜索前因的研究成果,知识搜索也从外部环境和内部因素两个维度进行分析(袁健红、龚天宇,2011;Guo and Wang,2014)。总结企业知识搜索的前因如图2-2所示。

1. 外部环境

1)环境动荡性

环境动荡性是用来描述企业所处环境中消费者需求和企业技术变化程度的一个概念。在已有研究中,有不少研究是把环境动荡性作为一个调节变量,考察知识搜索对创新绩效的影响(Raisch and Birkinshaw,2008;Lin and Li,2013;

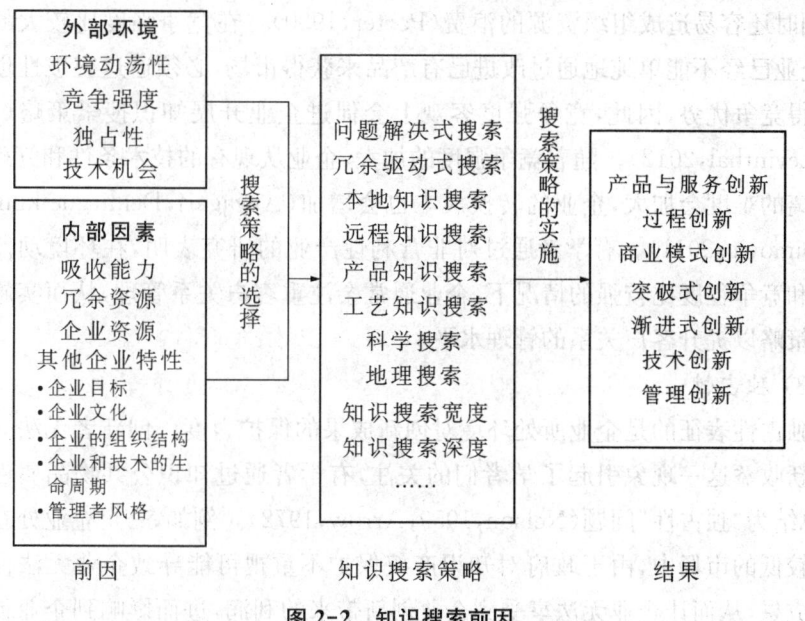

图 2-2 知识搜索前因

Guo and Wang,2014)。环境动荡性会给企业创新资源的获取、整合和利用等活动及其效果带来影响(孙永风、李垣,2007),高的环境动荡性可以促进企业进行产品或者服务的创新,而企业在产品或服务方面要创新就必须开展知识搜索活动,从而增加企业开展知识搜索的概率(Jansen,Van den Bosch,and Volberda,2006;Sidhu,Volberda,and Commandeur,2004)。注重知识搜索宽度的企业会接触更加丰富的知识源来获得异质性知识(Koput,1997),也有学者的研究指出在环境动荡性高的情况下,企业采用探索式创新更有效果,且高的环境动荡性对企业财务绩效的正向作用更加明显(Jansen,Van den Bosch,and Volberda,2006)。然而,在环境动荡性非常高的情况下,持续剧烈变化的环境可能导致企业现有知识的加速贬值或淘汰,同时也会让知识搜索策略获取的异质性知识的价值降低(Levinthal,School,and Posen,2008)。若企业只是拓展知识搜索宽度,会获得更多的技术知识或市场知识源,但是因为异质性知识的增加造成的知识冗余和吸收困难会使企业很难准确把握当前的市场走向;同时,一味地扩展知识搜索宽度需要更多的成本,因此不利于企业提升创新绩效(Cho and Yu,2000)。

2) 竞争强度

竞争强度一般指同类型产品制造商生产者数量的多寡。根据已有研究,技术创新能否直接提升企业的绩效主要取决于企业环境中的竞争强度(李庆满、杨皎平、金彦龙,2013),通常来说,在市场竞争比较激烈的情况下,企业利润率会降低,同时还容易造成组织资源的浪费(Porter,1980)。在竞争强度比较大的市场中,企业已经不能单纯地通过改进已有产品来获得市场,必须通过突破性创新才能获得竞争优势,因此,竞争强度客观上会促进企业开展知识搜索策略(Posen and Levinthal,2012)。随着竞争强度的加大,企业从现有的技术条件和管理制度中脱离的难度会加大,企业的转换成本也会增加(Ayyagari,Demirguc-kunt,and Maksimovic,2011)。有学者通过对非营利性产业的研究表明,在环境动荡性比较大和竞争程度比较强的情况下,企业通常会注重客户关系管理,从而实施知识搜索策略以提升客户关系的管理水平。

3) 独占性

独占性表征的是企业所处环境对创新成果的保护力度。创新者无法完全占有创新收益这一现象引起了学者们的关注,有学者通过知识公共物品属性的分析,总结为"独占性"问题(Nelson,1959;Arrow,1972)。例如,一个企业处在独占性比较低的市场中,由于政府对知识产权保护不重视可能导致企业无法保护其创新成果,从而让企业无法享受到企业创新带来的利润,进而影响到企业创新的积极性,导致企业创新意愿比较低。知识企业在知识策略选择上倾向于选择重复利用已有知识,而不会主动消耗组织资源去实施知识搜索策略(Teece,1993)。后来,有很多学者沿着Teece的思路对独占性问题进行了深入研究,此类研究被称为创新获利(Profiting From Innovation,PFI)理论。有学者认为,更低的独占性可以激励企业开展内部创新,从而提高吸收能力提升创新绩效(Cohen and Levinthal,1990)。有学者研究发现,独占性与行业知识溢出之间存在负向影响,高独占性会迫使企业选择与其他企业进行合作研发创新(Hagedoorn,1993)。同时,也有学者研究指出,高独占性可以激励企业开展知识搜索策略并增加研发的投入,如果整个行业都呈现出高独占性的特点,企业的知识搜索将会变得困难,从而导致企业远程知识搜索无法开展(Belderbos,Van Roy,and Duvivier,2013)。由此可见,低独占性会负向影响知识搜索,而高独占性则会促进知识搜索策略成果的预期,从而促进企业知识搜索宽度的增加,有技术优势的企业也会通过技术独占性来加强对市场的控制。

4) 技术机会

技术机会体现了对创新投资的成功概率(Lee and Park,2006)。已有研究表明,在高技术行业,企业更倾向于技术知识搜索;在中低技术行业,企业更倾向于市场知识搜索(Grimpe and Sofka,2009),高技术机会也为企业创新活动提供了更为有力的支持(Breschi,Malerba,and Orsenigo,2000)。同时,有学者研究了基础科学机会对知识搜索的影响,发现基础科学的进步可以正向影响创新绩效,高科技行业表现尤为突出(Klevorick et al.,1995)。也有学者指出,高技术机会可以提高企业实施知识搜索的可能性(Pavitt,1990)。有学者通过实证发现,当外部知识丰富、技术机会更多的时候,企业更容易通过知识搜索策略去寻找新的异质性知识(Laursen and Salter,2006)。有学者通过对生物科技公司的专利情况进行研究,发现技术资源范围对知识搜索宽度的影响作用更加显著(Quintana-García and Benavides-Velasco,2008)。

2. 内部因素

1) 吸收能力

吸收能力指的是企业识别、整合、吸收和利用外部新异质性知识并最终将之商业化的能力(Cohen and Levinthal,1990)。从吸收能力的定义可以看出,其对知识搜索必然产生影响,如搜索什么知识、搜索回来的新知识能否促进企业绩效等都受到吸收能力的制约。已有不少学者做了有关吸收能力和知识搜索之间关系的研究。例如,有学者把吸收能力划分为追踪能力和同化能力两个类别,并探讨了这两个类别对于企业进行远程搜索的影响,研究发现同化能力越高,企业越愿意从事内部知识异质度更大的知识基础搜索,同时,技术引进和较高的技术追踪能力也有同样的作用效果(Laursen and Salter,2014)。企业内部研发能力可以促进对外部搜索到的新技术知识的利用(Arora and Gambardella,1990),如果企业的创新活动比较积极,在一定程度上可以促进企业的外部知识搜索策略(Cassiman and Veugelers,2006;Belderbos,Van Roy,and Duvivier,2013)。有学者通过对美国制造业进行实证研究,发现企业的吸收能力不仅可以帮助企业同化外部异质性知识,也可以帮助企业吸收内部知识,从而提升知识利用效果,促进创新绩效(Rothaermel and Alexandre,2009)。有学者通过理论归纳,对吸收能力的作用机制进行分析,从知识处理过程角度,把吸收能力定义为企业从外部获取、吸纳、整合、应用的能力,其中获取和吸纳归为潜在吸收能力,在这个环节,企业对外部有价值的异质性知识进行识别和获取,从而形成企业惯例和标准化流程;而整合和应用归为实际吸收能力,企业在这个过程中发展并修正惯例以及进行流程再造(Zahra and George,2002b)。有学者对新兴经济体中的中小企业的知识搜索策略进行了研究,发现随着环境动荡性的剧烈程度增强,吸收能力会负向影响企业的知识搜索宽度,同时也会正向影响企业的知识搜索深度(Guo and Wang,2014)。在环境动荡性剧烈程度增强的情况下,企业开展外部知识搜索的成本会大大增加,企业对新搜索到的异质性知识的识别能力也会下降(Todorova and Durisin,2007;Lane,Koka,and Pathak,2006),与之相应,外界新出现的知识源对企业也无法产生吸引力,吸收能力高的企业就会注重采用知识搜索深度策略(Vasudeva and Anand,2011)。有学者通过对生物科技与制药行业企业的二手数据进行实证分析,发现企业自身的科研基础、企业与高校之间的联合研发以及二者的交互项均正向影响企业创新搜索策略。已有研究表明,研发投入、知识基础、组织惯例、企业间关系、知识源之间的关系都是吸收能力的前因(Cohen and Levinthal,1990;Zahra and George,2002b;Mowery,Qxley,and Silverman,2015;Prager and Omenn,1980;Gambardella,1992)。

2) 冗余资源

关于冗余资源的定义,学者们众说纷纭,例如有学者从企业生产实践中观察到企业可利用资源和用于维持生产的付出之间存在差距,这个差距可能是富裕也可能是欠缺,于是就把这个差距是富裕的状态叫作冗余(Cyert and March,1963);有学者从经济学边际理论出发,指出冗余资源就是边际收入出现盈余的状态(Child,1972);也有学者指出,冗余资源是企业的一种尚未投入生产实践活动中的战略资源(Marino and Lange,1983);还有学者通过冗余资源的表现总结出冗余资源就是企业实际拥有资源和需求之间的差值(Cohen,March,and Olsen,1972;March,Olsen,and Christensen,1976);更有学者从冗余资源的作用出发,认为冗余资源实际上是企业的一种战略缓冲,帮助企业适应市场动荡性而做出战略上的调整(Bourgeois,1981);有学者总结了前人的研究成果,认为冗余资源是指企业拥有的但并非企业生产运营过程中所必需的资源,即企业完成一定生产经营活动后剩余的资源(Nohria and Gulati,1996)。

目前,学者们对于冗余资源与知识搜索之间的关系未能达成一致,有学者认为企业冗余资源能够促进知识搜索,由于企业实施知识搜索策略时,结果是未知的,可能存在失败风险,没有缓冲机制的企业在环境动荡时更容易被瓦解(Bourgeois,1981);企业的冗余资源具有缓冲作用,所以能帮助企业抵御知识搜索策略失败带来的风险,从而可以帮助企业在开展知识搜索活动时没有后顾之忧(Levinthal and March,1993;Nohria and Gulati,1996;Sidhu,Commandeur,and Volberda,2007a);同时,冗余资源也能减少目标冲突(Cyert and March,1963),降低企业的信息处理压力(Kamin and Ronen,1978),从而有利于企业应对剧烈的环境动荡(Kamin and Ronen,1978)。还有学者的研究证实了企业的冗余资源有助于企业实施流程再造以及战略变革(Bourgeois,1981;Nohria and Gulati,1996),Mokyr(1990)指出,企业的冗余资源给企业提供了一个试错的机会,而这种试错可能会给企业带来意外的发现从而开拓新的市场。Bourgeois(1981)研究发现,创新参与者可以利用冗余资源进行试验,从而在企业内形成创新的文化氛围。Moses(1992)指出,冗余资源还能帮助企业低风险地试验新战略,如新产品或服务的开发等。

但也有学者认为冗余资源不利于知识搜索活动的开展,因为拥有冗余资源的企业可能会更倾向于消耗掉所拥有的冗余资源而不是进行知识搜索来提升绩效,这种情况下,拥有冗余资源越多的企业进行知识搜索的可能性会越低(Bourgeois,1981)。也有一些学者的研究证实,当冗余资源的数量超过一定程度后,会负向影响企业绩效(Nohria and Gulati,1996;Tan and Peng,2003)。更有学者指出,冗余资源不是一种缓冲,而是管理者能力不济以及相关方怠惰的产物,是组织效率低的信号(Leibenstein,1969)。有学者的研究发现,冗余资源较多的企业往往会投资一些无关项目,从而进一步降低企业的绩效(Jensen,1993)。

3) 企业资源

企业资源指的是企业拥有的可以用于创新活动的所有资源和能力的统称。企业资源和知识搜索活动关系密切,从已有的研究来看,关于企业资源和知识搜索活动之间的关系也是未能达成共识。一方面,企业资源丰富的企业,由于规模相应也比较大,容易造成的冗余资源也会比较多,因此,企业可以利用冗余资源进行知识搜索,从而有利于知识搜索。Jones(2000)从企业技术资源的角度指出,企业拥有的技术资源会影响企业开展知识搜索活动的动力,并证明企业技术资源越丰富,研发设施越齐全,创新相关人员素质越高,企业就更倾向于实施外部知识搜索。另一方面,企业资源越多,规模越大,企业的官僚作风也就越严重,惰性相应也会提高,企业在研发创新活动上更倾向于按照企业发展过程中形成的惯例来提高生产效率和创新绩效,技术更新意愿降低,从而限制了知识搜索(Rothaermel and Deeds,2004)。也有学者从技术独占性的角度分析了企业资源和知识搜索之间的关系,指出资源丰裕的企业会因"非本地发明症",也就是说非常相信自己的技术在所在行业技术的垄断权,从而排斥外来新的知识和技术(Simpson et al.,1982)。也有学者通过对208家技术密集型企业6年的面板数据分析后,认为易获得性冗余资源会正向影响科学知识搜索,而可恢复性冗余资源会负向影响科学知识搜索,但是会增加技术搜索的宽度(Geiger and Makri,2006)。有学者从财务资源的角度分析了企业资源和知识搜索活动的关系,开展知识搜索活动、与外部知识源伙伴的合作能够分摊研发成本,从而降低创新成本(Chesbrough,2007;Drechsler and Natter,2012),因此,当企业遇到财务资源紧张的状况时,倾向于外部知识搜索。另外,有学者的研究通过实证证明财务资源的缺乏会促使企业开展知识搜索,财务资源的贫乏不会影响寻找外部知识源伙伴,但是技术资源缺乏会降低企业实施外部知识搜索的概率(Drechsler and

Natter,2012)。吴晓波(2013)的研究发现,公司上市后获得更多资源后会负向影响知识搜索的动力,但是会增加对科学知识基础的探索式搜索的深度。

4) 其他企业特征

(1) 企业目标和企业文化。企业目标可以促进企业形成相应的企业文化,从而通过企业文化影响企业的知识搜索活动(Albert and Whetten,1985)。有学者在研究开放式创新时发现,具有强势技术战略的企业比保守战略的企业更加喜欢外部知识搜索(Lichtenthaler and Ernst,2009)。无独有偶,有学者在研究在美投资的亚洲企业时发现,这些企业都会被渐进式创新的逆产品周期模式驱动着去实施知识搜索(Poon and Macpherson,2005)。有学者研究了企业的差异化目标、低成本战略以及竞争强度等因素对知识搜索策略选择的影响(Swan and Allred,2003),也有学者通过机器人行业的纵向数据实证了竞争对手的策略会影响企业知识搜索策略的变化,会跟随竞争对手展开知识搜索引入更多新知识新产品,力争比对手先开发出更多创新性产品(Katila and Chen,2008)。企业文化会影响员工的价值观和处事方式,有学者根据企业同外界联系程度的不同,把企业文化分为封闭式企业文化和开放式企业文化(O'Reilly and Chatman,1994),在封闭式企业文化中,企业具有较高的文化契合度和认同感,不能及时对环境的动荡性做出反应。当知识搜索活动搜索到的异质性新知识和企业文化发生冲突时,员工就会抵触知识搜索策略(Andriopoulos and Lewis,2009),所以在以封闭式企业文化为主导的企业中往往倾向于利用旧知识,而缺乏搜索新知识的动力;以开放式文化为主导的企业因为注重与外界的联系和沟通,并且鼓励员工开展创新活动(Sidhu,Volberda,and Commandeur,2004),因此偏好知识搜索活动。

(2) 企业的组织结构。企业的组织结构是指企业员工间按照达成组织目标进行的任务分配而形成的单位之间的责任、权利和利益上的划分和沟通方式的确定(袁健红、龚天宇,2011)。有学者认为,企业的组织结构是影响知识搜索的重要决定因素(Siggelkow and Levinthal,2003),根据已有研究,可以根据组织结构的复杂性、权利的集中性和规章制度的正规化程度,把企业的组织结构分为机械式组织结构和有机式组织结构,前者适用于复杂性程度低、权力高度集中、正规化程度较高的处于稳定发展期的企业;而后者适用于复杂程度较高、权力比较分散、正规化程度低的处在初创期或环境剧烈动荡环境下的企业(Burns and Wholey,1993)。也有学者针对金融业的实证结果证明了在位企业通常采用机械式组织结构,决策方式喜欢集权型,有完善的规章制度,非常强调经验和惯例的利用而不是搜索新知识;新进企业通常偏好有机式组织结构,决策方式喜欢授权型,偏好对外知识搜索(Jansen,Van den Bosch,and Volberda,2006)。

（3）企业和技术的生命周期。现有研究已表明企业的生命周期和技术的生命周期都会影响到企业实施知识搜索策略。有学者的研究结果表明，处于不同生命周期的企业对于知识搜索策略会有不同的侧重，如处在发展期的企业因为缺乏市场认可，顾客资源相对来说比较少，必须通过提供创新性的且能够解决消费者痛点的产品或者服务来打开市场，这时企业非常重视消费者的偏好和产品在创新方面的新知识，所以倾向于实施外部知识搜索策略（Stinchcombe，2000）。对于处在成熟期的企业，因为已经有了特定的市场和较稳定的客源，这时企业更倾向于内部知识挖掘和分享（即利用旧知识）而不重视外部知识搜索，以避免风险（Benner，2010）。同样地，有学者研究了技术生命周期对于知识搜索策略的影响，认为在技术生命周期早期，企业更倾向于知识搜索深度策略，因此选择内部研发；在技术生命周期中期，企业为了弥补自身不足，会采用合作研发；到了技术生命周期后期，外部技术购买或兼并成为企业获取外部知识的主要方式（Madhok，1997）。也有学者研究了知识搜索深度与知识搜索宽度和产品生命周期的关系（Laursen and Salter，2006；Von Hippel，1988），发现在产品生命周期早期，企业倾向于知识搜索深度策略；而在之后的产品生命周期里，创新型企业更倾向于知识搜索宽度策略。中国学者提出了不同的研究结论，认为在技术生命周期早期，创新活动需要新想法、新知识来帮助企业明确研发方向，降低创新的不确定性，因此需要知识搜索宽度策略；而在技术生命周期后期，企业的市场比较稳定，研发活动主要在内部开展，需要的知识也是特定领域的知识，所以需要知识搜索深度策略（吴晓波、彭新敏、丁树全，2008）。

（4）管理者风格。从管理者的职能来看，管理者需要负责知识搜索策略的执行，因此必然会影响知识搜索策略的实施（Tushman，Anderson，and O'reilly，1997）。但也有学者认为，领导者的作用有限，只是会影响知识搜索策略的选择而不会影响知识搜索策略的实施与否（Floyd and Lane，2000）。有学者指出，管理者的知识搜索经验和风险偏好会影响知识搜索策略（Lavie and Rosenkopf，2006），厌恶风险型管理者倾向于开发式知识搜索策略，也就是侧重于对企业已有旧知识的深层次挖掘，即知识搜索深度策略；而喜好风险型管理者偏好探索式搜寻，即知识搜索宽度，因为只有拓宽知识搜索宽度才可能为企业带来新的异质性知识，才可能让企业取得突破式创新，从而为企业带来丰厚的利益（Lewin and Volberda，1999；Beckman，2006）。

2.1.3　知识搜索的测量

对于知识搜索的测量，现在运用最多的维度是根据企业知识搜索特征区分的知识搜索宽度与知识搜索深度(Laursen and Salter,2006)。知识搜索宽度聚焦在企业在知识搜索过程中对不同的知识源应用的广泛程度(Katila and Ahuja,2002;Leiponen and Helfat,2010);知识搜索深度表征的是企业在搜索用于解决实践问题的知识时,对企业现有知识和渠道的利用及发掘程度(Katila and Ahuja,2002;Laursen and Salter,2006)。

对于知识搜索宽度参考 Nelson 和 Winter(1982)、Rosenkopf 和 Almeida(2003)、Laursen 和 Salter(2006)、高忠仕(2008)的测量量表,采用4个题项进行测量;对于知识搜索深度参考 Katila 和 Ahuja(2002)、Laursen 和 Salter(2006)、吴晓波等(2008)、高忠仕(2008)的测量量表,采用5个题项进行测量;知识搜索宽度与知识搜索深度都用 Likert 7 级量表,其中从"非常低"到"非常高"分别用数字1~7表示,具体见表2-2。

表 2-2 知识搜索量表

测量题项
知识搜索宽度
1. 本企业对知识的搜索广泛使用了多个搜索与交流通道/媒介
2. 本企业能搜索到的研发、制造、营销等多个领域的知识
3. 本企业能搜索到的技术、管理等多个方面的知识
4. 本企业在对知识的搜索中获取了较多的知识数量
知识搜索深度
1. 本企业强烈而密集地使用一些特定的知识来源进行知识搜索
2. 本企业能深度搜索并提取研发、制造、营销等特定领域的知识
3. 本企业能深度搜索并提取技术或管理等特定方面的知识
4. 本企业能深度搜索并利用研发或制造或营销等特定领域的知识
5. 本企业能深度搜索并提取技术或管理等特定方面的知识

2.2 创新研究综述[①]

熊彼特(J. A. Schumpeter)在1912年出版的《经济发展理论——对于利润、资本、信贷、利息和经济周期的观察》一书中首次提出了创新的基本概念和思想

---

① 本节内容曾发表在《科技进步与对策》2016 年 4 月刊,收入本书时内容有删减,数据有更新。

(Schumpeter,2009),1928年,他又在《资本主义的非稳定性》一文中深化了对创新的认识,提出创新是一个过程的见解,并在20世纪40年代出版的《经济周期》中比较系统地提出了创新理论(Schumpeter,2009)。美国经济学家华尔特·罗斯托(W. W. Rostow)提出了"起飞"六阶段理论,将"创新"的概念具体为"技术创新",把"技术创新"升级到"创新"的主导地位。随着技术活动和管理实践的发展,技术创新管理理论发展成为一个成熟的学科知识体系,因而探测该领域研究的热点和前沿问题对于技术创新管理理论和实践的发展具有重要的现实意义。

信息可视化工具旨在通过知识图谱改变人类看世界的方式(Chen,Ibekwe-sanjuan,and Hou,2010)。库恩范式理论将科学发展与科学革命的历史进程描述为:"前科学与范式形成→常规科学与范式积累→科学危机与范式解体→新常规科学与新范式形成"(Chen,Leydesdorff,2014)。这一点与科学理论里知识图谱上引文聚类的形成、积累、扩散、转换进程非常相似,为知识图谱的解读提供了合理性依据。普莱斯基于贝尔纳关于"科学发展模式总体上不像树那样主干和枝叶分明,而像网那样错综复杂"的观点,以及加菲尔德发明的科学引文索引(science citation index),大胆猜想"论文之间错综复杂的引证关系会形成各种大大小小的网络,人们凭借图论与网络流理论、应用数学等工具进行分析……各种引证关系形成的网络可以聚类,形成类似地图的各种特征……"(陈悦 等,2015),普莱斯在1965年发表的具有重要影响力的《科学论文的网络》一文印证了他的这个猜想。此后,科学计量学界就形成了"科研前沿的本质可以通过参考文献的引证方式体现"的重要理论。所以说,这个如何探测科学前沿的理论是贝尔纳、加菲尔德和普莱斯三人智慧结合的产物。M. Granovetter提出了社会网络分析理论,主要观点是在网络中信息传播是有规律的,信息在网络强关系的节点间迅速传播,因而每个节点间所掌握的信息几乎相同,因此如果有新的信息或者新的观点产生,只能源于这些节点和其他网络节点间的弱关系(陈悦 等,2015;Granovetter,1973)。1992年,R. S. Burt在《结构洞:竞争的社会结构》一书中提出了结构洞理论,即位于结构洞的组织或个体可以通过一些信息选择原则让自己获得更多的竞争优势和回报。信息觅食理论告诉人们在网络环境中如何以最小的搜索成本获取最大的利益,为知识图谱提供了一套探寻知识传播路径的技术。由此可见,科学发展模式理论从范式的积累与变革角度从宏观方面阐述了引文聚类的形成、积累和转换过程;科学前沿理论进一步从微观角度展示了研究前沿及其知识基础的演化过程;结构洞理论和信息觅食理论为知识图谱的解释与预见提供了基础。

自技术创新理论提出以来,国际和国内在这个领域做了大量卓有成效的研究,对于生产实践起到了很大的促进作用。近年来,随着"互联网+"、高铁技术、5G通信等创新思维和新技术的不断涌现,再次引起研究技术创新的热潮。为了研究技术创新领域的科研进展,本书采用了最新的可视化工具 CiteSpace Ⅲ,以 Web of Science 数据库中 2012—2016 年有关技术创新的文献为依据,绘制了知识图谱并进行了统计分析,主要通过对近五年技术创新领域发文核心期刊的分布情况、近五年技术创新领域研究的知识基础、近五年技术创新领域的科学研究热点与科学研究前沿等方面的综述,掌握创新研究的现状、热点和前沿。

2.2.1 数据来源与研究方法

1. 数据来源

技术创新知识图谱绘制所需数据的获取主要采用主题检索,通过向科学计量和技术创新领域的专家咨询以及多次检索对比,参考总结国内外比较有影响力的相关研究文献,最终确定使用 TS=((technological innovation *) OR (technological invention *))开展主题检索,检索的时间范围定为 2012—2016 年,检索时间为 2017 年 3 月 25 日,共获得 14 950 条检索结果,导出题录信息。

对所下载的 14 950 篇文献数据进行标准化处理后,利用 CiteSpace3.9 R8 软件进行文献共被引(co-citation)分析,通过对每个时间区间中被引频次排名在前 30 位的文献进行筛选,并把 Years Per Slice 设置为 1 年,可以统计出技术创新领域 2012—2016 年发表文献的共被引网络结构组配,如表 2-3 所列。

表 2-3 2012—2016 年国际技术创新研究前沿文献共被引网络结构组配

时间分区	标准	文献总数量/篇	节点数量/个	连线数量/条
2012—2012	Top 30	2 405	30	125/430
2013—2013	Top 30	2 362	30	127/432
2014—2014	Top 30	2 514	30	122/435
2015—2015	Top 30	3 210	30	124/437
2016—2016	Top 30	4 459	30	126/439
合计		14 950	180	624/2 173

2. 研究方法

本书采用 CiteSpace Ⅲ 可视化分析软件进行分析。CiteSpace Ⅲ 由大连理工大学长江学者讲座教授、美国德雷克塞尔(Drexel)大学信息科学与技术学院陈超美(Chaomei Chen)博士团队于 2004 年 9 月开发,是利用 JAVA 语言编写的专门绘制知识图谱做科学计量的软件,其原理是科学计量学的引文分析,通过对引文分析结果进行可视化展示来科学地分析各学科随着时间的演进特点,可以形象地揭示学科发展的研究前沿和产生该研究领域的知识基础,同时,科研工作者可以通过解读知识图谱而较容易发现学科关键的演化路径,也能清晰地看出学科发展中起到重要作用(转折或飞跃)的关键节点文献。

2.2.2 分析与结果

1. 核心期刊分析

将下载的数据整理汇总到一个数据文件中,然后导入 CiteSpace Ⅲ,把选择聚类点类型的属性选择为 Cited Journal,阈值调谐属性选择 Top N per slice 并设置为 30,不改动其他属性值,运行程序后优化知识图谱显示,从而可以得到国际技术创新研究的期刊共被引(co-citation of the journals)知识图谱,如图 2-3 所示。

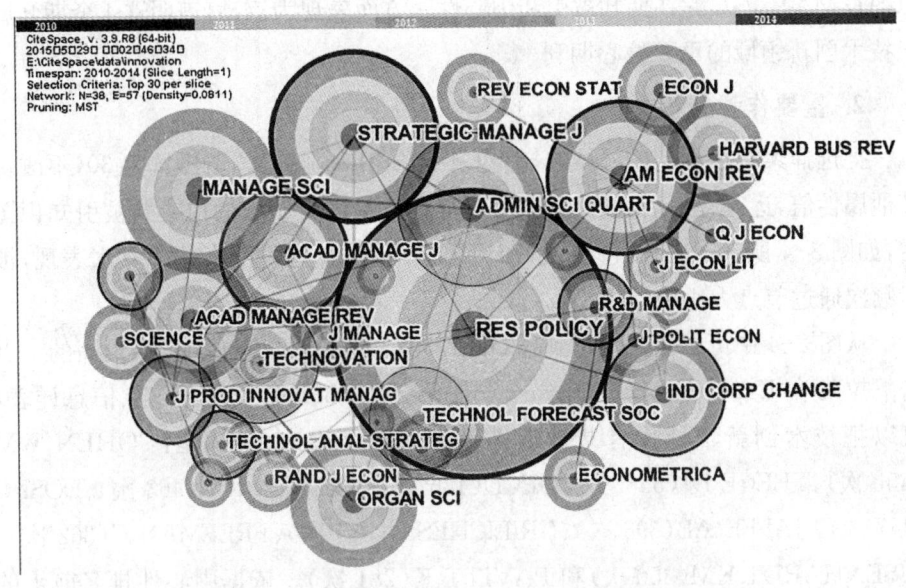

图 2-3 国际技术创新研究的期刊共被引知识图谱

从图 2-3 中可以看出,国际技术创新领域研究的共被引期刊来源主要为 *RES POLICY*,*MANAGE SCI*,*STRATEGIC MANAGE J*,*ADMIN SCI QUART*,*AM ECON REV*,*ORGAN SCI*,*ACAD MANAGE REV*,*ACAD MANAGE J*,*IND CORP CHANGE*,*TECHNOVATION*,*TECHNOL FORECAST SOC*,*HARVARD BUS REV*,*ECON J* 和 *Q J ECON*。值得关注的是,*RES POLICY*,*MANAGE SCI*,*STRATEGIC MANAGE J*,*ADMIN SCI QUART*,*AM ECON REV*,*ORGAN SCI* 和 *ACAD MANAGE J* 等期刊的

共被引频次非常突出,分别为 3 264 次、2 341 次、1 865 次、1 635 次、1 546 次、1 213 次和 1 046 次。数据表明这些期刊在技术创新研究领域具有举足轻重的地位,是重要的研究成果的发布地和集散地,是技术创新研究学者重要的交流和思想激荡的领地。在一定意义上可以说,这些期刊支持了技术创新领域的进步,或者说这些期刊上发表的文献对于技术创新领域的进步有着重要的影响。

从期刊共被引知识图谱的中心性来看,RES POLICY、STRATEGIC MANAGE J、AM ECON REV 和 ACAD MANAGE J 等期刊的中心性要高于其他期刊,这 4 个期刊的中心性分别达到 0.72、0.69、0.64 和 0.60。通过对于期刊共被引知识图谱的中心性的解读可以得出,上述期刊的文献影响力比较大、质量较高,从科学计量分析角度来说,它们是构成技术创新这个学科领域的重要基石。同时,RES POLICY、STRATEGIC MANAGE J、AM ECON REV 和 ACAD MANAGE J 在期刊被引和中心性两方面表现为双高,表明这 4 个期刊属于技术创新领域的重要核心期刊。

2. 重要作者分析

把选择聚类点类型的属性选择为 Cited Author,阈值调谐设置为 30,不改变其他属性值,运行程序后,优化显示可以得到技术创新领域的作者共被引知识图谱,如图 2-4 所示。在作者共被引知识图谱中,作者通过图中的节点来表现,被引频次通过节点大小来体现。

从图 2-4 中可以直观地得到:COHEN WM(653 次)是被引频次最高的。点击下拉菜单"Export"选择"Network Summary Table"命令打开节点信息详表,可以把技术创新领域作者共被引排名前十总结出来,具体是:COHEN WM(653 次)、TEECE DJ(558 次)、OECD(486 次)、NELSON R R(463 次)、DOSI G(447 次)、JAFFE AB(398 次)、GRILICHES Z(385 次)、FREEMAN C(362 次)、EISENHARDT KM(350 次)和 PAVITT K(281 次)。依据中心性排名前十的作者分别是:COHEN WM(0.60)、TEECE DJ(0.41)、NELSON R R(0.35)、JAFFE AB(0.30)、FREEMAN C(0.29)、HALL BH(0.24)、OECD(0.23)、EDQUIST C(0.22)、MALERBA F(0.21)和 PAVITT K(0.19)。对比高被引排名和中心性排名,同时再从未入选的作者中选择单项排名最高(共 2 名),合计 8 名作者,可以看到这 8 名作者的研究成果奠定了研究方向的基础,表明这 8 名作者的研究成果产生了较大的影响,对于技术创新的研究有很大的促进作用。中心性排名第一的作者是 Cohen,他和 Levinthal 在《吸收能力:学习与创新的新视角》一文中对吸收能力理论做出了开创性研究,其研究成果对于技术创新领域的进步起到了重要的促进作用。

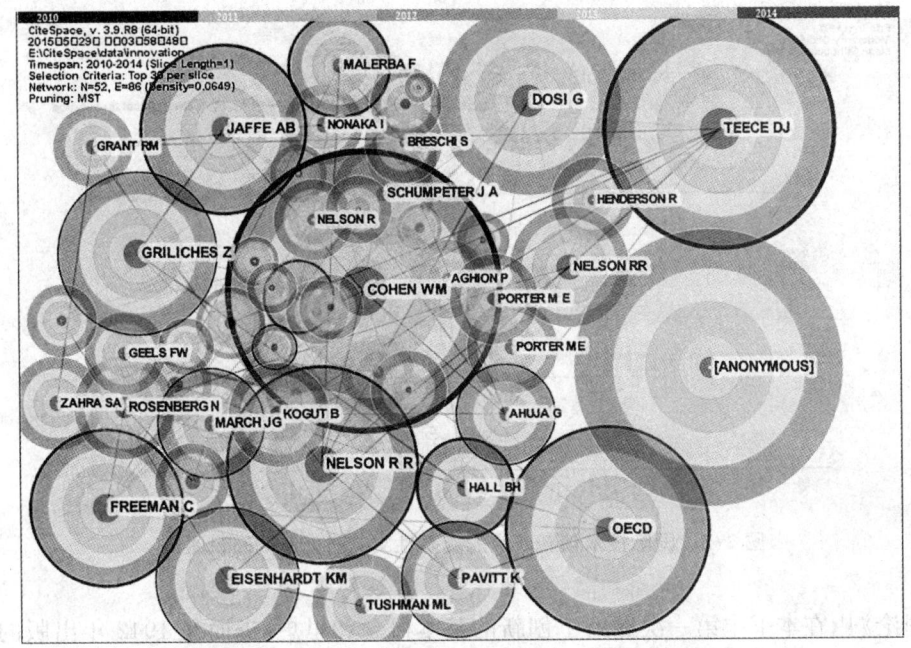

图 2-4　国际技术创新研究的作者共被引知识图谱

3. 重要文献分析

通过信息可视化的知识图谱直观发现学科关键演化路径,也能清晰地看出学科发展中起到重要作用(转折或飞跃)的关键节点文献(Hou et al.,2007)。将标准化后的数据导入 CiteSpace Ⅲ后,在选择聚类点类型属性(Node Types)中设置为 Cited Reference,阈值调谐属性选择 Top N per slice 并设置为30,其他属性值使用默认值,运行程序,调整优化显示从而得到共被引文献的知识图谱,然后以 Timeline 方式显示,从而得到奠基性文献的知识图谱,保存后再以 Cluster 方式显示,从而得到核心文献的知识图谱。对近五年国际技术创新研究的知识基础从技术创新研究的早期奠基性文献和核心文献(即高被引与高中心性文献)两个方面进行分析,这两个方面构成了技术创新研究的理论基础,也是研究技术创新的脉络(Chen,2004)。

1) 奠基性文献分析

从图 2-5 可以看出,通过对近五年技术创新研究领域被引文献的分析,构成近五年技术创新领域研究的基础文献是 3 篇发表在 20 世纪三四十年代的文献,其中两部都是熊彼特(J. A. Schumpeter)的,一个是在 1934 年出版的《经济发展

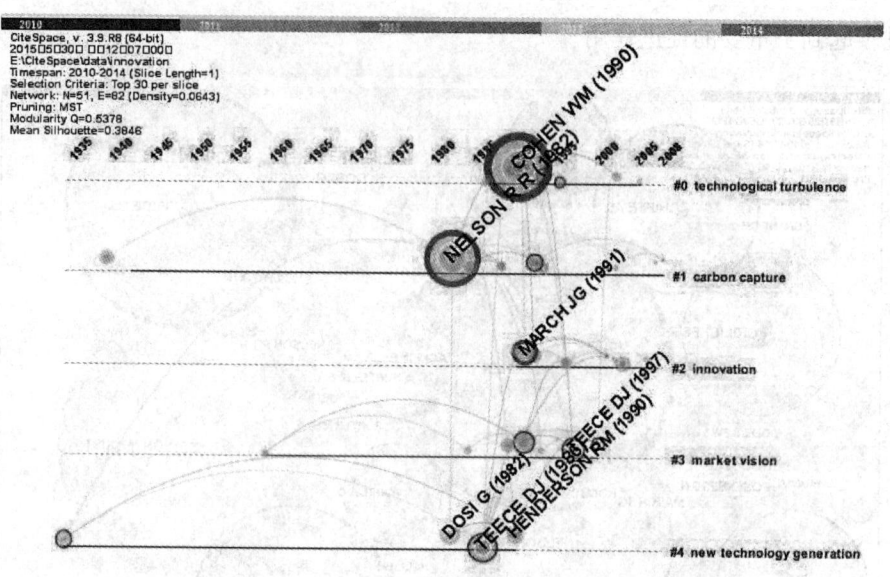

图 2-5　国际技术创新研究的奠基性文献时间序列知识图谱

理论》[1]，在本书中第一次提出了创新的基本概念和思想，进而在 1942 年出版的《资本主义、社会主义和民主主义》中首次完整地提出了创新经济学理论体系，创新经济学是构建在创新理论基础之上，对创新研究的开展具有重要的理论指导意义。第三部是于 1959 年出版的《企业增长理论》，作者是约翰霍普金斯大学的安蒂思·潘罗斯（E. T. Penrose）教授，该书延续了熊彼特的风格，从经济学理论角度分析企业行为，得出了企业成长的内在动因，从创新角度来看，该书最大的价值在于首次确认了创新是企业成长的重要动因之一，并研究了产品创新、组织创新是如何促进企业成长的。书中很多观点都是现在经济学和管理学的核心观点，为技术创新理论研究开辟了一片新的空间。

2) 核心性文献分析

核心性的文献一定是高被引文献，因此首先从这个角度来分析。从图 2-6 可知，被引频次第一的文献是 COHEN WM 的《吸收能力：学习与创新的新视角》，文中第一次提出了吸收能力的概念，给以后的技术创新研究开辟了一个新的领域。图 2-6 中被引频次排第二名的是 NELSON R R(1982)的《经济变迁的演化理论》，该文类比了市场竞争和生物竞争，得出市场竞争和自然界的生物竞

---

[1] 此书最先于 1912 年出版的是德文版，修订再版于 1926 年，数年后又再版了德文第三版。1934 年，以德文修订本为依据的英译本由美国哈佛大学出版社出版，被列为"哈佛经济丛书"第 46 卷。

争具有一个共同的原则：森林法则（即强者生存）。因此，企业想在市场竞争中保持竞争优势立于不败之地就必须坚持创新，并把熊彼特式竞争定性为围绕创新开展的竞争，从而把创新在企业职能中提到了一个新高度。被引频次排第三名的是 TEECE DJ(1986)的《技术创新利润：综合、协作、许可与公共政策的内涵》，该文主要探讨了在个别企业创新中发生的一个奇怪现象：个别企业并不能通过创新活动获利，恰恰相反，其他产业相关者（如模仿者、客户等）却能因此受益。提斯（D. J. TEECE）认为一个重要的原因是整合与合作，而那些能提供顾客价值的新产品与新工艺的创新者的失败往往是因为错误的市场定位。他为了验证自己的理论，于是深入研究了制造业创新，得出创新不是万能的，创新也是需要一定条件的结论，以制造业为例，如果没有坚实的产业基础，只是一味地创新，结果注定失败。另外，国内的政治、经济、社会、技术方面的政策环境对于创新能否取得成功也有重要影响。这些研究成果否定了创新万能论和创新无条件论，对于技术创新具有非常重要的现实意义。图 2-6 中被引频次排第四名的是 DOSI G(1982)的《技术范式与技术轨道》，该文最大的贡献就是首次界定了"技术范式"和"技术轨道"这两个新定义，并解释了持续性技术和间断性技术的差异，通过深入分析得出创新过程和市场作用是造成这种差异的根本原因，科技发展、经济繁荣、政府政策和技术路径之间相互影响的最终产物就是新范式的出现。该文给技术创新研究提供了一个全新的视角，起到了非常重要的促进作用，是技术创新领域的奠基性文献之一。被引频次排第五名的是 TEECE DJ(1997)的《动态能力与战略管理》，该文最大的贡献是在技术更新换代非常迅速的复杂环境中构建了一个分析民营企业动态能力的体系，这个体系重点关注了民营企业如何抓住财富的源头从而获得更大的竞争优势。

中心性排名第一的文献是 COHEN WM 于 20 世纪末刊登在《管理科学季

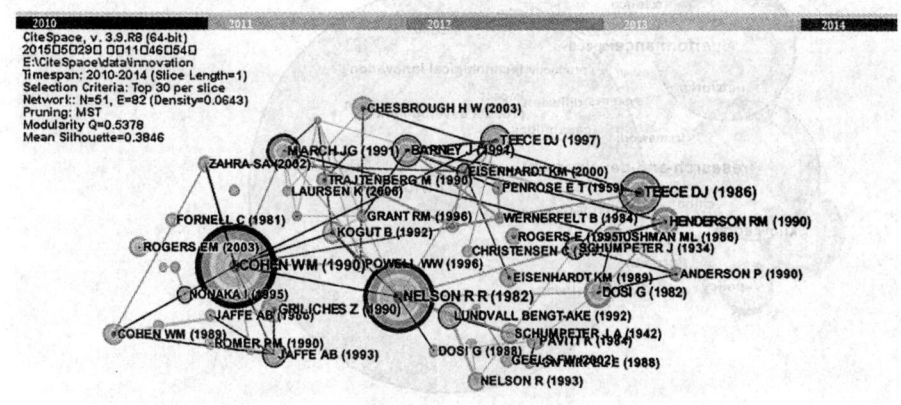

图 2-6　国际技术创新研究的共被引文献知识图谱

刊》上的《吸收能力：学习与创新的新视角》，中心度为 0.78；排名第二的是 NELSON R R(1982)的《经济变迁的演化理论》，中心度为 0.66；排名第三的是 MARCH JG(1991)在《组织科学》上发表的《组织学习中的探索与开发》，中心度为 0.34；排名第四的是 TEECE DJ 于 20 世纪 80 年代出版的《技术创新利润：综合、协作、许可与公共政策的内涵》，中心度为 0.27；排名第五的是丹麦奥尔堡大学的经济学教授 Lundvall Bengt-Ake 1992 年出版的《国家创新系统》，中心度为 0.21。

4. 研究热点分析

将下载的数据导入 CiteSpace Ⅲ 软件中，在聚类点类型（Node Types）中设置为 Keyword，阈值调谐选择 Top N per slice 并设置为 30，其他属性值使用默认值，最终得到技术创新领域的研究热点知识图谱，如图 2-7 所示。年轮样式图可以表达更多的信息，如在图 2-7 中，关键词的被引用情况是通过知识图谱中节点的年轮结构来体现的，通过不同的颜色来表示不同的年份，由远及近的年份通过蓝色到红色这种从冷色调到暖色调的变化来体现，对照知识图谱上方的时间条可以直观地识别具体的年份。年轮的大小表示概念的被引频次，年轮越大表明被引频次越高，年轮越小表明被引频次越低。因此，节点的半径（注意，不是节点的面积，这也是 CiteSpace 与 Pajek 和 UciNet 的不同点）对应于该节点的总被引数。被紫圈标注出来的节点表明该节点有较大（不小于 0.1）的中心度。

对于技术创新领域的研究热点分析主要通过关键词的出现频次来开展。这个方法基于关键词是一篇文章的核心，是关于文章研究对象、研究方法的高度概

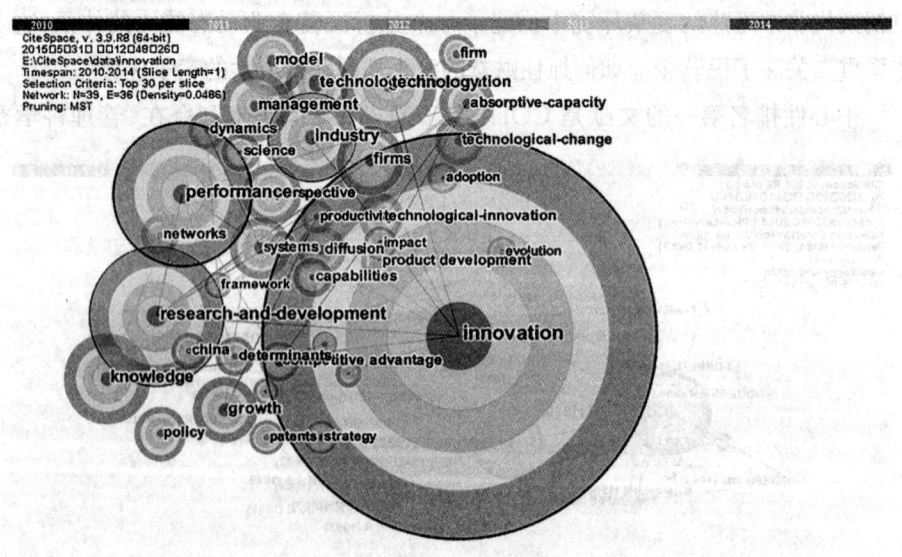

图 2-7 技术创新领域研究热点知识图谱

括及凝练(胡德华 等,2015)。对近五年技术创新领域的文章的关键词进行统计分析,频次最高的是 innovation,被引频次达到 1 576 次,关键词被引频次的前二十名如表 2-4 所列。这些关键词表明国际技术创新领域的研究热点主要集中在创新、绩效、研发、技术、知识、模型、工业、企业、增长、吸收能力等方面,体现出技术创新研究的多元化和侧重实证的特点。对表 2-4 中的高频关键词进行聚类分析(图 2-8),发现技术创新领域可以聚成五个类别:technological turbulence, carbon capture, innovation, market vision, new technology generation,即:技术动态性、碳捕捉、一般创新研究、市场前景、新技术的产生。这五个类别代表了近五年技术创新领域的具体研究热点。

表 2-4　近五年期刊被引关键词排名前二十名

被引频次	中心度	关键词	被引频次	中心度	关键词
1 576	0.41	innovation	261	0.06	technological innovation
586	0.36	performance	252	0.00	systems
538	0.25	research-and-development	242	0.00	perspective
428	0.00	technology	237	0.00	policy
384	0.07	knowledge	229	0.04	absorptive-capacity
373	0.12	industry	206	0.00	technological-change
295	0.03	model	197	0.00	diffusion
284	0.04	management	189	0.02	technological-innovation
279	0.02	firms	176	0.00	determinants
266	0.08	growth	163	0.00	capabilities

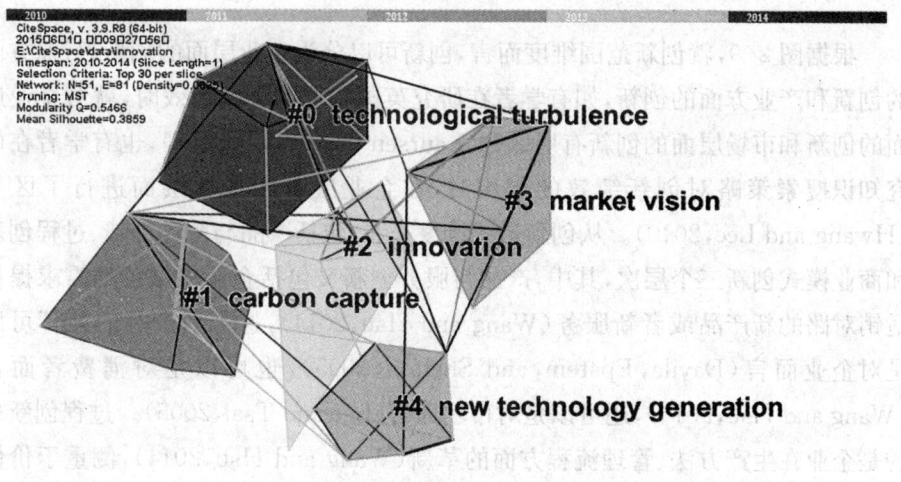

图 2-8　国际技术创新的研究热点聚类视图

2.2.3 创新绩效的维度和测量

通过前面的分析,我们可以看到创新作为重要的提升企业竞争力的一种手段已经得到了学术界的足够重视,但是对创新的绩效如何界定,即创新的产出在什么范围(用什么标准去衡量)、创新的形式、创新的程度和创新的类型(Crossan and Apaydin,2010;董振林,2017)都尚未达成统一的认识。总结已有研究可以得出创新绩效的维度如图2-9所示。

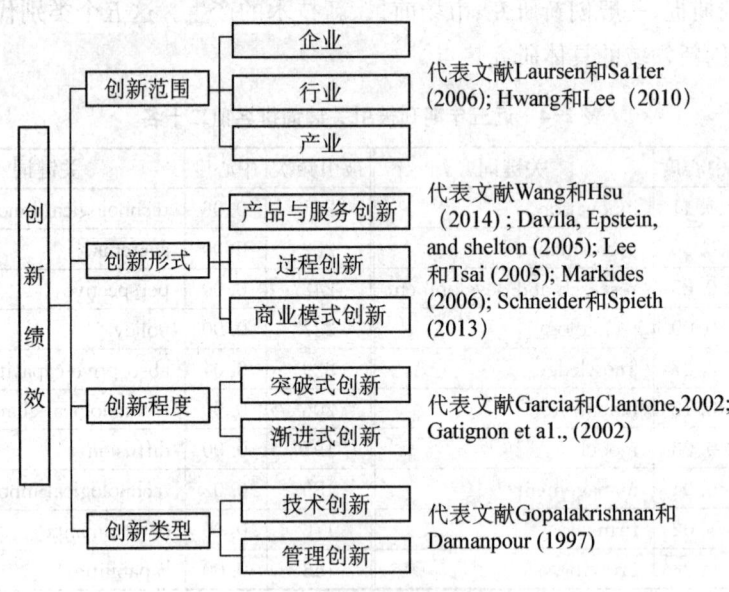

图 2-9 创新绩效的维度

根据图 2-9,就创新范围维度而言,创新可以分为企业层面的创新、行业方面的创新和产业方面的创新,如有学者在研究英国企业的创新绩效时,就对企业层面的创新和市场层面的创新有所区分(Laursen and Salter,2006),也有学者在研究知识搜索策略对创新绩效的作用时,在企业层面和行业层面进行了区分(Hwang and Lee,2010)。从创新形式维度来看,包括产品与服务创新、过程创新和商业模式创新三个层次,其中,产品与服务创新又包括企业根据市场需求提供适销对路的新产品或者新服务(Wang and Hsu,2014),这个新产品的"新"可以是对企业而言(Davila, Epstein, and Shelton,2005),也可以是对消费者而言(Wang and Hsu,2014),还可以是对市场而言(Lee and Tsai,2005)。过程创新指的是企业在生产方法、管理流程方面的革新(Wang and Hsu,2014),侧重于价值链上的独特性,往往结合了企业自身的特性,被学习的难度比较大,但是对于绩效的提升帮助会很大(James, Leiblein, and Lu, 2013; Gopalakrishnan, Bierly, and Kessler, 1999)，现有研究证明的过程创新包括成本控制(Bernstein and Kok, 2009)、质量改进(Terziovski and Guerrero-Cusumano, 2009)、提升适配性(Reichstein and Salter, 2006)和提高企业适应能力(Craighead, Hult, and JR, 2009)。商业模式创新是指企业利用新的商业逻辑去解决消费者的痛点，从中获取商业价值的形式(Casadesus-Masanell and Zhu, 2013; Davila, Epstein, and Shelton, 2005; Markides, 2006)。从创新程度这个维度上区分是指相对于企业目前状态是突破式的还是渐进式的(Garcia and Calantone, 2002; Gatignon, Tushman, and Smith, 2002)。渐进式创新指相对企业现有状态表现为比较小的变化，表征现有惯例随着时间的一些细微变化(Damanpour, 1991)；而突破式创新则表示巨大的、革命性的、彻底的变革(Garcia and Calantone, 2002)。从创新类型上包括技术创新和管理创新，二者都强调了社会架构和技术之间的差异(Gopalakrishnan and Damanpour, 1997)，技术创新涵盖了生产运营中所有的过程和技术的集合，是与每天生产运营活动密切相关的；而管理创新与基层生产联系不大，只与运营管理者的经营管理活动密切相关，如企业的组织结构、管理制度和人员配置等。

关于创新绩效的测量，学界研究者们从不同的角度进行了阐述。总结现有研究，比较常用的有两种方法：一是专利法，通过专利的数量、应用和引用情况对创新绩效进行测量；二是问卷调查法。

在知识搜索对创新绩效的影响研究中已经有了大量先例使用专利法测量企业的创新绩效(Katila and Chen, 2008; Ahuja and Katila, 2004; Katila and Ahuja, 2002; Ahuja and Katila, 2001; Fleming and Sorenson, 2004; Fleming, 2001; Nerkar, Mcgrath, and Macmillan, 2005; Stuart and Podolny, 1996)。专利数据在分析创新绩效方面有其优势，主要表现在：①可以搜集到年限较长的数据，从而形成纵向对比。②容易搜集到面板数据，从而也可以作横向比较，结合第一点便可对企业自身以及企业间的创新绩效变化的持续和动态的过程进行分析。③可以进行企业间的对比，甚至可以进行国与国之间的创新对比，从而为国家层面的创新研究提供了一个突破口。但是专利法存在的缺陷也是很明显的：①很多技术知识不能够申请专利，或者有些企业为了保守商业秘密而不申请专利，但公司创新绩效的体现又涉及这些内容(Silverman, 1999)。②专利申请数据更多的是测量编码化的技术知识，而企业却存在大量的隐性知识或软件技术(Patel and Pavitt, 1997)。同时，一项专利往往是运用多个技术领域知识的结果，企业可能只申请了少量的专利，导致用专利衡量并不能准确反映实际的创新绩效。③在不同区域专利的重要性也存在显著不同,同时专利未必一定能商业化成产品或服务,专利只表征了企业的一种独占机制而非创新(董振林,2017)。④采用专利数据的度量方法容易受到技术领域分类标准的影响,不同的分类可能得出不同的结果(Breschi,Lissoni,and Malerba,2003)。

除了使用专利法测量创新绩效之外,管理学领域还使用创新调查问卷来对创新绩效进行测量。创新调查问卷分为相对客观调查和相对主观调查(Pianta and Archibugi,1996),其中,相对客观调查是一种特定的创新活动调查方法,是基于专家访谈和文献计量数据的创新问卷调查,如 SPRU(Science Policy Research Unit)数据库就收集有 1945—1983 年超过 4 000 条有关创新的数据。这些数据是通过对三百多名各领域专家的跟踪采集获取到的,而且被一些学者应用在自己的有关创新的研究中(Tether,Smith,and Thwaites,2004)。相对主观调查在测量企业创新绩效方面应用比较广泛,相对主观调查可分为第三方调查和研究者自己开展调查。其中,第三方调查比较著名的如 YALE 调查问卷和欧洲创新调查(Eurostat Community Innovation Survey,CIS)。YALE 据有关学者研究可能是学术界第一次大型的主观问卷调查(Levin et al.,1987),在谷歌学术里用关键词"CIS and innovation"可以搜索到相关文献约 136 000 篇,可见 CIS 数据在学术研究中的重要性。据有关学者研究,从 CIS 出现到 20 世纪 90 年代初期,采用 CIS 数据研究企业创新绩效的文献超过 200 篇(Veugelers and Cassiman,2005)。除此以外,研究者可根据自己特定的研究目的运用成熟量表对创新绩效进行测量。例如,有学者指出可以用创新产品引入市场的数量来度量,并提出了从研发战略、专利数量、专利认证和新产品四个维度来测量创新绩效(Hagedoorn and Cloodt,2003);有学者提出通过近三年有创新性的产品在总销售产品中的比重来衡量创新绩效(Jantunen,2005);也有学者从新产品数、申请的专利数、新产品产值占销售综合的百分比、新产品的开发速度和创新产品的成功率来测度创新绩效(许冠南,2008)。本书借鉴这些理论成果,参考 Lovelace 等(2001)和 Jansen 等(2006)的量表,采用 6 个题项进行测量,如表 2-5 所列,要求被调查者把所在企业与企业所在行业的大致平均水平进行比较,从而对所在企业的创新程度做出判断,采用 Likert 7 级量表,其中从"非常低"到"非常高"分别用数字 1~7 表示。

表 2-5 创新绩效量表

创新绩效——在过去三年中,与行业内的平均水平相比,贵公司的创新情况

测量题项
1. 产品质量得到改进

(续表)

2. 现有市场需求得到基本满足
3. 生产（或服务）成本降低
4. 企业不断开发出新产品（或新服务）
5. 企业不断引进新的工艺或技术
6. 企业积极开拓新的市场

2.3 知识搜索对企业创新绩效的作用机制研究综述

2.3.1 知识搜索对企业创新绩效的直接作用机制

演化经济学认为创新是企业与其所处的环境中其他与之发生联系的组织之间相互学习的过程（Breschi and Malerba, 1997），而外界知识源可以提供更多的异质性知识重组的机会（Nelson and Winter, 1982）。促使创新价值实现的必要条件是异质性的知识与信息（Jansen, Van den Bosch, and Volberda, 2006），它激发了企业产生新的思想和创意，促进了组合的多样性与原创度（Sampson et al., 2007），极大地提升了企业创新的内在价值。创新网络理论认为企业创新在很大程度上取决于企业和外部知识源建立强有力联系的能力（Morgan and Cooke, 1998）。而开放式创新理论更是提出外部知识在企业创新中的重要作用，并认为内部研发已经不再是企业的战略资产（Chesbrough, 2006），为此，学者们提出了不同的知识搜索组合策略，具体情况见表2-6。

表2-6 已有研究关于知识搜索对企业创新绩效的影响

学者（年份）	主要观点与研究结论	知识搜索与创新的关系
Ahuja 和 Lampert（2001）	知识搜索宽度能够避免企业陷入能力陷阱，更有利于企业创新	正向
Tsai 和 Wang（2009）	内部研发能力是企业的最主要驱动力，也是企业获取技术知识的最主要来源	正向
Laursen 和 Salter（2006）	对英国企业的调查问卷研究后发现，外部知识搜索深度有利于突破性创新绩效	正向

(续表)

学者(年份)	主要观点与研究结论	知识搜索与创新的关系
Chiang 和 Hung (2010)	对184家中国台湾的电子制造企业研究后发现,外部知识搜索深度是一种利用式学习,与少量外部渠道保持高效率强联系,促进渐进式创新	正向
Salge、Farchi 和 Piening(2012)	对1 170家德国企业分析后发现,吸收能力越强,外部知识搜索宽度对创新绩效的影响就越强	正向
Leonard (1992)	过度运用知识搜索深度会导致核心刚性,不利于创新绩效	负向
Levinthal 和 March (1993)	过度重视知识搜索宽度或者知识搜索深度会形成惯例,容易导致能力陷阱,不利于创新绩效	负向
Veugelers (1997)	内部研发活动和外部技术连接活动的互动关系是非常复杂的	负向
Christensen 和 Snyder(1997)	单一的知识搜索策略会带来创新者困境,不利于创新绩效	负向
Ocasio (1997)	知识认知管理能力有限,不利于创新	负向
Katila 和 Ahuja (2002)	利用全球机器人行业专利数据统计分析后发现,知识搜索宽度与创新绩效之间具有倒U形的关系	倒U形
Laursen 和 Salter (2006)	把知识搜索聚焦在企业外部知识搜索活动,发现搜索宽度和深度与创新绩效之间具有倒U形的关系	倒U形
Hwang 和 Lee (2010)	对韩国信息和通信技术(Information and Communications Technology,ICT)行业采用问卷调查研究的方法,认为知识搜索宽度与创新绩效之间具有倒U形的关系	倒U形
Ihl 和 Wagner (2012)	以德国365家制造企业为样本,经过研究发现外部知识搜索宽度对创新绩效有很强的调节作用	倒U形

1. 知识搜索对企业创新绩效的促进作用

知识搜索可以为企业提供更多的异质性知识,这些异质性知识可以为企业提供一个新的视角,通过学习吸收这些异质性知识,帮助企业形成新思维和新观念(Henderson and Cockburn,1996;Katila and Ahuja,2002),也为不同知识的组合提供了可能,并激发企业产生新的观点和创意,从而为企业提供了更多创新选择,避免陷入能力陷阱(Ahuja and Katila,2001)。随着知识搜索宽度的增加,企业发现新颖异质性知识的可能也增加了,通过将知识搜索宽度与知识搜索深度相结合,从而帮助企业对现有市场、技术以及创新有了更深的理解,帮助企业把一些成熟的经验形成惯例,可以在对搜索到的异质性知识学习吸收的过程中,经过重组形成新的有利于创新的技术知识。同时,知识搜索也在一定程度上改变了企业现有的认知模式,从而改善企业内部以及与外部知识源的关系联结,这种改变会给企业带来识别、吸收、重组异质性知识的压力。知识搜索带来的新的异质性知识会激发企业对新知识进行整合的动力,从而带来更富有价值、更满足市场需求、更有成效的创新(Ahuja and Katila,2001)。

另外,知识搜索避免了企业陷入核心刚性的风险,更大范围的知识搜索会帮助企业找到更多的具有市场潜力的机会,从而帮助企业实施多元化战略。知识搜索带来的异质性知识经过吸收和重组,除了满足企业自身技术需要外,还带来与自身技术关系不是很密切的技术知识和能力,而这些冗余知识经过重组,同样可以帮助企业解决与产品技术相关联的一些不可预测的技术问题(Brusoni,Prencipe,and Pavitt,2001)。在一些新兴高科技行业,公司除了在核心技术方面需要足够的知识储备外,还需要在利益相关领域进行相应知识储备,从而管理整个供应链,如苹果公司与供应商、客户之间构筑了一个一体化的供应链管理,保证了供应链的无缝集成,从而取得了创新上的一个又一个突破。Hwang 和 Lee(2010)验证了知识搜索宽度与知识搜索深度对不同类型的创新绩效的影响作用,知识搜索和持续性能够为企业的生存与发展争取时间。知识搜索使管理者更容易理解复杂系统的原理,帮助创新项目进行准确定位(Nerkar,Mcgrath,and Macmillan,2005)。

2. 知识搜索对企业创新绩效的负向影响

知识搜索是需要消耗组织资源的,过度实施知识搜索策略,无论是知识搜索宽度还是知识搜索深度都会导致企业的管理成本、研发成本和整合成本的增加,同时,由于搜索到的异质性知识之间可能也存在冲突,从而增加了甄别成本,对创新产生负向影响(Argyres,2015,Garcia-Vega,2006)。随着知识搜索策略的深入,会搜索到更多的异质性知识,消化重组这些异质性知识,会导致对其他相关知识的注意力的减少,尤其是对于一些复杂性的知识,在转移和共享方面都特别困难,从而给创新带来了困难。知识搜索带来的异质性知识增加了学习的成本,减少了一些知识的利用率。Sampson 等(2007)指出,从提升学习利用效率角度而言,知识和能力具有一定程度的重叠是最佳状态。

Mowery 等(1996)在考察了企业和具有一定技术相似度的知识源后指出,企业和相互引用专利的知识源倾向于技术上的聚焦;Ahuja 和 Katila(2001)则发现企业和知识源间的技术相似度有利于企业创新绩效的提高。Breschi 等（2003）指出，企业聚焦在某种特定领域进行研发使得研发更加专业化，从而体现了学习的规模效应，促使企业核心技术转移而获取竞争优势。

尽管这些研究考察的对象不同，对知识搜索的分类侧重点有所不同，但基本的逻辑都是一样的：企业只能吸收与其内部知识相近的外部知识，高相似度有利于知识的分享与转移。随着企业间技术知识差异的增加，它们彼此之间识别、吸收以及应用知识的能力在下降（Lane and Lubatkin, 1998），组合创新的成本在增加。企业必须充分利用它的组织资源去实施知识搜索策略，现有知识基础和企业的吸收能力将限制企业与异质性知识的互动和对其的理解能力。此外，对搜索到的异质性知识进行治理、吸收需要企业改变现有的组织沟通模式和社会交换方式，这在一定组织中可能会带来流程重组，同时，在实施方面存在一定困难（Kogut and Zander, 1992）。吸收和整合高度异质性的知识元素会导致信息负载过重与混乱，以至于创新的规模不经济（Ahuja and Katila, 2001）。因此，随着知识搜索活动的深入，吸收和利用知识的成本也在大幅提高。

3. 知识搜索与企业创新绩效之间的倒 U 形曲线关系

已有研究证实，知识搜索活动必然会影响企业的创新绩效。在以知识搜索深度为主导的知识搜索策略下，企业更多地侧重挖掘已有知识资源，这便限制了企业搜索具有创新价值的互补性知识以及协调效应带来利润的可能（Faems, Van Looy, and Debackere, 2005），由于搜索到的异质性知识资源比较少，所以企业可供选择的创新机会就比较少。而当知识搜索宽度较宽时，企业会有更大的机会接触外部异质性知识，从而带来更多的创新选择机会，也更容易产生新的思路和创意，但企业搜索、整合和沟通的成本也将增大（Belderbos, Carree, and Lokshin, 2006），如果管理成本超出了知识搜索产生的规模经济与知识溢出效应，就会导致创新绩效的下降。尽管知识搜索宽度的增加提高了新知识重新组合的可能，但这在很大程度上取决于企业现有的知识基础以及企业对新知识的整合吸收能力。相比较而言，知识搜索水平与吸收能力之间达到平衡才是取得最佳创新效果的最佳搭配。在权衡知识搜索的成本与收益方面，大量学者验证了知识搜索与创新绩效之间的非线性关系，如陈劲和吴波（2012）以 213 家装备制造业企业为研究对象，研究了不同模式下开放度与外部知识获取之间的关系，认为合作化开放度与新技术知识搜索和专用性互补资产搜索均呈倒 U 形关系，但形状有所不同；市场化开放度与新技术知识搜索也呈倒 U 形关系。最近关于知识搜索与创新绩效之间关系的实证研究趋向于相似的结论：它们之间呈倒

U形的非线性关系(Katila and Ahuja,2002;Laursen and Salter,2006;Hwang and Lee,2010;Ihl and Wagner,2012)。

2.3.2 知识搜索对企业创新绩效的间接作用机制

企业知识是包含在各种业务流程和组织情景中的,对于不同的业务流程和不同的情景,知识发挥作用的大小也有显著不同。知识搜索本身不能直接产生创新绩效,而是需要借助一定的中介和路径方能发挥作用,且发挥效果的不同还会受到不同因素的调节。大量学者研究了知识搜索与创新绩效之间的作用机制,总结如图 2-10 所示。

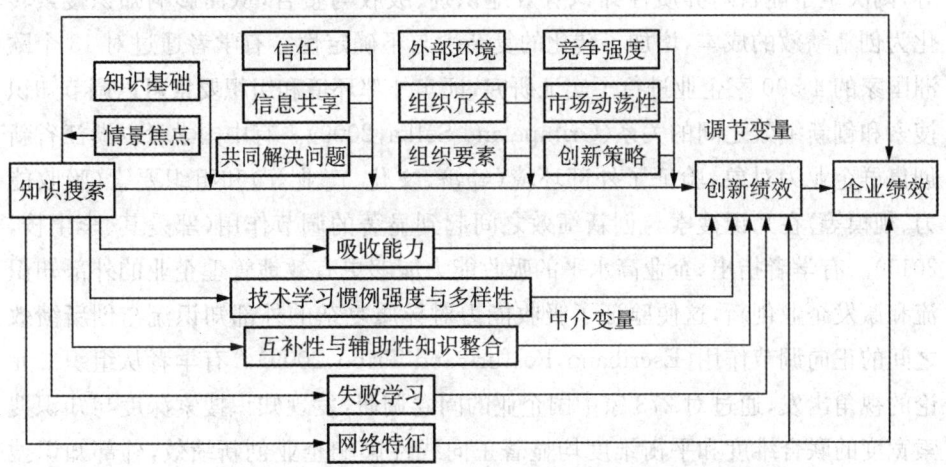

图 2-10　知识搜索和创新绩效之间的调节变量和中介变量

1. 知识搜索与企业创新绩效之间的调节变量

1) 市场环境和创新策略的调节作用

不同类型的市场环境和创新策略会让企业在面对不同的市场环境压力和内部研发压力时有不同的认识和反馈,进而影响企业制订知识搜索策略。Cohen 和 Levinthal(1990)验证了市场环境在知识搜索和创新绩效之间的调节作用,证实了知识搜索的有效性会受到市场环境的显著影响。Laursen 和 Salter(2006)验证了知识搜索的有效性会受到企业以前和当前的创新策略的影响。中国学者采用 294 家中国企业的数据,实证分析了市场环境与创新策略对知识搜索与创新绩效关系的调节作用,表明市场环境(竞争强度、动荡性)显著调节外部知识搜寻与创新绩效的关系,在竞争激烈的市场环境中加强搜寻宽度会更加有效,在顾客需求和产品技术频繁变化的市场环境中加强搜寻深度则更加有效(张峰、刘侠,2014);创新策略显著调节外部知识搜寻与创新绩效,搜寻深度与开发式创新交互正向影响创新绩效。奉小斌和洪雁(2016)以 80 名新创企业中高层管理人员为研究对象开展准实验研究,结果证明情景促进焦点负向调节知识搜索和企业绩效的关系,情景预防焦点和企业绩效反馈的交互效应正向影响知识搜索和企业绩效。

2) 外部环境和组织要素的调节作用

资源基础观强调知识搜索作为创新资源的独特价值,但是知识搜索能否发挥出作用、切实提升创新绩效则取决于企业能否整合、吸收这些异质性知识。外部环境(经济、文化、产业等)会影响知识搜索的效果,组织要素(吸收能力、规模等)则决定了能否对异质性知识有效地识别、吸收与整合,从而影响知识搜索转化为创新绩效的成本,增加了转化的复杂性与不确定性。有学者通过对 13 个欧洲国家的 4 500 家企业进行了实证研究,证实外部环境和组织要素可以调节知识搜索和创新绩效之间的关系(Grimpe and Sofka,2009)。有中国学者以浙江省新创集群企业为对象,验证了外部环境(经济、文化、产业等)和组织要素(吸收能力、规模等)在知识搜索与创新绩效之间起到显著的调节作用(邬爱其、李生校,2011)。有学者指出,企业高水平的吸收能力能够更有效地管理企业的外部知识流和激发企业创新,这便验证了吸收能力对异质复杂的外部知识流与创新绩效之间的正向调节作用(Escribano,Fosfuri,and Tribó,2009)。有学者从组织二元论的视角出发,通过对 273 家中国企业的问卷调研,发现知识搜索深度与知识搜索宽度的联合维度和平衡维度均显著正向线性影响企业创新绩效,外部知识搜索与环境的匹配正向影响企业创新绩效(苏道明、吴宗法、刘臣,2017)。

3) 关系嵌入的调节作用

根据社会网络理论,企业可以通过知识网络获取各种新知识(范钧、郭立强、聂津君,2014),从而促进突破性创新,关系嵌入性可以表征企业与网络关系的密切程度(McFadyen, Semadeni, and Cannella, 2009; McFadyen and Cannella,2004)。知识搜索能否促进创新绩效取决于企业能否有效地吸收、整合外部知识,而关系嵌入程度决定了企业对网络中知识的吸收和整合(Bao,Sheng,and Zhou,2012;Sheng,Zhou,and Li,2011)。有研究表明,关系嵌入可以增强企业与网络上其他节点上知识源的信息和知识的交换,从而提升创新绩效(刘岩、蔡虹,2011)。但也有研究表明,关系嵌入对创新绩效有负面影响,当网络处于过度嵌入的状态时,网络中知识的新颖度会下降,节点间的投机行为无法受到监督,从而阻碍创新。有中国学者基于国内管理学领域 176 名学者在 2007—2012 年间发表的高水平国际论文样本数据,采用 Logit 回归分析,表明关系嵌入性加强了知识强度与突破性创新之间的正向影响,削弱了知识深度与突破性创新之间的正向关系(唐青青、谢恩、梁杰,2015)。

4) 知识基础的调节作用

随着企业知识基础的不断增加,企业会拥有更多的关于顾客与市场的认知知识,这些知识基础决定了对异质性知识的吸收程度,促进对外部商业和市场知识的识别、整合和吸收;拥有宽泛的知识基础将有助于企业更好地理解外部异质性知识,同时帮助企业更好地理解知识搜索过程中获取的隐性知识(Cohen and Levinthal,1990)。已有部分研究关注了内部知识基础对知识搜索和创新绩效之间的影响,认识到企业需要先验知识和知识基础来帮助吸收、整合新知识(Cohen and Levinthal,1990)。Fabrizio(2009)实证了企业内部基础研发对企业与高校合作和绩效关系的影响。Zhou 和 Li(2012)也证实了知识基础和知识搜索对突破式创新的联合作用,企业通过调研、顾客通过与不同的渠道进行接触从而了解市场需求,不同性质的知识的互补效应可以帮助企业获得更好的绩效,因此一定范围内的知识基础可以增加外部技术知识的转化率(Shang,Yao,and Liou,2017)。然而,过强的知识基础可能降低对外部异质性知识的整合利用效果,知识基础较好的企业存在非本地发明现象(NIH,Not Invented Here Syndrome)(Simpson et al.,1982),也就是企业中个别人士相信自己在某个知识领域的权威性,从而排斥外来新想法。潘佳等(2017)基于 129 家信息技术服务外包企业的问卷调查数据探讨了知识基础在外部知识搜索和企业绩效间的调节作用,发现技术知识基础倒 U 形调节外部知识搜索与创新绩效之间的关系,业务知识基础正向调节外部知识搜索与创新绩效之间的关系。

5) 组织冗余的调节作用

组织冗余指的是组织在完成日常生产任务的过程中用不上而被闲置的资源,如设备、机器、原材料等,如果利用好这些冗余资源可以提升企业的竞争优势(Cyert and March,1963)。由于冗余资源的使用不会影响正常生产活动的开展,所以就为企业试验提供了可能,从而鼓励企业有关人士从事创新活动(Levinthal and March,1981)。另外,冗余资源还能缓冲企业内部以及企业和其他经济体之间的冲突(Cyert and March,1963;Cheng and Kesner,1997)。如果知识搜索的结果不甚理想,那么组织内部的组织冗余可以在一定程度上消化这些后果,达到"东边不亮西边亮"的效果,从而让组织少受或者不受不确定性的消极影响(Nohria and Gulati,1996)。孙婧和沈志渔(2014)实证了组织冗余在知识搜索和创新绩效之间的调节作用,发现未吸收冗余能够正向影响知识搜索深度和宽度对创新绩效的作用,已吸收冗余能正向影响知识搜索深度对创新绩效的提升,但是会降低知识搜索宽度对创新绩效的影响,搜索深度与搜索宽度的协同效应在企业拥有较充足的冗余资源时,作用更加显著。汪玥琦(2016)研究了美国1997—2000年间1 280家企业的专利数据,运用Logistics回归检验了组织冗余资源对知识搜索策略选择的影响,并得出如下结论:组织冗余多的企业倾向于同时开展知识搜索宽度与知识搜索深度策略。

2. 知识搜索与创新绩效之间的中介变量

资源观认为知识是企业的一种战略资源,对企业而言,有效利用这种战略资源的直接效果就是获取技术或市场竞争上的优势,表现为创新绩效,揭开知识资源到创新绩效的作用"黑箱",通常的做法是在二者之间引入中介变量。但对现有研究总结来看,有关知识搜索与创新绩效之间中介变量的文献非常少。已有研究主要是两种论证方式:一是根据资源能力观中"资源—能力—绩效"的论证方式,有学者提出了知识搜索通过影响互补性与辅助性知识整合能力继而作用于其创新绩效(奉小斌、陈丽琼,2015)。Wang和Zhang(2010)基于知识获取能力的角度构建了"知识搜索—网络拓扑—创新绩效"概念模型,验证了网络拓扑在知识搜索和创新绩效之间的中介作用。叶江峰等(2016)构建了"知识异质度—知识重构与吸收能力—企业绩效与创新绩效"概念模型,发现知识重构与吸收能力在知识异质度和企业创新绩效间起完全中介作用,解释了为什么外部知识异质度与创新绩效之间呈倒U形曲线关系。第二种论证方式是"资源—战略—绩效"模式,如郭京京构建了"知识属性—技术学习惯例—技术创新绩效"概念模型,验证了知识搜索深度通过技术学习惯例强度影响企业创新绩效,知识搜索宽度通过技术学习惯例多样性影响企业创新绩效(郭京京,2011)。岳意定和卢澎湖(2014)通过78家企业的问卷调查,从知识类型的角度把知识搜索分为技术知识搜索和市场知识搜索,又分别考察了开发式技术知识搜索和利用式技术知识搜索、开发式市场知识搜索和利用式市场知识搜索与产品创新绩效的关系,实证了吸收能力在知识搜索和产品创新绩效中有部分中介作用。唐朝永、陈万明和彭灿(2014)把失败学习理论和创新搜索理论引入组织创新绩效研究,发现失败学习在外部创新搜索和创新绩效之间起部分中介作用。董振林(2017)通过结构方程分析了知识搜索、知识整合和创新绩效三者之间的关系,发现知识整合在知识搜索和创新绩效之间起部分中介作用。

2.3.3　对现有研究的总结

本小节重点聚焦了知识搜索对创新绩效的直接作用机制和间接作用机制,

并围绕知识搜索对创新绩效的作用机制进行了综述,总结明确了知识搜索对创新绩效的三种关系,同时回顾了知识搜索对创新绩效的影响的代表性研究,总结了知识搜索对创新绩效影响的调节变量和中介变量,得到以下结论:

(1) 知识搜索对创新绩效既有正面影响又有负面影响,但是目前基于中国情景的相关研究比较少。知识搜索由于开放式创新理念的普及,在规模经济与共享效应对企业创新绩效具有促进作用;但由于知识搜索需要消耗组织资源,搜索到的异质性知识容易和原有知识基础产生矛盾,从而导致难以吸收利用,对创新产生负面影响。权衡知识搜索对创新的收益与成本,尽管有很多国外学者验证了知识搜索宽度和知识搜索深度与创新具有倒 U 形的非线性关系。但基于中国情景的研究并不多见,尤其缺乏实证检验,这显然不利于指导中国企业知识搜索的实践。

(2) 知识搜索宽度与知识搜索深度对企业创新绩效的提升具有不同的作用效果和路径,现有研究没有将这两个层次的知识搜索策略融入同一研究中。实际上,知识搜索宽度与知识搜索深度具有不同的效用。其一,知识搜索宽度与知识搜索深度对企业知识整合会形成不同的挑战,因此可能会对创新产生不同的作用。其二,知识搜索宽度与知识搜索深度之间并非完全统一,而是相互作用的。具体而言,知识搜索深度是企业创新的基础,决定了企业识别、消化和利用外部异质性知识的能力;知识搜索宽度弥补了内部知识的不足,为企业优化创新方案提供了更多的选择。其三,知识搜索宽度与知识搜索深度在对创新的作用机制上存在一定的差异。知识搜索深度更强调企业内部知识积累的过程,而知识搜索宽度则更强调组织间的创新合作。

(3) 知识搜索宽度对创新绩效的倒 U 形效应具有较多验证。为什么知识搜索宽度对企业创新具有倒 U 形曲线效应,知识搜索宽度到底通过什么样的机制与路径作用于企业创新? 对于这一问题,主流文献没有能够通过系统的定量分析予以解释。实际上,知识搜索宽度对于创新而言具有两面性,既具有知识治理价值——如何建立一套知识治理机制才能更好地从知识伙伴那里获取更多的异质性知识并能有效利用以提高企业绩效,又存在吸收问题——伙伴之间的新知识很可能难以被吸收和转移。企业创新绩效的提升是知识治理和吸收能力共同作用的结果,知识搜索宽度提高了企业知识治理的潜力,但搜索到的新知识能否被企业充分利用,还取决于企业的吸收能力。

(4) 有关外部环境调节企业知识搜索深度和知识搜索宽度与创新绩效关系的研究相对缺乏。知识搜索对创新的影响很大程度上取决于企业所处的环境,无论是技术环境还是市场环境都会直接影响知识搜索宽度与知识搜索深度对创新绩效的作用路径。具体而言,在当前快速变化和高度不确定的环境中,知识搜索的最终结果(即新知识资源)很容易因无法适应环境变化而失去价值,所以需要企业适应环境变化、突破现有运营模式。

(5) 有关关系嵌入性调节企业知识搜索宽度与创新绩效关系的研究相对缺乏。知识搜索宽度延伸了企业创新资源的边界,但由于企业间规模、组织架构、管理水平和行业背景的差异,信息不对称带来的机会主义、合作动机的不确定性和彼此间工作任务的相互依赖程度等问题的存在,使得创新企业难以搜寻、获取、转移和吸收外部新知识。此时,关系嵌入性通过企业间信任、信息共享以及共同解决问题的实现,改变企业知识资源的运用边界和使用价值,进而促进企业创新绩效的提升。

2.4 知识搜索宽度对企业创新绩效作用的解释变量研究综述

2.4.1 吸收能力研究综述

1. 吸收能力的内涵

吸收能力最早是 W. M. Cohen 和 D. A. Levinthal 于 1989 年发表在《经济学杂志》上的《研发的两面性:创新与学习》中首次提出。1990 年,他们在《管理科学季刊》上发表了《吸收能力:学习与创新的新视角》,在该文中他们把吸收能力系统化,丰富了吸收能力的内涵,将吸收能力定义为评价、消化、整合和应用外部新知识并转化成商业绩效的能力,具体来说包括三种能力:识别外部知识的能力、消化识别知识的能力和应用这些知识的能力。也有学者研究了韩国现代公司,指出吸收能力就是学习知识能力和解决问题能力的集合,而且前者是一种模仿性学习,后者是一种创新性学习,前者是后者的基础(Kim,1998)。有学者把吸收能力看作是企业的一种由很多过程和惯例构成的动态能力,企业通过这些过程和惯例吸收外部新知识,并总结出吸收能力的两种特性:累积性和独立性,累积性说明企业的先验知识会对吸收能力产生正向影响;独立性则说明吸收能力很难被其他企业兼并和整合(Zahra and George,2002b)。有学者通过分析有关吸收能力的 189 篇文献,从组织学习的角度对吸收能力进行了定义,认为吸收能力实际上就是三种学习:探索式学习、转化式学习和利用式学习,通过探索式学习来识别有用的外部新知识、转化式学习实现对外部新知识的整合,利用式学习消化外部知识并转化成企业绩效(Lane,Koka,and Pathak,2006)。

国内学者也对吸收能力的内涵做了探讨,有学者直接用了W. M. Cohen和D. A. Levinthal关于吸收能力的定义(徐万里、钱锡红,2010;陈茵、徐二明,2013);也有学者认为吸收能力指企业通过对外部知识的识别、评价、整合和应用,进而实现商业价值的能力(龚毅、李垣、姜黎辉,2004);还有学者把吸收能力划分为识别、理解、学习和应用能力(王国顺、李清,2006);有学者对吸收能力的内涵进行了深入分析,认为吸收能力是一种相对能力,存在于知识转移双方的对偶关系中,另外,吸收能力是存在于特定情景下的基于组织间合作的跨组织能力(王雎,2007);还有学者把吸收能力定义为识别、消化和利用外部知识的能力(徐金发、林枫,2009;李俊、赵立龙,2010)。

2. 吸收能力的过程模型

有学者探讨了吸收能力构念的组成要素、前因变量、权变变量、结果变量以及它们之间的关系,并将其称为吸收能力的过程模型(Zahra and George,2002a)。这些经典模型基本涵盖了吸收能力的组织学习过程和知识处理功能等内容。

1) Cohen和Levinthal的模型

Cohen和Levinthal(1990)的模型提出了两个重要的分析思路:一是吸收能力的分析层面,二是组织要素对吸收能力的影响。该模型将吸收能力概念引入知识管理研究领域,将其定义为企业运用先前相关知识识别、吸收和应用外部信息知识,并将它们转化为商业竞争力的能力,且认为拥有高吸收能力的企业能够对新技术有更好的理解、对新知识有更好的治理,进而产生新的观念和开发新产品以提高企业的创新能力及创新绩效。Cohen和Levinthal(1990)认为吸收能力是一个综合能力,包括识别(评价)、消化和应用三个维度,依赖于知识源和先验知识,如图2-11所示。先验知识促使企业有能力识别出新信息的价值,并进行消化吸收,最后将这些知识应用于商业竞争力的提升。此外,收益独占性(企业

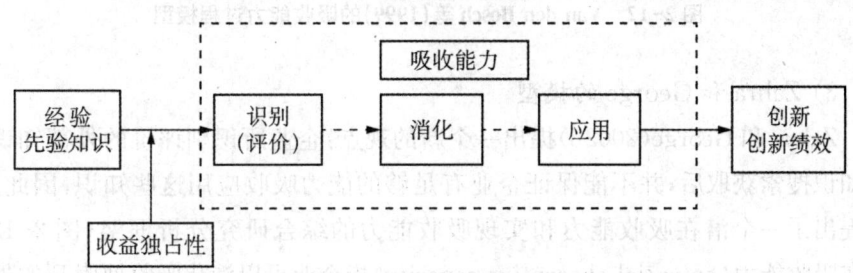

图2-11 Cohen和Levinthal(1990)的吸收能力过程模型

从创新活动获利的程度)对先验知识与吸收能力发展之间的关系具有调节作用。最后,企业现有知识基础决定了企业能够吸收怎样的知识以及吸收这些知识的效果如何,因而对企业的吸收能力有很大的影响。

2) Van den Bosch 等的模型

Van den Bosch 等(1999)的模型以行为演化理论为基础,从微观知识环境和宏观知识环境两方面入手,分析了知识环境和吸收能力共同影响、共同作用的演化机制,从微观层面探讨了组织对知识的吸收能力对于组织累积的知识水平的影响(图 2-12①),同时还探讨了组织对知识的吸收能力对于期望形式和双元学习的影响(图 2-12②),期望形式的变化同时会作用到组织结构和整合能力上(图 2-12③),从而形成"吸收能力—学习—新的吸收能力"这样的知识吸收循环,而在宏观知识环境分析方面,主要分析了吸收能力对知识环境的影响(图 2-12④),同时,知识环境也会反作用于组织的吸收能力(图 2-12⑤),从而产生了知识环境与吸收能力共同演化的过程。该模型把吸收能力视为一个动态的过程,从组织层面进行了深入发掘,把对吸收能力的认识从过去的单环的学习过程提升到螺旋上升的动态过程,这个思路为研究吸收能力的水平变化和作用路径提供了思路,但是未能考虑到组织层面其他参数的影响,如领导风格、激励措施等对吸收能力的作用。

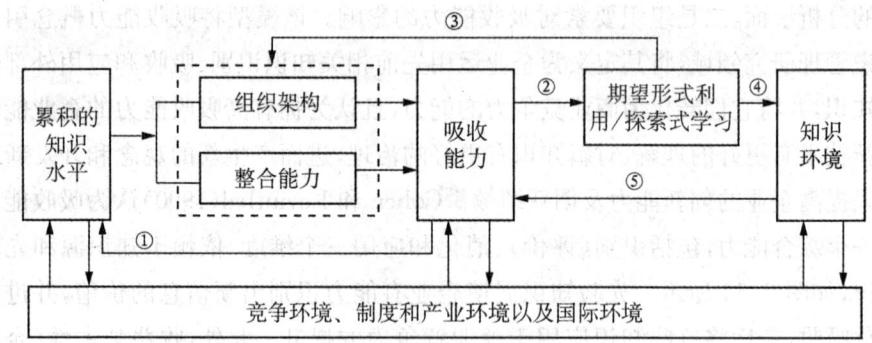

图 2-12 Van den Bosch 等(1999)的吸收能力过程模型

3) Zahra 和 George 的模型

Zahra 和 George(2002b)提出一个新的观点:企业所识别评价的外部知识经过知识搜索获取后,并不能保证企业有足够的能力吸收应用这些知识,因此,他们提出了一个潜在吸收能力和实现吸收能力的综合研究分析框架(图 2-13)。潜在吸收能力(potential absorptive capacity)指企业可以消化吸收搜索到的外部知识,由获取和消化构成潜在的吸收能力,而实现吸收能力(realized absorptive capacity)指组织转化和应用所消化的知识的能力。这两种具有逻辑先后的吸收能力的提出是对企业动态能力理论的应用。与 W. M. Cohen 和 D. A Levinthal 的原始过程模型相比,该模型主要有以下几点变化:①用"获取"替代"识别"维度,并增加了"转化"维度,形成了吸收能力的获取、吸收、转化、应用四维度模型;②将吸收能力分为"潜在的"和"实现的"两种类型;③在吸收能力的前因变量中,强调知识来源、经验对吸收能力发展的作用;④拓展了吸收能力的结果变量,不仅包括创新活动的持续开展和优越绩效的保持,而且包括企业柔性;⑤增加了激活触发器和社会整合机制的权变影响,并重新调整独占性制度的权变影响。激活触发器调节了知识源和经验对吸收能力发展的影响。激活触发器的来源将影响企业外部知识源的本地搜寻,相反地,触发器的强度将影响企业对潜在吸收能力的投资。社会整合机制减少了信息共享的障碍,提高了消化信息和转化信息的效率,缩小了潜在吸收能力和现实吸收能力之间的差距。

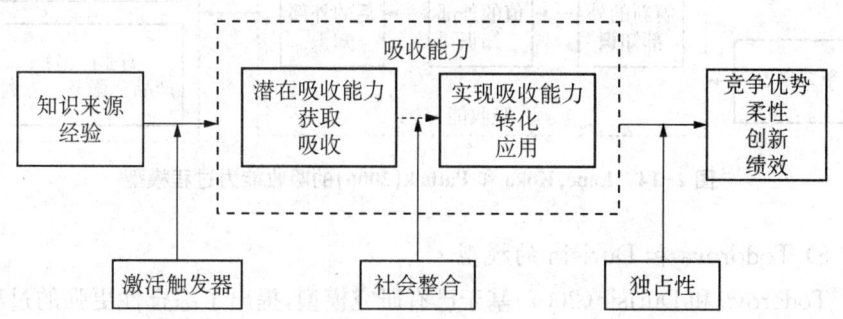

图 2-13　Zahra 和 George(2002)的吸收能力过程模型

4) Lane,Koka 和 Pathak 的模型

Lane,Koka 和 Pathak(2006)提出了以学习过程为导向的吸收能力定义,并开发了包括吸收能力的组成成分、外部驱动力、内部驱动力、结果变量及它们之间联系的全过程模型,如图 2-14 所示。该模型主要包括以下几个部分:①认为吸收能力包括探索式学习、转化式学习和利用式学习三个维度,分别与不同的知识处理功能相对应。②企业外部驱动力以不同方式对吸收能力产生影响,其中学习伙伴间的知识特点(知识内容和知识相似性)和非知识方面的学习关系特征(战略、文化、组织结构、薪酬制度等)通过影响企业知识搜寻广度、特定领域的知识理解深度以及知识获取的难易程度而对吸收能力发展具有直接影响;知识环境、产业竞争环境、政策环境等条件都会影响企业对吸收能力打造方面的投入,

从而间接影响吸收能力的形成与发展。③企业内部驱动力对吸收能力的不同维度产生影响,其中企业成员的个体和共享心智模型影响个体创造性地识别、消化和应用外部知识;企业的组织结构和流程影响企业消化和应用知识的效率及有效性;企业战略影响企业识别、理解、消化和应用外部知识的重点领域。④吸收能力通过知识产出和商业产出影响企业绩效,知识产出又反作用于个体的心智模型、组织结构和流程,商业产出则反作用于企业战略。

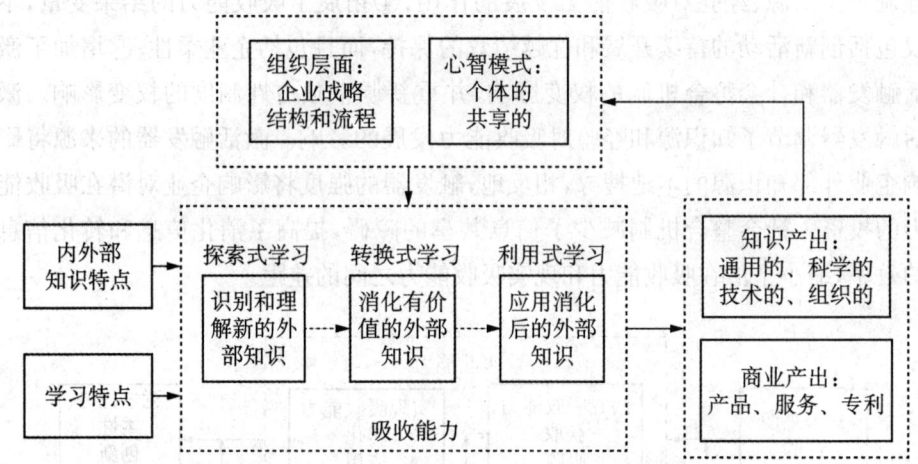

图 2-14　Lane,Koka 和 Pathak(2006)的吸收能力过程模型

5) Todorova 和 Durisin 的模型

Todorova 和 Durisin(2007)基于已有研究模型,提出了综合性更强的过程模型,如图 2-15 所示,主要体现在以下几个方面:①重新引入"识别新知识的价值"作为吸收能力的第一维度,并强调知识转化并不一定是知识消化的结果,也可能

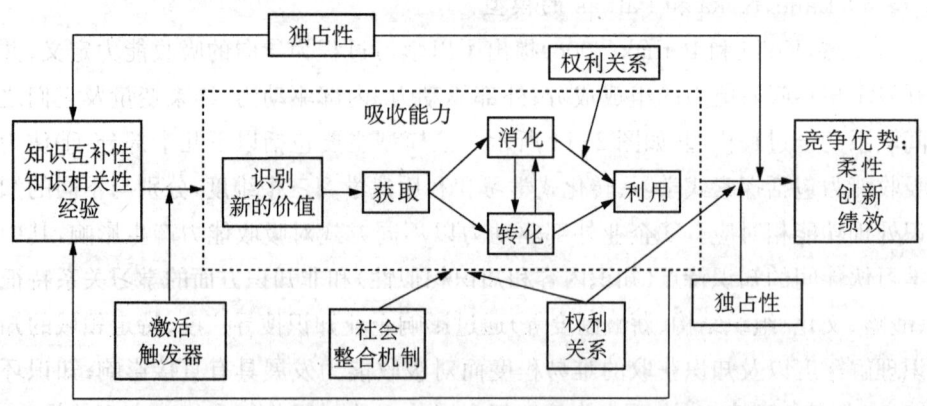

图 2-15　Todorova 和 Durisin(2007)的吸收能力过程模型

表现出一种通过多条路径与知识消化相联系的替代过程。②强调了社会整合机制对吸收能力各维度的两面性影响（正向或负向）。③企业权利关系分为内部权利关系和外部权利关系，研究发现企业内部权利关系调节知识转化或消化对知识利用的影响，企业外部权利关系对吸收能力与竞争优势之间的关系具有调节作用。④强调独占性制度的双重调节作用，即独占性既是先前知识与吸收能力二者关系的调节变量，又是吸收能力与竞争优势二者关系的调节变量。⑤增加一条新的反馈链，强调吸收能力对先验知识积累的反馈作用。

可以看出，吸收能力构念在具体的拓展、修改、完善和应用方面会有一些差异，但也具有一些相似的特征，大多数研究都与 Cohen 和 Levinthal(1990)的概念界定相一致，如强调了吸收能力取决于先验知识积累，吸收能力是一种知识转换过程的动态能力，组织学习对吸收能力发展的影响和重要性。通过分析可以发现，企业主要有两种形式的吸收能力，即潜在吸收能力以及实现吸收能力。其中，潜在吸收能力包括知识获得能力和知识消化能力；实现吸收能力包括知识转化能力和知识利用能力。本书将采用这种形式的划分。

3. 吸收能力的测量

通过对国内外学者相关研究的回顾，可以将这些学者对吸收能力的测量方法划分为两种方法：使用替代的方法来测量整体的吸收能力，利用感知的判断方法来间接测量吸收能力。其中，替代法包括：研发投入占销售总收入的比例(Cohen and Levinthal, 1990)、专利数量(Mowery, Qxley, and Silverman, 1996；汪玥琦, 2016)、正式设立的研发部门数目、参与基础研究的研发部门数目、研发部门中博士所占比例(Veugelers, 1997)、企业研发强度(Tsai and Huang, 2008)等。感知法是用 Likert 量表来测量吸收能力的不同维度，如有学者从部门层面入手，参考 S. A. Zahra 和 G. George 的知识吸收的概念，以《财富》"世界 500 强"中排名靠前的欧洲金融服务企业下属的 769 个部门数据为样本，设计了由获取能力、消化能力、转化能力和应用能力四个维度的 21 个题项组成的量表(Jansen, Bosch, and Vollerda, 2005)。李慧(2013)基于过程观视角，基于异质性、开放性和动态性，从探索识别能力、获取能力和整合应用能力三个维度开发了吸收能力量表。

本书主要参考 Zarha 和 George(2002b)、Jansen, Van den Bosch and Volberda(2006)、李慧(2013)的研究来设计问卷，吸收能力量表由 6 个题项（表 2-7）组成，要求被调查者根据企业近三年来与行业内的平均水平相比的实际情况进行填写，其中"1"代表"完全不符合"，"7"代表"完全符合"。

表 2-7 吸收能力量表

吸收能力——近三年来,与行业内平均水平相比,贵公司吸收知识的能力情况

测量题项
1. 企业能把握本行业技术的最新进展
2. 企业采取技术合作、专利授权等获取相关知识和技术
3. 企业能快速领会和掌握从外部获取的知识和技术
4. 企业能很好地将获取的新知识和现有知识融合并转化
5. 企业善于改善知识和技术利用的方式或流程
6. 企业将新知识应用于相关产品和服务的能力

4. 知识搜索、吸收能力与创新绩效

目前,关于知识搜索和吸收能力之间关系的研究视角呈现多样化的特点。有学者以新兴经济体中的中小企业为样本,从交易成本理论出发,探究了企业知识搜索的前因,并验证了随着环境不确定性的提升,吸收能力对企业知识搜索宽度有显著的负面影响,而对知识搜索深度却有正面影响(Guo and Wang, 2014)。伴随外部环境不确定性的增加,企业的搜索成本会显著提升,同时对外部新知识的识别能力也会下降(Todorova and Durisin, 2007; Lane, Koka, and Pathak, 2006),此时企业开展知识搜索策略的兴趣就会大大减少,吸收能力比较强的企业重视知识搜索深度,对企业现有知识基础充分挖掘进而提升创新绩效的能力就比较高(Vasudeva and Anand, 2011),所以这部分企业更容易侧重于选择知识搜索深度策略。Fabrizio 通过对 83 家制药企业的二手数据进行分析,验证了产学研一体化能够促进企业知识搜索策略的有效实施。有学者从资源观出发,认为企业在不同的发展阶段需要解决不同的问题,而知识搜索就是帮助企业搜索并获取相应的资源从而解决遇到的问题(March and Simon, 1958)。有学者从组织学习理论角度出发,认为企业需要不断地搜索各种新知识,从而为企业提供更多的创新选择来完善企业惯例,提高企业创新绩效(Levinthal and March, 1993; Zhou and Wu, 2010)。还有学者从开放式创新角度出发,表明企业想要提高企业绩效就需要搜索、获取、整合、利用各种知识(Chesbrough, 2006)。企业知识搜索是企业获取知识的重要渠道(Powell, 1996),这些知识的新颖程度在很大程度上影响企业的吸收能力,进而影响企业外部知识的转移

效果。因此,知识搜索虽然能够为企业提供新知识,但也会影响企业的相对吸收能力。随着合作伙伴之间技术知识新颖性的不断增加,企业识别、吸收知识的能力就会下降。

2.4.2 知识治理的研究综述

1. 知识治理的内涵与维度

1) 知识治理的内涵

知识治理(Knowledge Governance,KG)指的是组织内与组织间关于知识的交换、转移、共享等活动过程的治理(Grandori,2001)。有学者具体化知识治理,提出知识治理是连接知识管理与企业管理的纽带,认为知识治理就是选择适当的组织架构和管理机制来优化知识的转移、共享和利用过程(Foss,2005)。知识治理和知识整合具有不同的内涵,知识整合表征的是一个知识管理的过程,企业通过管理协调各种知识资源,通过吸收应用这些知识转化成企业的竞争优势,知识整合的重点是在一定范围内部署和使用企业内部以及外部的知识资源(Zahra and George,2002a)。有学者认为,知识治理的目的在于对知识转移的治理从而创造新的价值,并提出通过科层、共同体和激励三种治理形式(Mahnke and Pedersen,2004);有学者运用系统动力学理论提出了知识治理框架(Moor and Smits,2005)。同时,有学者从社会学和交换理论出发,认为知识转移的治理结构包括知识交换机制、知识主体资格和知识赠与(Choi and Lee,2015);有学者从治理的本意出发,将知识治理细化为权力分配、资源、审查以及修正知识的过程,从而保证知识管理战略得以落地(Zyngier,Burstein,and Mckay,2016),而知识治理的重点是建立一套组织架构和协调机制,从而用知识治理来重新界定角色体系与关系类型,使企业把识别、获取和利用外部知识源作为创新的核心过程(Chesbrough,2007)。

知识治理是一个新兴的跨学科、多层次研究领域(Foss,2005),目前对于知识治理研究的视角有知识共享(Dyer and Nobeoka,2000)、知识创造(Schulz and Jobe,2001)、外部知识网络的嵌入性(Cabrera and Cabrera,2002)、认知论(Husted et al.,2003)、知识转移(Chong and Choi,2005)等。任志安(2007)从治理角度出发,提出了一个系统的知识治理分析框架,如图2-16所示。王雎(2007)从认知视角出发,融合流程设计观和情景组合观,从知识配置风险、知识整合风险和知识占有风险出发,提出了开放式创新知识治理模型,如图2-17所示。

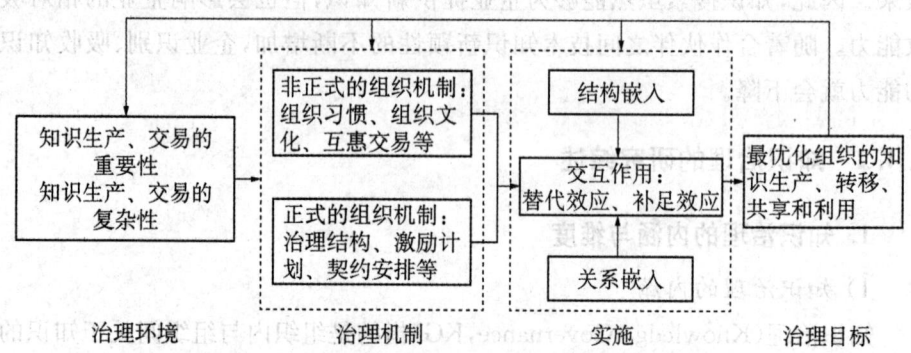

图 2-16　知识治理的系统分析框架(任志安,2007)

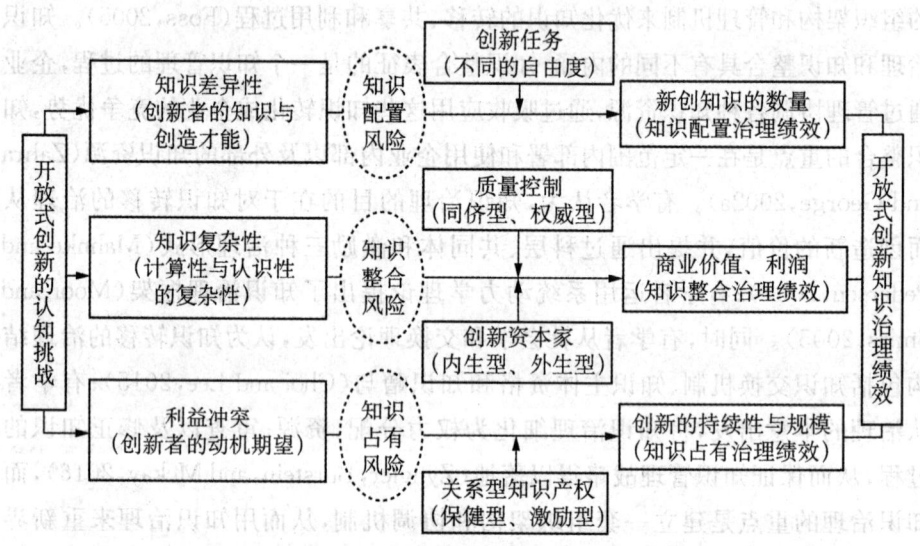

图 2-17　开放式创新知识治理的理论模型(王睢,2007)

知识治理通过科学分类体系如检索工具、文档分类、知识地图等搭建知识仓库,实现对企业从组织外部知识网络中搜索到的新知识的有效沉淀和管理,从而实现重复使用以往成功经验和避免知识资本的流失。充分利用虚拟组织和社会网络的思想,经历企业内部知识交流互动的虚拟平台,挖掘并沉淀核心员工的隐性知识,塑造开放的知识共享文化,进而通过如实践社区、专家黄页、即时通信、工作圈等方式实现知识在企业内部员工之间的共享。

目前,学者对知识治理的理论研究可以分为三大流派:①以 Grandori 为代表的组织理论拓展派,批判了主流企业理论,认为治理结构分析过于简单,分析了组织内部及组织之间知识节点间的知识转移、共享和整合的研究,认为由于知识差异性、知识复杂性和利益冲突导致知识治理机制的认知性失效,提出知识治理理论作为修正的企业理论,通过引入知识变量来解释企业的存在和边界问题。认为知识治理机制通过协调各种管理机制,对企业内部以及外部知识结点进行协调,从而促进知识资源的形成和交换(Grandori,1997)。②治理理论派,研究怎样运用已有的相关理论和分析工具去治理知识管理、知识创造、知识共享、知识转移和知识应用等。根据应用理论和工具的不同可以细分为四大类:第一类主要研究采用怎样的组织架构和协调机制来有效地进行知识过程治理(Peltokorpi and Tsuyuki,2006;Mahnke and Pedersen,2004);第二类主要研究如何通过权力配置实现知识治理绩效的提升(Moor and Smits,2005;Zyngier,Burstein,and Mickay,2016);第三类主要研究社会机制在知识交换过程中的作用(Chong and Choi,2005);第四类采用信息经济学原理探讨知识创新过程(C,2005)。③以Foss(2005,2006)为代表的独立派认为知识治理应该是一个新的独立研究领域,是连接知识管理理论和组织管理理论的纽带。

2) 知识治理的维度

根据学者研究的侧重点可以把知识治理进行不同维度的划分,从而形成了两种主要观点:一是以Grandori为代表的情景组合观,二是以Foss为代表的流程设计观。情景组合观更加重视情景变量对知识治理的作用(Gupta and Govindarajan,2000),A.Grandori认为组织模式不能事前确定而应该在具体的情景和流程中逐渐建构,如果事前确定组织模式只会带来设计谬误(Grandori,2001)。她提炼出三个情景变量:知识差异性、知识复杂性和利益冲突,提出了八种制式治理机制(定价与投票、社群的不同类型、组建团队与谈判、科层的不同类型、非科层第三方的不同结构类型、共享基础设施、不同层次的正式性规则和社会规范)(Grandori,2001)。可以看出,情景组合观虽然考察了情景变量对知识治理的影响,但是只考虑了情景变量对知识治理的静态讨论,而忽视了在整个创新活动过程中的知识流动,知识在创新过程的各阶段都发生着质的变化(Gupta and Govindarajan,2000)。而流程设计观弥补了情景组合观的这个不足,重视了创新过程中知识活动的过程和动态性。但Foss的流程设计观以经济效率为主要考核要素,以知识交易为分析对象,目的是通过降低知识活动的成本而提升绩效,却忽视了情景变量的影响。上述两种知识治理观点各有利弊,本书借鉴上述学者的研究成果,结合开放式创新的特定背景,吸收情景组合观和流程设计观的优势建立了一个知识治理的研究框架,将知识治理分为两个维度:知识建构机制和知识共享机制,如图2-18所示。知识建构机制重在解决采用何种知识治理机制能有效促进企业内部以及企业之间的知识识别、学习和应用的问题；知识共享机制有助于形成处理不确定性的柔性规则和处理流程，当不确定性事件发生时，可以基于这些规则和流程进行调整，重在解决怎样制订机制才能规避在知识分享、整合和应用等活动中的组织风险和利益冲突的问题。

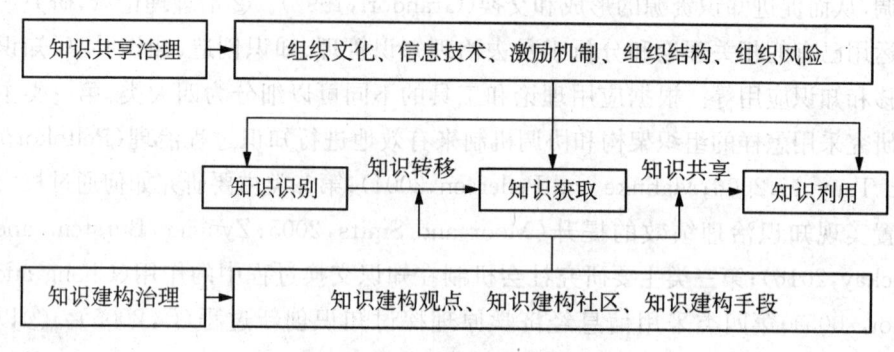

图 2-18 治理机制的两个维度

知识建构（knowledge building）理论是由多伦多大学的 C. Bereiter 教授和 M. Scardamalia 教授在 20 世纪 90 年代提出的，是创新教育的一个有效手段，也是一种更加直接地培养员工创新能力的方法，主要是让员工在组织内参与改进和提升观点的对话中建构新知识（柴少明，2017）。其基本思想是培养知识受众的知识创造能力最直接的途径不是通过设计学习任务从而掌握相关知识或技能，而是把传统的知识掌握和技能培养为目的的学习转变为以发展企业内的知识为目标的知识建构，这时候所有员工都是知识的创造者，从而更高效地理解、吸收和应用新知识（Bereiter and Scardamalia，2014）。张义兵等（2012）对知识建构的历史发展、基本原则和支撑技术做了总结。金昕等（2014）把知识管理分为知识内容积累、人际关系网络构建、业务流程融合和核心能力培育。其中，知识内容积累和业务流程融合都属于知识建构治理的内容，而人际关系网络构建和核心能力培育正是知识共享治理的基础和目的。知识建构治理还能通过有效识别企业的核心流程，并对流程中相关知识输入和输出及知识支撑进行梳理和固化，通过流程地图、关键业务活动管理、流程导向的知识支撑等实践活动实现流程和知识的完美配合，提升流程的效率。另外，知识建构治理还能帮助企业明确自身在行业中具有的差异化，并在此基础上进行知识的识别、建构、保持和创新，通过能力中心、开放式创新机制等实践活动形成持续建构循环提升的管理机制。知识建构治理通过对信息系统的有效利用，将技术诀窍、最佳范例、经营战略和客户信息等转化为企业知识，进行集中和共享,从而避免不必要的试错行为。同时,知识建构治理可以把企业核心流程所需的知识充分固化下来,从而利用企业行为的路径依赖性对研发项目进行实施和管控。

知识共享治理源于虚拟组织和社会网络的思想,通过构建在企业内部人与人之间知识交流互动的平台,从而实现核心员工的隐性知识沉淀,同时塑造开放的企业共享文化和机制。一个新产品在研发过程中需要企业的研发、设计、制造和营销等多个部门的通力配合,创新是一个始于业务调查和需求分析,并经过系统设计、开发测试、验证发布到运营维护的多阶段实施过程。在这样一个创新过程中,涉及多个领域的知识转换与衔接,任何一个员工都很难达到对这些知识的完全掌握和平滑转换,这就需要企业在特定的时间、场合建立人际网络,从而实现知识共享,实现分散在企业内部未获得有效利用的冗余知识的充分利用,同时也能识别出某些与企业核心联系不密切的知识,从而实现淘汰和更新,提升知识资产的收益率。

2. 知识治理的测量

知识治理的目的是使企业从外部知识源获取的新知识经过知识建构治理和知识共享治理,更高效地转化成新产品或新服务,从而完成从知识到创新绩效的转化。本书把知识治理分为知识共享治理和知识建构治理两个维度,那么对知识治理的测量也可分别从这两个维度入手。

Schein(1996)指出,企业文化可以促进个人将自己的知识与他人分享,并通过组织学习提升知识创造力。Alavi 和 Leidner(2001)研究指出,信息技术给知识共享提供了有利途径从而促进了知识共享的范围和效率。Ferrin 和 Dirks(2003)指出,激励机制在知识共享方面有重要的影响作用。邢以群和杨琪(2004)指出,企业文化、领导者推动、组织结构以及激励体系是影响组织知识共享的因素。Lin(2007)通过梳理知识共享的研究文献,总结了影响组织知识共享的因素有企业文化、员工动机、领导和 IT 水平。这些理论探讨和实证研究为测量知识治理奠定了坚实的理论和实践基础。

本书主要参考 Shao 等(2012)、Bartol 和 Srivastava(2002)、Chong 等(2005)、Kankanhalli, Tan 和 Wei(2005)以及李慧(2013)的研究来设计问卷,量表由 12 个题项组成,如表 2-8 所列,要求被调查者根据企业近三年来与行业内的平均水平相比的实际情况进行填写,其中"1"代表"完全不符合","7"代表"完全符合"。

表 2-8　知识治理量表

知识治理——近 3 年来,与行业内平均水平相比,贵公司知识治理的情况

测量题项	
知识共享	公司具有良好的知识共享氛围 公司的组织结构鼓励沟通 公司具有知识共享平台,员工有多种方式的交流途径 公司的规章制度或办事程序鼓励知识共享和交流 公司的内部网络提供各部门的信息共享 公司给予物质或精神奖励员工共享知识
知识建构	公司有与时俱进的创新理念 公司能把握市场走向,了解消费者痛点 公司技术创新的独有知识、理念很新颖 公司能够定期多角度进行市场调研,把握市场机会 公司与知识合作伙伴有共享的知识产权和技术窍门 公司新产品运用了来自不同领域的新技术

3. 知识搜索、知识治理与创新绩效

伴随开放式创新研究的不断深入,有研究表明知识搜索作为识别、获取和应用外部知识的重要策略,正逐步成为创新的核心(Chesbrough and West,2010)。知识搜索深度越大,提供的新知识就越少。从知识共享机制来看,有利于知识资源在企业内部的共享,从知识占有机制上来看,也有利于企业对新发掘的知识资源的占有,但是企业开发突破性技术的可能性较小(Katila and Chen,2008)。当知识搜索宽度越大时,会搜索到更多的新知识,从而可以提供更多的创新选择,这些搜索到的新知识或许不能与企业原有的知识有效整合,但这些新知识能够为研发人员提供解决问题的新视角或更多创新选择,以提高他们知识搜索深度有效性的潜在可能(Grant,1996)。由于内在的不确定性,通过降低创新的平均有用性,能够增加创新的变异性,而这种变异性具有不确定性,可能带来无效,也可能取得重大的技术突破(Fleming,2001;Katila and Chen,2008)。

虽然,外部知识搜索能够带来广泛的新知识,为创新提供更多的选择,但由于企业内外部知识的差异性、知识本身的复杂性和分散性以及创新者的利益冲突,使得企业在知识搜索、知识转移、知识整合和知识应用方面充满了不确定性(Grandori,2001),这不仅提升了知识的交易成本(Dosi and Teece,1998),也使知识治理绩效相对较低。但是,增加知识搜索宽度也会对企业现有认知模式提出挑战,从而更好地完善知识治理,提升知识治理的绩效,从而促进创新绩效。Phelps(2010)探讨了网络多样性与探索式创新之间的关系,实证了网络多样性会

增加企业从网络中所获知识的新颖程度。

2.4.3 吸收能力与知识治理的关系

1. 创新过程的乘数效应

知识基础观认为创新就是知识占有分享和吸收应用的过程(Fleming and Sorenson,2001),企业通过知识搜索策略获取新知识,通过治理吸收和企业原有知识经过产品研发活动形成经验或惯例,通过建立和供应商的联系,投资大学、客户和知识网络上的其他主体,完善了知识治理和吸收,从而提升产品的研发效果,实现技术创新(Walsh,Lee,and Nagaoka,2016)。Grant(1996)认为创新有两种来源:第一种创新源于新知识的应用,第二种创新源于原有知识的深层次挖掘。在创新的过程中,知识治理在知识共享层面可以帮助企业更好地实施知识搜索策略以获取战略性的知识资源,从而帮助企业更好地制订战略,为产品研发和服务提升创新提供知识资源支持,而且有效的知识治理通过组织架构和运行机制的确立能帮助企业更有效地开展知识搜索策略,从而保证企业的组织结构适应创新需要和实现业务升级转型。知识治理在知识占有层面可以规范知识的获取、重构、整合、分享及应用过程,使知识制度能够和日常知识实践相结合,从而为组织创新提供足够的知识资源,奠定创新的知识基础。良好的知识分享治理机制还能帮助企业为员工营造良好的知识分享氛围,从而让员工在沟通、培训中能更好地分享经验和知识,从而促进企业知识系统的形成(姚伟,2013)。

知识搜索宽度是企业获取外部知识的一项重要知识搜索策略(Katila and Ahuja,2002;Laursen and Salter,2006)。从企业外部获取有商业价值的新知识对企业创新过程具有重要意义(Laursen and Salter,2006)。在开放创新网络中获取的外部新知识增加了企业的创新选择,提升了企业的创新可能(Fleming and Sorenson,2001)。搜索到的新知识可以与企业原有知识进行整合形成第一类创新(Grant,1996)。来自企业外部开放式创新网络中的某些知识可能无法有效地与企业原有的知识相结合,但这些知识经过非正式组织的知识治理机制的作用,可能会给研发人员提供解决问题的新思路,有助于他们发现原有知识之间的新联系,增进搜索知识深度从而促进与原有知识之间的整合,形成第二类创新(Grant,1996)。

有研究证明,虽然过大的知识搜索宽度会带来更多的新颖知识,但是这些新知识的异质性程度比较高,对于企业的现有知识基础而言复杂性也比较高,可能会与现有知识之间产生矛盾,从而影响企业的吸收能力,如此就不会对企业创新有促进作用(Breschi,Lissoni,and Malerba,2003；Tanriverdi and Venkatraman,2005)。有学者研究证实,注重企业吸收能力培育的企业在预测新技术走向方面准确度更高,更能把握技术和市场的走向,从而在与竞争对手的竞争中获得研发时间优势,吸收能力对于企业提升创新速度有正向促进作用(Cohen and Levinthal,1990)。也有学者认为,知识搜索能力、知识治理能力和吸收能力是企业利用知识能力的基础,知识治理能促进整合和应用外部知识,与吸收能力一起加强企业现有知识基础的开发和利用(Zahra and George,2002b)。也有学者在总结关于吸收能力的研究成果后认为,新产品的研发完全是知识转化的结果,知识的应用能力是企业创新的关键(Lane,Koka,and Pathak,2006)。有学者在考察吸收能力和创新绩效之间关系时考虑了情景因素的调节作用,验证了环境的动荡性对吸收能力的影响,研究结果证明吸收能力对企业的创新能力具有正向影响,环境对吸收能力与创新的关系起到正向调节作用。解学梅和左蕾蕾(2013)探讨了吸收能力对企业协同创新网络特征与创新绩效之间的中介效应,结果证明知识吸收能力、协同创新网络的网络特征的三个维度(网络规模、网络同质性、网络强度)与企业创新绩效正相关,吸收能力在协同创新网络与创新绩效之间存在部分中介效应。付敬和朱桂龙(2014)通过对广东省343家技术中心企业的研究探讨了知识源化战略、吸收能力和创新绩效之间的关系,结果表明外部研发能提高企业潜在吸收能力,但不影响实际吸收能力,企业潜在吸收能力不影响创新绩效,实际吸收能力正向影响创新绩效。内部研发与知识基础广度存在协同效应,外部研发与知识基础广度存在替代效应。张振刚、陈志明和李云健(2015)通过华南地区119家企业的问卷调查结果研究了开放式创新、吸收能力和创新绩效之间的关系,结果表明实际吸收能力在开放式创新与创新绩效间起到完全中介作用。刘学元等(2016)以中国278家制造业企业为样本进行了实证研究,考察了网络关系强度、吸收能力和创新绩效之间的关系,结果表明网络关系强度和吸收能力均正向作用于创新绩效,且吸收能力在网络关系强度和创新绩效之间起到部分中介作用。

由以上代表性研究结论可以看出,企业创新绩效的提升是企业知识搜索战略、企业内部知识治理能力和吸收能力共同作用的结果(Operti and Carnabuci,2014；Wang and Libaers,2016)。知识搜索宽度搜索到的外部新知识对知识治理提出了潜在要求,但是搜索到的新知识能否被企业有效利用则取决于企业的吸收能力。简而言之,外部知识搜索宽度对企业创新绩效的作用是通过知识治理和吸收能力的乘数效应决定的。过大的知识搜索宽度可以提供更多的新知识,从而增加知识治理的潜力,但是更多的知识也带来了更多的复杂性,给知识转移和吸收带来了更大的挑战,因而未必会提升创新绩效。在知识搜索宽度不足的情况下,虽然有利于企业吸收知识,但知识治理的外部性不足,从而导致知识间的冗余较大,抑制创新绩效的提升。

2. 知识搜索宽度权衡关系

当企业重点执行知识搜索宽度策略时(受有限的组织资源约束,知识搜索深度策略在一定程度上就被忽视),能够搜索到更多的新知识,具有知识治理的价值,但存在吸收问题。当企业重点执行知识搜索深度策略时(受有限的组织资源约束,知识搜索宽度策略在一定程度就被忽视),搜索到的知识有利于吸收,但是在知识治理方面的价值就十分有限,如图 2-19 所示。因此,当企业在制订知识搜索战略时,可能需要考虑知识搜索宽度与知识搜索深度策略的平衡,更要考虑到企业自身的知识治理机制和知识吸收能力。当企业在选择知识搜索策略时,也需要考虑双元平衡:获得治理价值可能面临的吸收问题,拥有吸收优势可能丧失的知识治理优势。

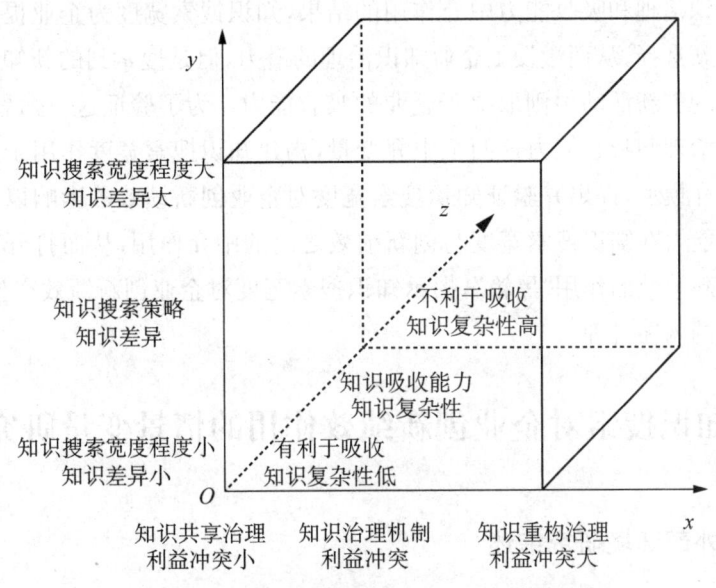

图 2-19 知识搜索宽度的吸收问题和治理价值

知识治理机制和吸收能力这对权衡关系十分重要,从企业创新过程来看,实施知识搜索宽度策略有利于获取新知识,能够为企业创新提供更多可能的选择,从而提高企业创新的成功率(Fleming,2001);但是从知识吸收来看,过于新的知识,意味着这些知识与企业原有的知识重叠度低,虽然具有比较高的知识治理价值,但企业很可能面临吸收能力不足的问题(Cohen and Levinthal,1990;Lane and Lubatkin,1998)。

3. 知识搜索宽度对创新绩效的权衡关系研究评述

虽然有学者从理论上分析了知识治理和吸收能力在组织资源有限的情况下呈现出一种既竞争又合作的权衡关系,但是还没有从实证研究中去探讨在企业创新绩效提升过程中知识搜索宽度与企业的吸收能力和知识治理同时存在的作用机制。近似的研究有叶江峰、任浩和郝斌(2016)从企业外部知识异质度的角度探讨了吸收能力和知识建构在外部知识异质度提升企业创新绩效中的作用机制。在引入吸收能力和知识治理机制来分析知识搜索宽度时发现,知识搜索宽度对于创新绩效的作用机制存在两面性:一方面存在知识治理价值,因为可以提供大量新知识;另一方面又存在吸收困难,从外部知识网络搜索到的新知识由于知识本身的异质性、复杂性等特点可能导致其难以被企业吸收应用,进而无法有效地转化成企业绩效。基于此,本书提出命题:知识搜索宽度提升企业创新绩效是通过知识治理和吸收能力中介作用的结果,知识搜索宽度为企业提供了新知识和创新新选择,从而激发了企业知识治理的潜力,但是搜索到的新知识能否应用到企业的创新活动中则取决于企业的吸收能力。为了验证这一命题,本书引入了知识治理和吸收能力这两个中介变量,构建知识搜索宽度作用于企业创新绩效的中介模型,提出并验证知识搜索宽度对企业创新绩效的影响以及知识治理和吸收能力在知识搜索宽度与创新绩效之间的中介作用,从而打开知识搜索宽度对创新绩效的作用"黑箱",揭示知识搜索宽度对企业创新绩效产生倒 U 形曲线效应的内在机理。

2.5 知识搜索对企业创新绩效作用的情景变量研究综述

2.5.1 外部环境研究综述

领导权变理论研究指出,管理环境对于管理者实施管理行为的最终效果会有显著影响(周三多、陈传明、贾良定,2014)。因此,研究管理环境对于知识搜索策略的实施也很有必要。从企业信息诠释和信息处理的角度来看,企业对环境的认知和感知对于创新非常有用(Dutton,1993)。根据组织系统理论,组织是一个有机的生态系统,因此组织内部的各要素都会影响到管理者的管理行为效果,因此,管理者在实施知识搜索策略时有必要了解所处的外部环境,从而因时制宜地采取相应的知识搜索策略,使企业绩效最大化。企业环境包括企业的管理者在管理决策时所直接接触的物质以及社会的各种要素的集合(Robbins,Judge,and Vohra,2013),企业环境能够为企业提供对于企业发展有重要影响的稀缺性知识,也可能会给企业发展带来挑战。有学者的研究表明,企业环境对组织结构和管理决策的影响很大(Daft,Sormunen,and Parks,1988),因此研究企业环境是很多大型组织的管理者的重要工作内容之一(Hellriegel and Slocum,1974)。有学者在研究企业环境时把企业环境分为外部环境和内部环境两个维度(周三多、陈传明、贾良定,2014),企业外部环境指的是企业在决策过程中必须考虑的企业边界之外的物质及社会因素,最初的研究把外部环境看作一个整体(Duncan,1976),由于企业及其管理者在信息收集和加工方面存在有限性,以及环境的高度复杂性和不同要素之间的相互联结性等原因,把环境进行整体分析具有很大的困难(Hambrick,1981)。后来有学者提出环境不是一个整体而是由几个部分构成,且每个部分都会影响企业的管理行为(Hambrick,1981)。有学者在对已有研究总结的基础上,把企业外部环境划分为任务环境和制度环境,任务环境是指与企业的目标设定和实现有密切关联的以及与竞争对手和政府有关的环境;而制度环境指与社会、人口、经济、政治和国际化等相关的环境(Tan and Litschert,1994)。有学者则把企业外部环境分为内部环境和外部环境,内部环境是企业组织边界内的相关实体及社会要素,包括企业的组织结构、企业文化等;外部环境则是企业组织边界之外的相关实体及社会要素,如供应商、客户、竞争者、社会政策、经济发展水平、技术能力等(李大元、项保华、陈应龙,2009)。也有学者把环境分为任务型环境和遥远型环境,任务型环境是由企业目标的制订和完成涉及的要素组成,如竞争者、客户和供应商;而遥远型环境由政治、经济、社会和技术四个部分构成(姜黎辉、张朋柱、彭诗金,2006)。

在战略管理领域,有学者研究证实组织的外部环境会深刻影响企业战略目标的设定和企业在市场竞争中的表现(Nadkarni and Barr,2008),因此在研究企业运营策略对企业绩效作用的过程中,必须重视外部环境的影响,尤其是对于企业实施知识搜索策略而言,因为外界环境是企业搜索新知识的重要来源(Tan and Litschert,1994)。同时,外界环境也是企业实施知识搜索策略的情景(Raisch and Birkinshaw,2008),从战略管理理论视角来看,企业战略、组织结构只有和外部环境相匹配才更利于发挥出对企业绩效的最大提升作用。由于外部环境具有动荡性和敌对性特点,会随着时间而变化(Child,1972),因此企业的知识搜索战略若想更好地提升企业绩效,必须和外部环境相匹配(Venkatraman and Prescott,1990;Tan and Litschert,1994)。有学者的研究指出环境的动态性和敌对性对组织二元性与企业绩效之间具有调节作用(Levinthal and March,1993)。

对于外部环境的构成维度,早期的研究比较单一,都是把环境动荡性当作单维度构念,后来随着研究的深入,学者们开始逐步采用两维度、三维度乃至多维度来对外部环境特征进行刻画。总结学者们对外部环境的维度划分,结果如表 2-9 所列。

从外部环境的构成维度可以看出不确定性、复杂性、动态性、敌对性和异质性是被学术界广泛应用的构成维度,但是对于不确定性、复杂性和异质性的界定不明确、不清晰,而且在一定程度上存在重叠,因此不宜作为独立的变量进行研究(冯军政,2012)。环境动荡性和环境敌对性是两个重要的且相互之间没有重叠的、界定清楚的构念。也有学者研究指出,环境动荡性和环境敌对性对于企业的战略决策具有相对独立的影响效应(Mitchell,2011)。有学者研究表明,影响中国企业最为明显的是环境动荡性和环境敌对性(Dess and Beard,1984;Xu and Meyer,2013;Zhou and Li,2007)。本书更侧重于制度环境和产业环境,因此,对于环境特征的分析将聚焦在环境动荡性和环境敌对性这两个维度。

表 2-9 外部环境的维度划分

学者(年份)	维度划分
March 和 Simon(1958)	丰裕性
Emery 和 Trist(1965)	复杂性、不稳定性、常规性
Thompson,Zald 和 Scott(1967)	异质性、动荡性
Duncan(1972)	动荡性、复杂性
Child(1972)	异质性、复杂性、不可流动性
Miles et al.(1978)	不确定性
Mintzberg(1979)	复杂性、稳定性、敌对性、多样性
Whetten 和 Aldrich(1979)	容量、稳定性、动荡性、异质性、集中性
Tung(1979)	复杂性、不稳定性、常规性
Snyder 和 Glueck(1982)	动荡性
Miller 和 Friesen(1982,1983)	动荡性、敌对性、异质性
Dess 和 Beard(1984)	动荡性、复杂性、丰裕性
Dwyer 和 Welsh(1985)	动荡性、异质性
Miller(1987)	动荡性、异质性、敌对性
Keats 和 Hitt(1988)	丰裕性、不稳定性、复杂性
Wholey 和 Brittain(1989)	频率、幅度、可预测性
Klein,Frazier 和 Roth(1990)	动荡性、异质性

(续表)

学者(年份)	维度划分
Sharfman 和 Dean(1991)	动荡性、复杂性、资源可用性
Wiersema 和 Bantel(1993)	丰裕性、不稳定性、复杂性
Zahra(1996)	动态性、异质性、敌对性
Goll 和 Rasheed(1997)	丰裕性、动荡性
Rosenbusch,Bausch 和 Galander(2007)	丰裕性、敌对性、动态性、复杂性
McCarthy,Lawrence 和 Wixted(2010)	环境变化速率、环境变化方向
冯军政(2012)	动态性、敌对性
汪玥琦(2016)	动荡性、敌对性
董振林(2017)	动态性、宽容性

1. 环境动荡性

环境动荡性是表征企业所处外部环境的变化程度和可预测程度,包含了两方面的含义:一是描述外部环境起伏变化的程度,二是未来结果的不可预测性(Sharfman and Dean,1991;Tan and Tan,2010;孙永风、李垣,2007;Child,1972;Miller and Morris,2000)。有学者把环境动荡性又分为市场动荡性和技术动荡性(Jaworski and Kohli,1993;Su,Shen,and Xiao,2013;Helfat,1994),市场动荡性指的是市场供求变化和消费者偏好的变化,主要通过这种变化的速度、程度和是否可预测来表述(Tsai and Huang,2008;Akgun et al.,2007);技术动荡性指产业技术变革更新换代的速度(Lichtenthaler and Ernst,2009;Jaworski and Kohli,1993)。

环境动荡性作为一种情景,对于企业知识搜索策略的选择以及对企业绩效必然产生权变影响(汪玥琦,2016)。换言之,环境动荡性会对企业知识搜索策略的选择产生调节作用。有学者通过对欧洲金融服务企业的战略事业部进行问卷调查研究发现,环境动荡性正向调节探索式创新和财务绩效之间的关系,但负向调节利用式创新和财务绩效的关系(Jansen,Van den Bosch,and Volberda,2006)。有学者探究了技术、需求和空间三个维度上的探索性搜索与企业创新绩效之间的关系,并研究了环境动荡性在这个过程中的作用,指出环境动荡性正向影响技术探索性搜索与创新绩效之间的关系,但是负向影响需求与创新绩效之间的关系,而环境动荡性对空间探索性搜索与企业创新绩效之间不存在显著影响(Sidhu et al.,2007a)。有学者通过对美国上市的制造业企业的二手数据进行了实证分析,研究了环境动荡性与企业过度搜索与企业绩效之间的关系,指出环境条件以及企业自身状况决定了一个企业的最优搜索水平,无论哪种搜索策略只要在过度的情况下都会给企业带来不必要的成本和浪费。环境动荡性会加重利用式搜索对于企业绩效的负面作用，但也会减轻探索式搜索对企业绩效带来的负向影响(Wang and Zhang,2008)。有学者对跨界搜索和创新绩效之间的关系做了一个元分析，结果表明知识搜索宽度与知识搜索深度对企业创新绩效都会产生显著的正向作用，环境动荡性会正向调节两种知识搜索策略与创新绩效之间的关系，环境动荡性对知识搜索宽度与创新绩效之间的关系的调节作用强度要比知识搜索深度与创新绩效之间的调节作用明显(奉小斌、陈丽琼,2014)。有学者通过对西班牙248家高科技制造业企业的问卷调查和实证分析，验证了环境动荡性在外部知识搜索宽度和深度与企业绩效的模型中起到调节作用，并发现在环境动荡性不是很剧烈的情形下，搜索宽度对企业绩效有正向作用，搜索深度对企业绩效有负向作用；而在环境动荡非常剧烈的情形下，搜索宽度对企业绩效有负向作用，而搜索深度对企业绩效有正向作用(Cruz-Gonzalez et al.,2015)。有学者研究发现，在环境动荡性比较剧烈的情况下，企业的吸收能力决定了企业开展怎样的知识搜索策略，即在环境动荡性表现较为剧烈的情况下，企业的吸收能力越强就越倾向于在企业外部搜索新知识，但是如果从技术边界上则表现不突出；环境动荡性会在组织边界上削弱组织冗余，从而对企业知识搜索策略产生正向影响。但是从技术边界来看，企业知识搜索策略的选择都不会受到环境动荡性的影响(汪玥琦,2016)。环境动荡性在外部知识搜索宽度与知识整合机制以及知识整合机制与企业创新绩效之间起到正向调节作用，环境动荡性对于知识整合机制在搜索宽度与创新绩效之间的中介效应具有调节作用(董振林,2017)。

2. 环境敌对性

环境敌对性是指感知稀缺资源的难以获得性、竞争性以及市场机会的难以利用性(Child,1972;Zahra and George,2002b;Dess and Beard,1984;Rosenkopf and Nerkar,2001)和贫乏性(Child,1972)类似；与之相反的构念有丰裕性(Rosenbusch,Bausch,and Galander,2007)和有利性(Miles,Covin,and Heeley,2000)，主要表征的是环境对于企业目标的达成(Child,1972)或企业可持续发展的负向影响程度。已有研究主要围绕价格高低、质量优劣、技术先进程度等方面的竞争状况，也体现在劳动力和原材料的短缺以及人口发展的趋势等方面(Miller,2005;Miles,Covin,and Heeley,2000)。环境敌对性主要指的是不利的商业环境，如在市场资源方面会面临残酷的竞争，市场机会极端缺乏(Iansiti,1995)；在环境敌对性程度较高的情况下，企业的盈利风险会增加，从而企业成长存在困难(Dess and Beard,1984)。

当前,在研究环境敌对性时往往会同时考察环境动荡性。环境敌对性和环境动荡性作用于企业绩效时都是作为一种情景出现,从而对企业运营战略和知识搜索策略的选择产生权变影响(汪玥琦,2016)。换言之,环境敌对性也会对企业知识搜索策略的选择产生调节作用。有学者通过对中国电子制造业采取问卷调查研究,证实环境敌对性如何影响企业战略的选择,同时如何作用于企业战略选择带来的绩效。在环境敌对性程度比较高的情况下,企业倾向防御性战略,此时防御性战略能带来更好的企业绩效(Tan and Litschert,1994)。有学者通过对欧洲金融服务企业的战略事业部进行问卷调查研究发现,环境敌对性负向调节探索式创新和财务绩效之间的关系,但正向调节利用式创新和财务绩效的关系(Jansen,Van den Bosch,and Volberda,2006)。可见,在这个研究课题中环境敌对性的作用效果和环境动荡性正好相反。有学者在研究探索性、利用性战略活动及其二元性对企业绩效的影响时,引入了环境敌对性并研究其调节作用,发现在环境敌对性程度高的环境中,探索性的战略活动会正向影响企业绩效;在环境敌对性程度低的环境中,二元性的战略活动对企业绩效的作用不显著(Raisch and Hotz,2010)。也有学者指出,在环境敌对性程度高的情况下,环境敌对性会正向影响企业在组织边界上的知识搜索策略,但会负向影响在技术领域内开展的知识搜索策略;同时,环境敌对性会负向调节在组织边界上组织冗余对企业知识搜索策略的正向影响,并进一步指出环境敌对性会正向作用已吸收冗余和潜在冗余对知识搜索策略的选择倾向,但会负向作用于未吸收冗余对知识搜索策略的影响。环境敌对性也会负向调节企业在技术领域内开展知识搜索影响企业创新绩效的能力,而且在环境敌对性高的情况下,企业开展二元知识搜索策略获得的绩效会被削弱,但是在组织内外开展二元知识搜索策略获得的绩效不受影响(汪玥琦,2016)。

2.5.2 关系嵌入性研究综述

关系嵌入性是企业网络理论的一个重要概念,表征的是企业在网络中与其他企业之间的相互关系,当企业在实施知识搜索策略的时候,与知识网络中其他企业的关系决定了企业在知识网络中所能聚集、整合和应用的资源数量。关系嵌入性是一个跨信息学、社会学和管理学的研究企业网络的重要分析工具和视角(Andersson,Forsgren,and Holm,2015;Granovetter,1985;Uzzi,1997)。关系嵌入性是理解企业所处网络对企业经济行为影响的重要切入点(Barden and Mitchell,2007;Barden,2012)。自从关系嵌入性概念被提出以来一直是企业网络研究的热点。

1. 关系嵌入性的概念与维度

关系嵌入性的概念最早源自 M. Granovetter 提出的个人关系之间的联结,他根据人与人关系的疏远与亲近程度的不同给予了不同的定义,如果关系比较亲近、感情深、互相会更多地交流一些隐私的定义为强联结,反之,定义为弱联结(Granovetter,1973)。后来关于联结的定义被沿用到了企业之间的关系上,成为分析企业网络的一个重要工具。也有学者将联结中资源承诺程度作为区分强联结和弱联结的标准,定义强联结具有较高程度的资源承诺,合作双方必须在未获得明显商业回报的情况下进行投资,如合资、项目风险合作等;相对强联结而言,弱联结的资源承诺就要低很多,如进行即时价值交换、专利许可等(Rowley,Behrens,and Krackhardt,2000)。目前,关于关系嵌入性的内涵学界尚未达成共识,有学者认为关系嵌入性包括三个方面:信任、信息共享和共同解决问题(Uzzi,1997;McEvily and Marcus,2005)。这三方面彼此独立但又具有一定的相关性,都是企业所在网络的重要属性。信任是关系嵌入性的最重要特征,是指企业对于同在一个网络的交易对方不会利用自己的弱点来伤害自己而获取利益的信心;信息共享包括企业之间显性知识和隐性知识的共享和转移;共同解决问题是指企业和网络中的合作伙伴相互协调解决合作中遇到的难题,提升合作效率、降低内耗和减少研发时间,从而提升学习和创新的效率(Uzzi,1997)。也有学者认为,关系嵌入性包括共同行动、信任和信息交换的质量与范围(Gulati and Sytch,2007)。还有学者把关系嵌入性分为业务嵌入性和技术嵌入性,认为业务嵌入性反映了企业和所处外界环境的交互程度,通过企业与外部供应商、客户之间的关系亲疏和沟通效率来体现,与企业的业务密切联系,体现了企业能否根据外界业务合作伙伴的动荡来切换自己的业务,从而更好地适应这种动荡。技术嵌入性反映了企业通过业务合作伙伴来搜索、整合、吸收新技术的能力。这体现了企业能否在外部网络中及时识别搜索相关技术的能力,可以通过"因为外部顾客和供应商的交互而改变了原来技术流程的程度"来测度,也体现了企业所在网络中产品与工艺研发之间的相互影响程度(Andersson,Forsgren,and Holm,2015)。对于关系嵌入性的研究维度小结如表 2-10 所列。

表 2-10 关系嵌入性的不同研究维度小结

代表学者(年份)	关系嵌入性维度
Granovetter(1973)	根据互动的频率、疏远与亲密程度分为强联结和弱联结

(续表)

代表学者(年份)	关系嵌入性维度
Uzzi(1997); Gulati 和 Sytch(2007); McEvily 和 Marcus(2005)	关系嵌入性包括组织间信任、信息共享和共同解决问题三个方面
Contractor 和 Lorange(1988); Rowley, Behrens 和 Krachardt(2000)	根据联结中资源承诺程度是否在获得利益之前投资来判断联结强弱
Andersson, Forsgren 和 Holm(2015)	业务嵌入性和技术嵌入性两个维度

本书遵循 Uzzi(1997)和 McEvily and Marcus(2005)的研究,也将关系嵌入性划分为信任、信息共享和共同解决问题三个方面。

2. 关系嵌入性与企业创新绩效的关系

有关关系嵌入性对企业创新绩效的影响,学术界已经进行了大量研究,但是研究结论却很难达成共识。有的研究结论认为关系嵌入性正向影响企业的创新绩效;有的研究结论认为关系嵌入性和企业创新绩效呈倒 U 形关系;还有的研究结论认为关系嵌入性只是起到调节作用,具体总结见表 2-11。这种现象也被学者称为"关系嵌入性悖论"(许冠南,2008)。

有些学者在研究关系嵌入性时,认为弱联结是充当信息传输的媒介,弱联结更有助于企业从外部网络中获取自己所需的新知识,从而提升企业的创新绩效,所以认为弱联结比强联结对于提升企业绩效而言更为重要(Granovetter,1973;Granovetter,1985)。弱联结优势的提出,拉开了关系嵌入性研究的序幕,有诸多学者针对弱联结做了大量研究(Petersen, Saporta, and Seidel, 2000; Wellman and Wortley, 1989; Gee et al. , 2017; Zinovyeva and Bagues, 2015),也都先后证明了这个观点。

但与此同时,也有学者认为企业间的联结越紧密,即关系嵌入性越强,信息交换就会更加有效率,从而在企业的外部网络中可以搜索、识别、获取更多有利于企业发展的资源,从而让企业更有可能提升竞争力来获得企业绩效,具体研究见表 2-11 中 Mowery and Oxle(1996)、Dyer(1996)、Dyer and Singh(1998)、Dyer and Nobeoka(2000)的研究结论。另外,还有学者认为,在一定的范围内,关系嵌入性会正向作用企业绩效,但是超过一定限度,关系嵌入性会负向作用于企业绩效,也有学者通过自己的实证验证了这个结论的正确性,具体见表 2-11 中 Uzzi(1997)以及 Hakansson 和 Snehota(1998)的研究结论。

表 2-11 关系嵌入性对企业创新绩效的影响研究小结

学者（年份）	主要观点与研究结论	关系嵌入性与创新绩效的关系
Dyer(1996)；Mowery 和 Oxle(1996)	通过对日本汽车产业制造商和供应商之间关系嵌入性的研究发现，关系嵌入性正向影响企业创新绩效	正向
Powell，Koput 和 Smith-Doerr(1996)	通过对生物高科技企业五年的调查研究，发现企业发达的外部网络关系能促进企业利用网络学习，进而提升企业创新绩效	正向
Dyer 和 Singh(1998)	网络嵌入性中的结构嵌入性，尤其是强联结能促进知识共享和转移，增强企业的吸收能力	正向
Dyer 和 Nobeoka(2000)	网络嵌入性分为结构嵌入性和关系嵌入性，关系嵌入性能够促进黏滞性知识的共享和转移，从而提升对企业绩效的正向影响	正向
Anderson，Forsgren 和 Holm(2015)	对瑞典 97 家跨国子公司的网络嵌入性进行研究，指出业务嵌入性和技术嵌入性都能提升企业绩效	正向
McEvily 和 Marcus(2005)	通过对 234 家制造业企业实证研究，指出企业与供应商和客户之间的信任、优质信息共享和共同解决问题有利于提升其竞争力	正向
吴晓波、韦影(2005)	通过对中国浙江制药企业技术创新战略网络的研究，指出企业选择合作形式的方向是与网络成员形成强关系嵌入性以提升创新能力	正向
王炯(2006)	通过对 128 家中国制造业企业的问卷调查，证明关系嵌入性能够促进本地企业从国企旗舰企业获取知识，从而提升本地企业的绩效	正向
许冠南(2008)	通过对 157 家浙江省制造业企业的问卷数据进行多元统计回归分析，指出企业在全球制造网络中的关系嵌入性对其技术创新绩效有正向影响	正向
王家宝(2011)	通过对上海 227 家企业的问卷调查，验证了关系嵌入性通过促进组织学习能力，进而正向作用于服务创新绩效的机制	正向
吴伟池(2013)	选取 5 家泰国企业作为案例研究样本，指出企业关系嵌入性通过外部知识搜索深度与宽度的提高，带来企业创新绩效	正向

(续表)

学者(年份)	主要观点与研究结论	关系嵌入性与创新绩效的关系
简兆权、柳仪(2015)	以华南地区243家典型服务型企业为调查对象,证实关系嵌入性和网络能力对服务创新绩效均有显著的正向影响	正向
Uzzi(1997)	通过对23家美国服装企业的研究发现,嵌入性联结是获取异质性知识的有效通道,通过关系嵌入性更有利于隐性知识的转化与传递,关系嵌入性与企业绩效呈倒U形关系	倒U形
Hakansson 和 Snehota (1998)	当企业在网络中的嵌入程度过强时,网络嵌入性可能会对企业绩效产生负向影响	倒U形
Rowley, Behrens 和 Krachardt(2000)	通过对钢铁行业和半导体工业的实证,指出关系嵌入性作为情景变量调节强联结、弱联结和企业绩效的关系	调节
刘雪锋(2007)	通过182家中国制造企业研究发现,技术环境动态性越高,技术嵌入性对企业绩效正向影响越显著,市场动态性越明显,业务嵌入性对企业绩效的正向影响越显著	调节

还有部分学者把关系嵌入性能否发挥作用和企业所处环境结合起来,认为在不同的环境下,关系嵌入性对企业绩效所起作用也会有所不同(Rowley,Behrens,and Krackhardt,2000),刘雪锋的研究结论也证明了这点(刘雪锋,2007),具体见表2-11中关系嵌入性与创新绩效之间关系是调节效应的研究结论。

由以上分析可以看到,关系嵌入性会给企业带来怎样的影响,但现在尚未达成共识,故呈现"关系嵌入性悖论",当前关于关系嵌入性的研究依然存在不足(Barden and Mitchell,2007;Burt,1995)。基于此,本书将关系嵌入性纳入知识搜索宽度对创新绩效的作用路径中,提出并验证关系嵌入性对知识搜索宽度与创新绩效关系的调节效应。

2.6 本章小结

本章文献综述主要是对知识搜索及与企业创新相关的理论和概念进行了回顾和总结,并分析了本书涉及的变量的研究现状和不足:

第一,对企业知识搜索领域的中英文文献进行了搜集归纳分析,明确了知识搜索研究的内涵与分类、前因以及测量,接着对创新研究的概况进行了归纳,通过运营文献计量软件 CiteSpace Ⅲ 对 Web of Science 数据库中近五年有关创新管理的文献进行分析,得到创新研究领域的核心期刊、重要作者、重要文献和研究热点,梳理出创新管理的发展脉络、理论基础和研究前沿,为研究的后续开展奠定了理论基础。

第二,从知识搜索对企业创新的直接作用机制和间接作用机制两方面总结了企业知识搜索对创新绩效的作用机制。目前,理论界有关知识搜索对企业创新绩效的影响的研究结论并未达成共识,有研究认为是正向影响,有研究则认为是负向影响,近期的多数研究指出并非简单的线性关系,而是倒 U 形曲线关系,故存在争议。这说明仍需要更多的实证研究来对不同的样本进行检验,尤其是基于中国情景下,知识搜索对于企业创新绩效的作用是正向、负向还是倒 U 形曲线关系,需要在实证研究中进行验证。

第三,虽然现在多数关于知识搜索宽度对企业创新绩效的影响的研究结论表明知识搜索宽度与企业的创新绩效呈倒 U 形曲线关系,但是对于呈现倒 U 形曲线关系的原因,知识搜索宽度对企业创新绩效的作用机制和路径是什么,现有研究还未能给出解释。本书从企业内部的知识治理和吸收能力出发,提出知识搜索宽度对企业创新绩效的倒 U 形曲线效应的原因正是企业知识治理和吸收能力这一对作用效果相反的企业能力共同作用的结果,因此,有必要通过实证来验证企业知识治理和吸收能力是否在知识搜索宽度与企业创新绩效中间起到了中介效应,从而打开知识搜索宽度作用于企业创新绩效的"黑箱"。

第四,外部环境特征和关系嵌入性等情景因素也会在企业的知识搜索策略决策和决策实施的过程中起作用,从而影响知识搜索战略的实施效果,而且这种调节作用是权变的。通过对相关文献的总结分析,发现在知识搜索策略的实施过程中,不同水平的环境动荡性和环境敌对性会影响企业知识搜索策略对企业创新绩效的作用效果。现有研究表明,这种影响可能是线性的也可能是倒 U 形曲线型的,但是基于中国情景下,需要在具体的实证研究中进行验证。

以上就是对知识搜索策略研究中涉及相关构念的概念、内涵、维度、前因、研究情景的回顾和总结,同时也指出了相关研究的研究现状及不足。文献综述的理论脉络如图 2-20 所示。

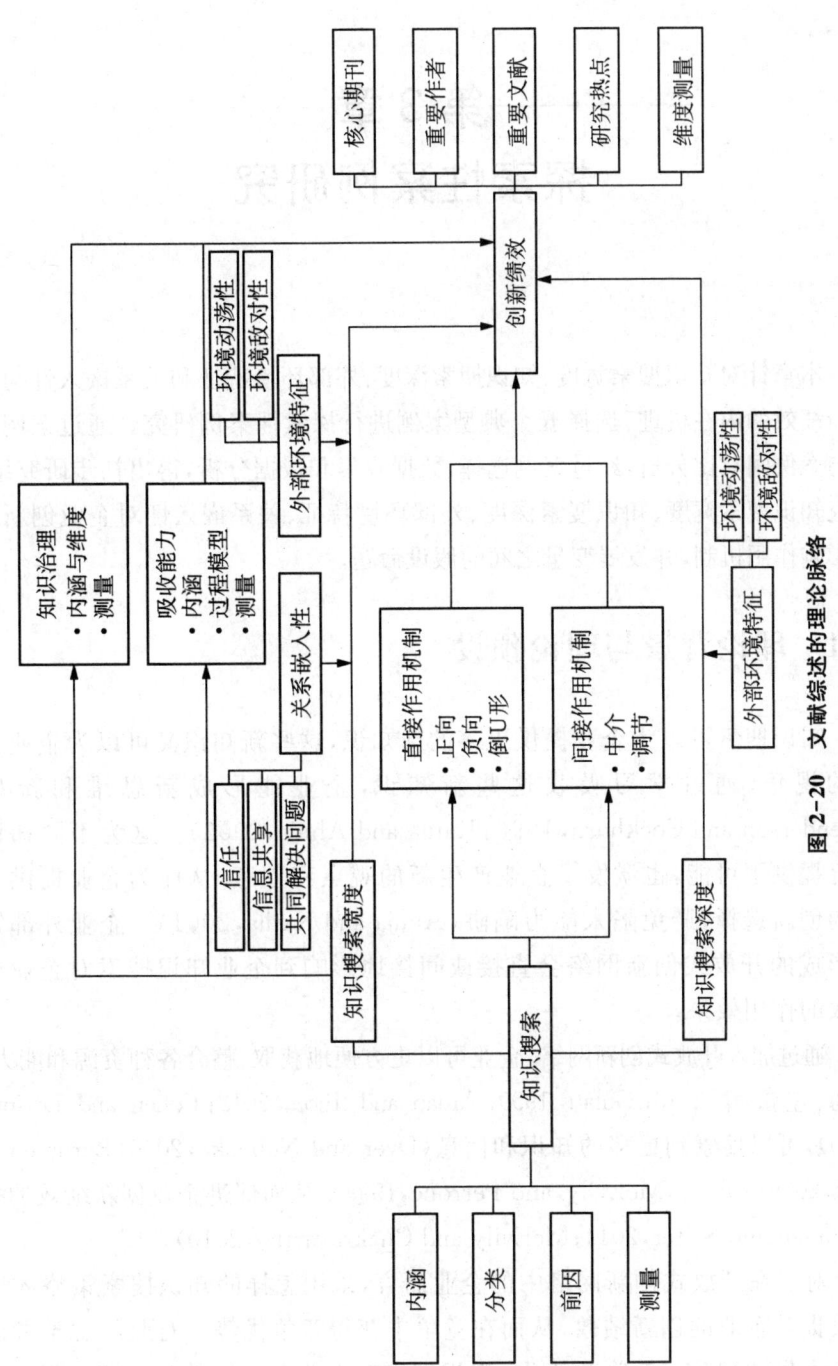

图 2-20 文献综述的理论脉络

第 3 章
探索性案例研究

本章针对知识搜索宽度、知识搜索深度、外部环境特征和关系嵌入性与企业创新绩效的内在机理,选择五个典型案例进行探索性案例研究。通过案例内分析与案例间对比分析,经过案例选择、数据收集和数据分析,得出初步研究结果,探究知识搜索宽度、知识搜索深度、外部环境特征、关系嵌入性对企业创新绩效的影响作用机制,并发展变量之间的假设命题。

3.1 理论背景与理论预设

知识搜索可以为企业提供更多的新知识,这些新知识又可以为企业提供新的视角,通过学习吸收这些新知识,企业能形成新思维和新观念(Henderson and Cockburn,1996;Katila and Ahuja,2002)。这为不同知识的组合提供了可能,也激发了企业产生新的观点和创意,从而为企业提供了更多的创新选择,避免陷入能力陷阱(Ahuja and Katila,2001)。企业外部知识源形成的开放式创新网络会直接或间接地影响到企业知识搜索对企业创新绩效的作用效果。

通过加入开放式创新网络,企业可以更方便地获取、整合各种资源和能力(解学梅、左蕾蕾,2013;Gulati,1999;Afuah and Tucci,2012;Cohen and Levinthal,1990),可以搜索到更多的知识和信息(Dyer and Nobeoka,2000;Bernstein and Kok,2009;Zaheer,McEvily,and Perrone,1998),从而促进企业创新绩效的提升(Laursen and Salter,2014;McEvily and Chakravarthy,2010)。

对于在开放式创新网络中的企业而言,采用怎样的知识搜索策略才能更有效提升企业的创新绩效,从而在竞争中获得竞争优势。对此问题学者们开展了大量的研究,有学者认为,知识搜索对企业创新绩效具有正向促进作用(Henderson and Cockburn,1996;Katila and Ahuja,2002;Cohen and Levinthal,

1989);但也有学者通过研究发现,知识搜索对企业创新绩效具有负向影响(Argyres,2015;Garcia-Vega,2006);还有学者通过研究指出,知识搜索对企业创新绩效不是简单的线性关系,而是具有倒 U 形曲线效应(Katila and Ahuja,2002;Laursen and Salter,2006;Hwang and Lee,2010;Ihl and Wagner,2012)。同时,由于身处开放式创新网络中,就不得不思考外部网络对企业知识搜索策略的影响,而关系嵌入性是网络最重要的属性之一,企业需要考虑应建立怎样的关系嵌入性才更有助于企业从网络中搜索到有利于自身创新的知识资源,并建构企业能力,从而获得竞争优势。对此,学者们的研究也未形成统一认识,有学者认为,弱联结比强联结更为重要(Granovetter,1973;Granovetter,1985);也有学者通过实证指出,关系嵌入性与企业绩效呈倒 U 形曲线关系(Uzzi,1997);主流观点认为,关系嵌入性越强,越有利于企业获得竞争优势(Powell,1996;Dyer and Nobeoka,2000;Anderson and Tushman,2001;McEvily and Chakravarthy,2010)。

同时,企业也必须考虑所处环境对知识搜索策略的影响。战略管理领域的学者研究证实组织的外部环境会深刻影响企业战略目标的设定和企业在市场竞争中的表现(Nadkarni and Barr,2008)。因此,在研究企业运营策略对企业绩效作用的过程中,必须重视外部环境的影响,尤其是对于企业实施知识搜索策略而言,因为外界环境是企业搜索新知识的重要来源(Tan and Litschert,1994),同时,外界环境也是企业实施知识搜索策略的情景(Raisch and Birkinshaw,2008)。从战略管理理论视角来看,企业战略、组织结构只有和外部环境相匹配才更有利于发挥出对企业绩效的最大提升作用,由于外部环境具有动荡性和敌对性的特点,且随着时间而变化(Child,1972),因此企业的知识搜索战略想更好地提升企业绩效,就必须和外部环境相匹配(Venkatraman and Prescott,1990;Tan and Litschert,1994)。有学者的研究指出,环境的动荡性和敌对性对组织二元性与企业绩效之间具有调节作用(Levinthal and March,1993)。有学者研究表明,影响中国企业最显著的是环境动荡性和环境敌对性(Dess and Beard,1984;Xu and Meyer,2013;Zhou and Li,2007)。本书更侧重于制度环境和产业环境,因此,对于环境特征的分析将聚焦在环境动荡性和环境敌对性这两个维度开展研究。

本书将考察关系嵌入性和外部环境特征(环境动荡性和环境敌对性)对知识搜索与企业创新绩效的影响,理论预设如图 3-1 和图 3-2 所示。

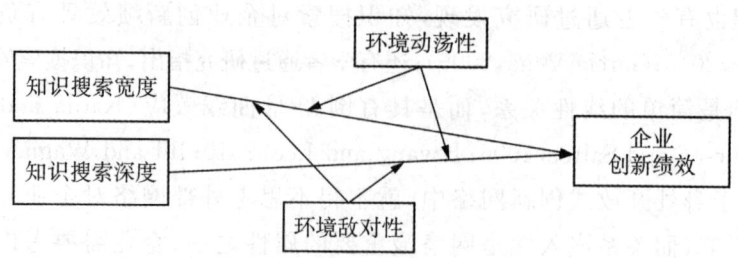

图 3-1　外部环境特征对知识搜索和企业创新绩效影响机制理论预设

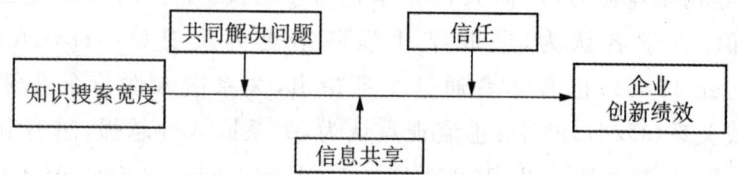

图 3-2　关系嵌入性对知识搜索宽度和创新绩效影响机制理论预设

3.2　研究设计

3.2.1　案例研究方法概述

案例研究是在现象和其背景的界限不够明确时,使用多种资料源调查现实世界中当前某种现象的一种实证的探究(Yin,2009),同时也有学者认为案例研究是一种较为系统、完整的定性研究方法,兼顾特有的设计逻辑、特定的数据搜集及独特的数据分析方法(陈晓萍、徐淑英、樊景立,2012)。案例研究的目的是产生新理论或者是再次验证已有理论,在再次验证时,除了支持已有理论的有效性,同时会对原有理论的适用范围进行扩展或缩小(项保华、张建东,2005)。案例研究是一种经验性的研究,而不是一种纯理论性的研究,案例研究侧重回答"怎么改变""为什么变成这样"的问题(Yin,2009),强调现象所处的现实情景并且能够对其进行丰富的描述。相较于其他研究方法,案例研究方法能够对案例进行全面描述和系统理解,而且对动态的互动历程和所处的情景脉络亦能加以掌握,从而可以获得一个较为全面与整体的观点(陈晓萍、徐淑英、樊景立,2012)。

1. 案例研究类型

现有研究已经指出案例研究方法既可以对已有理论进行重新验证,又可以通过案例分析产生新的理论,还可以在证明已有理论的过程中产生新的理论或者改变已有理论的适用范围(Yin,2009)。根据研究目的的不同,案例研究方法可以分为探索性、描述性、解释性和评价性四大类(Bassey,1999;孙海法、刘运国、方琳,2004;许冠南,2008),各种案例研究方法的主要研究目的和研究侧重点总结如表3-1所列。其中,探索性案例研究的主要功能是在验证已有理论的基础上,对现有理论进行丰富和扩展,从而产生新的理论假设(Shavelson and Towne,2009)。本书尝试从新的视角考察知识搜索宽度、知识搜索深度对企业创新绩效的影响机制,并且尚未形成确切的理论假设,适合采用探索性案例研究的方法进行初步的概念模型构建。

表3-1 案例研究方法的类型

案例研究方法的类型	主要研究目的	研究侧重点
探索性案例研究	寻找对事物的新洞察,或尝试用新的观点去评价现象	侧重于提出假设
描述性案例研究	对人、事件或情景的概况做出准确的描述	侧重于描述案例
解释性案例研究	对现象或研究发现进行归纳,并最终做出结论,对相关性或因果性的问题进行考察	侧重于理论检验
评价性案例研究	对研究的案例提出自己的意见和看法	侧重于就特定事例做出判断

本书旨在明晰企业知识搜索宽度、知识搜索深度内涵的基础上,深入探讨企业知识搜索宽度、知识搜索深度对创新绩效的影响作用和内在机制,并进一步深入分析外部环境特征、关系嵌入性对它们的调节效应。在没有明确变量的因果关系前,需要利用探索性案例研究来明确变量间的因果关系,并且提出变量之间的假设命题,以供后续定量化的实证研究所用。

2. 案例研究步骤

Eisenhardt(1989)认为理论建构的案例研究步骤主要有八步:①在研究开始之前先定义研究问题;②选择适当数量的研究案例对象;③采用多种数据收集方法,设计科学的测量工具;④进入案例现实场景收集数据,并即时进行数据分析;⑤进行案例内和案例间数据比较分析;⑥在比较和验证的基础上形成研究假设;⑦把新形成的假设、理论与已有文献进行比较;⑧当理论饱和时结束案例研究。

Yin(2009)把案例研究分为五步:研究设计、数据收集准备工作、收集数据、分析数据和撰写报告。其中,案例研究设计的基本模式是:确定研究问题、提出理论假设、确定分析对象、形成连接数据与假设的逻辑、解释研究成果的标准。

项保华和张建东(2005)把案例研究步骤总结为：明确研究问题、理论抽象、收集资料、分析资料、研究结果比较和撰写研究报告。其中，撰写研究报告是贯穿在整个案例研究过程的。

本书通过案例选择、收集数据和分析数据，从而得出初步结论，形成初始研究假设。其中，案例数据分析包括案例内分析与案例间分析两个部分，案例内分析是对单一案例进行独立、深入的纵向分析；案例间分析则是在案例内分析的基础上，对所有案例进行横向比较、分析与归纳，进而抽象出理论模型与初始研究命题。

首先，对单一案例进行纵向分析。在对每个案例企业详细分析的基础上，对每个案例企业的知识搜索宽度、知识搜索深度、创新绩效、外部环境特征和关系嵌入性等核心概念进行数据编码，并将各个案例中相关变量的主要特征进行整理归纳，以备下一步展开案例间分析使用。其次，对所有案例进行横向比较。对五个案例进行全面比较、分析与归纳，探索知识搜索宽度、知识搜索深度、外部环境特征、关系嵌入性与创新绩效之间的相互关系，从而提出更精炼的、更具解释力的初始研究假设命题，为后续实证研究奠定基础。

3.2.2 探索性案例选择

根据目标案例数量的不同，Eisenhardt(1989)将案例研究分为单案例研究和多案例研究。单案例研究主要被用于证实或证伪已有理论假设的某一个方面的问题，也被用作分析一个极端的、特殊的或罕见的管理情境，用来验证、扩展和丰富现有理论；余菁(2004)指出，单一案例研究不适用于系统构建新的理论框架。多案例研究能弥补单案例研究的不足，能够通过案例的重复来支持研究结论，提高研究效度(Eisenhardt and Graebner,2007)，这样得出的研究结果也更具有普适性(Johnston,Leach,and Liu,1999)，能够更全面地反映案例的多个方面，从而形成更完善的理论(陈国权、李赞斌,2002)。Yin(2009)根据案例数量和研究分析层次将案例研究分为：单案例单层次、单案例多层次、多案例单层次和多案例多层次。根据本书所研究的问题，以企业作为研究对象，分析和探讨企业在知识网络中外部环境特征、关系嵌入性对知识搜索策略与创新绩效的影响，由于不涉及跨层次分析，因而确定采用单层次研究，结合Eisenhardt(1989)的观点，采用多案例反复比较验证是必要的。所以，本书采用多案例单层次研究来构建知识搜索对企业创新绩效的研究假设，通过反复验证，从而增加探索性案例研究的有效性。

Eisenhardt(1989)认为 4~10 个案例是归纳中使用原始案例的理想数量。考虑到理论构建的基本要求和成本约束,在参照 Eisenhardt(1989)和陈晓萍等(2012)学者的建议,本书最终选择了 5 家企业作为探索性案例的研究对象,具体选择标准如下:

(1) 为了降低案例研究的外部变异性,将案例企业限定在中国本土的制造业企业。主要变量是企业知识搜索宽度和知识搜索深度,因此研究案例不仅需要有较好的内部知识基础,还应该在知识搜索策略制订实施方面有突出表现,并且不同的案例之间应该表现出一定的差异化;

(2) 为了保证案例研究的代表性,选择的案例企业应具有一定的行业分散度,涵盖技术主导产业和市场主导产业,覆盖高新技术产业和传统产业。

(3) 为了更好地达到多重验证的效果,所选择的案例企业的业绩表现也具有不同的代表性,既有效益表现好的企业,也有市场表现差的企业。

(4) 除考虑知识搜索宽度、知识搜索深度对企业创新绩效的直接效应外,还考虑外部环境特征、关系嵌入性对它们的调节效应,因此要求所选案例企业需要具备一定的这方面的特征,以保证案例研究的典型性和信息丰裕度。

(5) 为了提高案例研究的信息丰裕度,选取案例时还考虑到案例研究的成本和信息的可获取度,从而确保研究能够获得充分、可靠的信息资料。

3.2.3 数据资料收集

根据 Yin(2009)的建议,本书在进行资料收集时遵循以下原则:

(1) 为了提高研究效度,通过员工访谈获取一手资料的同时还从互联网等多个渠道获取二手资料,从而保证多资料来源和多种收集形式进行数据资料收集。在每个探索性案例研究中,都对企业内部部分相关高层管理人员以及技术部门、市场部门、公共关系部门的主管人员进行了半结构化的深度访谈(访谈提纲参见本书附录 A),每次访谈时间一般为 1 小时左右,被访谈对象在企业任职 3 年以上,中层管理人员任职 2 年以上,从而保证被访谈对象对企业情况有一个比较准确且全面的把握。访谈后,如果需要修正或补充信息,还会通过微信、E-mail 等方式进行再次沟通,以保证数据的严谨性。

(2) 通过企业内部文档和宣传手册等获取有关案例企业的二手资料,包括对案例企业的调研所生成的表格、文字叙述以及分析材料等。资料内容主要包括企业发展历程和创新历程,以及企业知识基础、外部知识合作伙伴的特征、企业的外部环境特征、关系嵌入性、企业创新绩效水平等。

(3)借助浏览互联网上有关案例企业的相关信息、通过企业网站获取二手资料。从多个渠道获取与案例企业相关的资料,包括企业网站上的宣传资料,借助互联网搜索引擎进行检索,以及通过中国知网和谷歌学术等多种途径对企业的二手资料进行收集和整理。

3.2.4 数据分析方法

多案例研究的特点主要是包括了案例内分析和案例间分析两个层次(陈晓萍、徐淑英、樊景立,2012;Eisenhardt,1989)。案例内分析,即把单个案例看成独立的整体进行全面分析;案例间分析,即是在前者的基础上对所有案例进行抽象和归纳,从而得出更精辟的描述和更有力的解释(Eisenhardt,1989)。多案例研究的优势在于多方求证、相互比较、构念关系严谨等(陈晓萍、徐淑英、樊景立,2012)。以多案例比较来构建理论,通常可以获得更为严谨、一般化以及可以验证的结论(Eisenhardt and Graebner,2007)。

本书首先对每个案例企业进行案例内分析,在对每个案例企业详细研究的基础上,对企业的知识搜索、外部环境特征、关系嵌入性、创新绩效等主要变量进行编码,并把这些编码通过表格的形式体现出来,从而识别每个案例的变量特征,为进行案例间分析做好准备工作。

其次,在案例内分析的基础上,为了揭示变量间的相互关系则进行案例间分析,并进行归纳总结。在案例内分析编码制表的基础上,将所有案例包含的特征变量放在一起,重复比较,明确每个类目的意义,探索知识搜索、外部环境特征、关系嵌入性和企业创新绩效各变量之间的相关性及因果关系,从而提出初始假设。

依据 Glaser 和 Strauss(1967)以及项保华和张建东(2005)的主张,案例内分析和案例间分析是有机联系在一起的,这是一个分析归纳的过程。通过对一个案例资料的分析,归纳出新的概念,或者利用已有概念来建立概念间的关系,再把第一个案例总结出来的试探性理论演绎到第二个案例,以考察试探性理论哪里需要修正。通过几个案例比较分析之后,使假设逐渐变得稳定,这就是一个不断重复的分类比较过程。

3.3 案例企业简介

本书中选取的国内五个探索性案例企业的基本概况如表 3-2 所列。遵循案例研究的惯例(Yan and Gray,1994),保护企业商业机密,本书隐去企业的具体名称,而用字母代码其主营业务的行业表示。

表 3-2　案例企业概况一览

企业	所在行业	主要产品	员工数/人	成立年份/年	上一年销售额/亿元
A	电子	IT、通信、手机	180 000	1987	5 216
B	通信	卫星通信设备	1 000	2001	13
C	磁钢	磁性材料	300	1999	1.2
D	客车制造	客车、运输车辆	9 000	1963	380
E	电器	电网设备	8 000	1993	66

3.3.1　电子企业 A

A 企业是一家生产销售通信设备的民营通信科技公司,于 1987 年正式注册成立,总部在深圳。A 企业是全球领先的信息和通信技术(ICT)解决方案供应商,专注于 ICT 领域,坚持稳健经营、持续创新、开放合作,在电信运营商、企业、终端和云计算等领域构筑了端到端的解决方案且形成了自己的优势,为运营商客户、企业客户和消费者提供具有竞争力的 ICT 解决方案、产品和服务,并致力于赋能未来信息社会、构建更美好的全联结世界。目前,A 企业约有 18 万名员工,业务遍及全球 170 多个国家和地区,服务全世界 1/4 以上的人口。A 企业和运营商一起,在全球建设了 1 500 多张网络,帮助超过世界 1/3 的人口实现联结。A 企业和企业客户一起,以开放的云计算和敏捷的企业网络助力平安城市、金融、交通、能源等领域实现高效运营和敏捷创新。A 企业的智能终端和智能手机正在帮助人们享受高品质的数字工作、生活和娱乐体验。A 企业主张开放、合作、共赢,与合作伙伴及友商合作创新、扩大产业价值,形成健康良性的产业生态系统。

3.3.2　通信企业 B

B 企业是 W 集团公司从事卫星运营服务业的核心专业子公司。被工业和信息化部列为国家一类应急通信专业保障队伍,是国家行业主管部门直接指挥调度的保障力量。长期以来,B 企业以实现卫星通信广播服务惠及更多社会群体为使命,努力构建安全可靠、服务多样、布局科学的天地一体卫星运营服务体系,大力发展卫星空间段运营和卫星应用服务。目前,B 企业运营管理着 15 颗优质的在轨民用通信广播卫星,主要覆盖中国全境、澳大利亚、东南亚、南亚、中东以及欧洲、非洲等国家和地区。B 企业拥有完善的基础设施、可靠的测控系统、优秀的专业化团队、卓越的系统集成和 7×24 h 全天候高品质服务能力，为广大民众提供安全稳定的广播电视信号传输，为国家政府部门和重要行业客户提供专属服务，为重大活动和抢险救灾等突发事件提供及时可靠的通信保障，不仅赢得了广大客户的好评和高度信赖，也树立了良好的信誉和品牌形象。B 企业秉承"以国为重、以人为本、以质取信、以新图强"的核心价值观，牢牢把握产业发展规律，不断提高和完善多频段、多轨位、广覆盖、安全可靠、服务多样的天地一体卫星运营服务体系，同时提升企业的市场化、规模化、国际化发展水平，向着"亚洲第一、国际一流卫星综合服务运营企业"的目标奋力迈进。

3.3.3 磁钢企业 C

C 企业成立于 1999 年，是中国最主要的稀土永磁体（烧结钕铁硼磁钢 Sintered NdFeB Magnet）生产企业之一，烧结钕铁硼磁钢年产能达 3 000 t。C 企业致力于研发并生产高矫顽力、低可逆温度系数、低失重特性的钕铁硼磁钢，主要应用于高效节能的电机方面，如电梯电机、新能源汽车电机、伺服电机、风力发电机、直线电机、压缩机电机等。C 企业的产品还广泛使用在机械、视/音频设备、通信设备、医疗设备、办公自动化设备以及磁选设备等方面，畅销欧美、亚太等国际市场。C 企业是 ISO/TS16949:2009、ISO14001:2004 和 OHSAS18001:2007 认证企业，产品符合 RoHS 和 PEACH 指令要求。2013 年，C 企业引入 ERP 系统，打造企业信息化平台。2015 年，C 企业大规模引进自动化生产、检测线，以提高产品与服务的稳定可靠性，同时提高效率。在不断提升公司管理水平的同时，C 企业与客户保持密切的联系，充分理解客户需求，为客户提供更高品质的产品和服务。C 企业在磁钢应用方面建立了强大的技术服务平台，通过实际应用环境模拟体系，为客户提供磁钢物理和化学稳定性等长期可靠的数据服务。

3.3.4 客车企业 D

D 企业是一家集客车产品研发、制造与销售为一体的大型现代化制造企业，日产整车达 360 台以上，主厂区占地面积 1 700 亩，拥有底盘车架电泳、车身电泳、机器人喷涂等国际先进的客车电泳涂装生产线，是目前世界单厂规模最大、工艺技术条件最先进的大中型客车生产基地。2012 年，新建成投产的新能源厂区占地 2 000 余亩，建筑面积达 60 万 m^2，具备年产 30 000 台的生产能力，成为中国客车行业最先进、世界规模最大的新能源客车基地。D 企业于 1997 年在上海证券交易所上市。该企业主要经济指标连续十余年快速增长，并连续十余年获得中国工商银行 AAA 级信用等级。2016 年，D 企业客车产品实现销售 70 988 辆，新能源客车销售26 856辆，企业规模、销售业绩在行业继续位列第一。不断创造具有质量、服务和成本综合优势的产品是D企业保持竞争优势的源泉。目前，D企业生产的客车产品已形成覆盖车身从5 m至18 m不同系列各个档次的完整产品链（包括国内84个产品系列、海外68个产品系列），用途主要为满足公路客运、旅游、公交、团体、校车、专用客车等各个细分市场需求。产品批量远销至古巴、委内瑞拉、俄罗斯、以色列、沙特以及中国澳门、中国台湾等30多个国家和地区。D企业已取得欧盟WVTA整车认证，开始正式进军欧美市场，目前已在英国、法国、挪威、马其顿等国实现批量销售，成为中国客车工业领军品牌，引领中国客车走向世界。

3.3.5 电气企业E

E企业成立于1993年3月，1997年4月18日在深圳证券交易所挂牌上市。E企业是国内同行业首家上市公司，中国上市公司协会首批理事单位，同时也是科技部认定的国家重点高新技术企业，拥有国家级企业技术中心和企业博士后工作站。经过二十多年大力推进机制改革和科技创新，E企业已成为中国电力装备行业的大型骨干企业和龙头企业，其产品覆盖发电、输电、配电、用电等电力系统的各个环节，横跨一二次、高中压、交直流装备领域，是国内综合配套能力最强、最具竞争力的电力装备制造商及系统解决方案提供商，承担了国家"六五"至"十二五"期间的一系列重大攻关项目。E企业的产品广泛应用于国家"西电东送""西气东输""南水北调"以及核电建设和高速铁路建设等国家重点工程，并出口到20多个国家和地区，为我国及国外电力系统的安全、稳定、经济运行做出了杰出贡献。E企业自1997年在深圳证券交易所上市以来，一直把规范运作、改善公司治理结构作为企业持续发展的根本，并走出了一条规范运作、诚信经营的发展之路。该企业连续多次荣获深交所信息披露工作"优秀"评价。其股票被深圳证券信息有限公司列为"最有市场影响力的100只股票"之一，并入选沪深300、深证100指数成分股和深证自主创新指数初始成分股。

3.4 案例内分析

3.4.1 知识搜索

1. 电子企业A的知识搜索

A企业自成立以来就制订了开放式创新的发展模式，制订了各种知识搜索策略以利用外部知识源来联合创新。A企业联合沃达丰、西班牙电信、德国电信、中国联通等领先运营商，引领千亿元连接新蓝海市场；与中国电信、中国移动、中国联通、德国电信、阿联酋电信等领先客户共同打造标杆项目，帮助运营商将视频作为基础业务并取得了商业成功；与德国电信、西班牙电信、中国电信等合作提供公有云，同时引领运营商IT系统由传统技术架构向云架构转变；在上海联通、HKT等领先运营商打造端到端的Telco OS样板点，帮助运营商变革运营运维系统，实现互联网化的运营及ROADS用户体验。

2016年，A企业基于开放合作的生态建设策略以及共同的品牌愿景，相继与徕卡、SAP、埃森哲、奥迪、谷歌、微软、英特尔等全球顶级合作伙伴展开创新性的深度合作，同时依托自身遍布全球的15个研究院（所），与合作伙伴共同推进产业创新，为消费者打造具有极致体验的科技产品。A企业与徕卡在2016年共同推出的第二代双摄像头技术，全面引领了手机摄影的新潮流，配置了该摄像头的手机全球销量突破1 000万台，成为A企业首个销量超千万台的旗舰产品。另外，A企业于2016年11月发布的M9系列产品，一经上市就受到了全球消费者的喜爱。而以X为代表的X旗舰手机展示了A企业对未来智慧手机形态的探索。

A企业和德国电信合作"开放电信公有云"为欧洲核子研究组织（Conseil Européen pour la Recherche Nucléaire，CERN）等十家顶尖科研机构打造全球最大规模科学云，支持全球超过500所高校、8 000名科学家协同工作。A企业金融云解决方案已服务多家"世界500强"金融机构，其中与工商银行、招商银行联合创新，将精准营销、实时风控等新技术在金融领域进行了深度应用。

A企业携手3GPP伙伴，共同推进5G的普及，加速5G的商用。A企业参与研究与创新的Polar码，被3GPP确定为5G三大应用场景之一的eMBB（增强移动宽带）场景的控制信道编码方案。在持续推动5G产业联盟的建立与发展方面，2016年9月A企业联合奥迪、宝马、戴姆勒、爱立信、英特尔、诺基亚及高通宣布成立"5G汽车联盟（5GAA）"，共同推进全球车联网统一标准的孵化。

A企业希望与广大的系统集成商、独立软件开发商、独立硬件开发商合作伙伴一起，联合为客户开发能满足行业特性需求的解决方案，构建联合创新的生态格局，加速商业与技术创新。在知识搜索过程中，不但注意知识搜索的宽度扩展，同时还注意对搜索的新知识的深度挖掘，即注重知识搜索宽度与知识搜索深度的联合和平衡。A企业全球布局开放实验室（OpenLab）计划，携手400多家合作伙伴，已经在欧洲、拉美、中东、南太、中国等区域建设了13个OpenLab，从而更高效地打造贴近本地客户真实业务需求的行业解决方案，持续为客户商业成功创造价值。2016年11月，A企业发布X Labs计划，聚集运营商、技术提供商和垂直行业合作伙伴，共同探索未来移动应用场景，推动商业和技术创新，构筑以应用为驱动的网络,建立开放的生态环境。

2. 通信企业 B 的知识搜索

B 企业的研发宗旨之一是合作,即与国内外合作伙伴开展合作研发,通过知识搜索策略站在巨人的肩膀上,通过引进、消化、吸收实现再创新和集成创新,并发展自主专利技术体系。B 企业很重视与国内的大学和科研机构开展合作研究,例如有的是通过建立联合实验室的方式,有的则是通过购买技术的方式,为 B 企业获得了不少创新的产品技术。B 企业的 SDH 光网络技术、智能网技术等都得益于与清华大学、北京大学、中科大、同济大学等高校的合作。

B 企业专门成立了对外合作部,主要负责和高校等外部知识源的合作,当其第一任部长上任后,他走遍了全国主要高校,跟很多校长建立了合作关系,花大量精力挖掘了不少项目。但后来 B 企业的技术开发远远领先于各高校,到 2000 年,对外合作部部长再次走访了所有合作的高校,想找一些 B 企业没有涉足的新技术,结果一无所获。这时 B 企业和高校的合作仅仅局限在人才培养范畴。

B 企业在与相关知识源合作时,十分注重与新增知识伙伴的深度合作。1997 年,B 企业与美国德州仪器合作的数字信号处理联合实验室成立,德州仪器和 B 企业通过联合实验室的建设与运作,联合研究开发了相关通信产品的数字信号处理(DSP)硬件与软件,提高了 B 企业开发工程师对数字信号处理芯片的开发应用能力,快速催生了 B 企业在多媒体领域的新技术应用。

B 企业通过与美国德州仪器的合作,对内将中研部与 DSP 有关的科研力量组织起来,成立了一个重要的技术平台部门——信号与信息处理研究中心,内部承担与 DSP 有关的硬件开发、DSP 算法研究与 DSP 算法实现工作,实现技术快速突破和技术平台化:再由信号与信息处理中心向中研其他部门(如多媒体部、交换业务部、无线部、智能交换部等)输出相关技术。

B 企业不但重视与其他企业的深度合作,同时也注重扩展知识搜索宽度,在企业组织资源的保证范围内,尽可能地做到宽度与深度的平衡。2000 年 4 月,美国英特尔公司与 B 企业签订了一份合作备忘录,主要涉及开发、合作和技术资源共享三大关键领域,旨在通过双方共同努力促进中国开发基于英特尔 IX 架构的通信解决方案。双方将侧重在相关领域进行共同参考设计,并在深圳 B 企业基地建立一个联合开发中心以全力支持 IX 架构的重要设计方案。除德州仪器、英特尔等公司以外,B 企业还分别与摩托罗拉、Agere、Altera、太阳微系统、微软、NEC 等世界一流企业共同建立了类似的联合实验室。

在通信领域,B 企业通过与高通合作,购买了高通的协议专利,实现了技术的快速突破。为了使中研部上上下下对合作高度重视,中研部还利用各种手段进行宣传:合作是所有企业生存的一种方式,B企业一定要扭转忽视合作的态度,在观念上、组织上、技术操作上、管理上对合作有一个较大的转变,把对外合作工作切实地开展起来。

3. 磁钢企业C的知识搜索

C企业十分重视在企业发展过程中对知识搜索策略的运用,目前产品创意和技术从外部引进的比重已经占了近1/3,企业的规划是要将这个比例提升到一半,目前C企业把过去注重内部竞争改为对外竞争,对内则更提倡协作,并在研发过程中加强跨技术、跨学科、跨地域和跨业务部门之间的联系,为了扩大外部知识源的范围,企业加入了产学研网络,当在这些网络中出现新的可以利用的创新时,C企业就会第一时间获得相关信息,如果相中某个方案就会进入谈判购买环节,不但充分利用外部知识源降低了自行研发的费用和研发失败的概率,而且研发成果是可见的,拿来即可使用,无须承担研发过程中的风险,同时缩短了发现市场机会到获得利益之间的时间。C企业注重外部知识网络的扩展,且取得了一定的成效,但是由于对搜寻到的知识未能进行有效的治理和吸收,并没有转化为企业创新绩效,基于此,C企业的全面创新理念就是围绕顾客体验进行360°创新,包括了解顾客的产品需求、技术需求等,以期能以最优的成本提供满足顾客需求的产品或服务,从而满足顾客在产品性能、产品外观和包装审美等方面不断提升的需求。同时,C企业还在宁波、呼和浩特、上海、杭州等本行业技术集中交易地建立了一些创新技术监控点,去搜索与本公司相关的创新,同时派技术人员访问政府和学校的实验室、与主要的科学家和教授建立联系、走进行业博览会以搜寻可借鉴的创新,从而对现有产品进行改进,或者研发出新的产品或服务。同时,公司内部建立了一个网上社区,保证公司分散在全国的研发、设计、市场、采购等人员可以通过该平台进行交流,大家在研发过程中遇到什么问题,发到该平台上,很快就会有人给予解答,并且对于解答问题的人给予一定的奖励,从而在企业内部形成一套鼓励共享、奖励共享,在共享中受益的企业氛围。

4. 客车企业D的知识搜索

D企业十分重视知识搜索在企业发展中的应用,产学研结合的学习机制是惯用的方法。同时,D企业十分重视和客户、供应商的联系,依赖企业的技术研发,从大学和科研机构或者其他知识源搜索技术知识,在外部技术资源频繁流动的背景下,充分利用内外资源,使创新绩效最大化。在起步阶段,D企业主要采用逆向工程进行知识搜索,即把别人生产好的汽车进行解剖,一个零部件一个零部件地进行研究和模仿,同时还从雇佣中学习,聘请了一批退休老工程师,从而实现了知识的学习和传承。经过起步阶段的能力积累,发展到扩张阶段,D企业开始注重外部技术引进和内部研发并举,并成立了自己的技术研究院,起初的突破是以国外的自动变速箱为范本,研制出自己的自动变速箱,一举打破了国外企业的垄断。在战略转型阶段,D企业充分抓住国际金融危机的机遇,并购了澳大利亚的K企业和W轿车企业,从并购中学习,如K企业强化了D企业自动变速器的研发能力,与自身优势形成互补。同时,D企业十分重视内部知识搜索和知识分享,通过编制专门的技术手册和开发流程把一些惯例和内部经验知识进行固化,同时通过开展知识分享把一些生产经验进行沉淀和交流。D企业还十分重视高素质人才的培养,除了在与本企业有合作关系的大学和企业研究院两个基地培养人才外,还实行"千人研究生培养战略",依托九所著名高校的师资力量,根据D企业的需求情况和各高校的学科特点有针对性地培养人才。

5. 电气企业 E 的知识搜索

E企业利用采购进口设备和跨国公司技术转让相结合,迫使跨国公司转让先进技术,同时积极参与利用统一采购的优势和契机,以我国巨大的市场为筹码,获得国外先进技术和管理经验,实现重大工程和装备技术的引进和消化吸收。E企业的核心业务产品覆盖了电力系统的发电、输电、变电、配电、用电等各个环节,横跨一次及二次装备、交流及直流装备领域,在直流输电、智能变配电、智能轨道交通牵引供用电等领域具备了提供"直流输电控制保护、换流阀系统及直流场设备、智能变电站系统、智能配电网系统、高速铁路牵引供电设备集成系统"等项目的系统设计和系统集成能力。

E企业采取了"需求方牵头、产学研用相结合"的方式将自己知识网络中产学研力量凝聚起来,较好地完成了技术引进和消化吸收的目标。由于用户既能统筹协调产学研各方,又因自身利益密切关注技术经济性,确保了引进行业先进技术能够成功消化吸收。积极参与政府组织协调技术引进和消化吸收,在直流输电技术引进和消化吸收过程中,国务院三峡办和业主(国家电网公司)统一组织引进技术谈判,明确技术转让目标,然后实行任务分解,组织相关制造企业和研究机构一对一地引进、消化吸收。E企业在直流输电、智能配电及电动汽车充换电设备等多项产品领域处于行业领先地位。

以重大工程项目为依托,通过需求引导企业创新,在我国电力建设的后续工程中,企业继续实施国产化方针,促使企业在引进技术基础上开展再创新,提高技术自主能力。E企业先后承担了向家坝—上海±800 kV 特高压直流输电、锦屏—苏南±800 kV 特高压直流输电、京津城际、京沪高铁、郑西高铁、京石武客专等一系列国家重点工程项目,积累了设备成套及大型工程的组织、实施等方面的成套经验,形成了一支专业技术精、组织能力强的专业队伍,具备承担大型工程成套供货和组织交钥匙工程的能力。

6. 案例企业的知识搜索深度水平

通过对五家案例企业的高级管理人员关于外部知识搜索利用的具体情况的访谈和问卷调研(问卷见本书附录B),以及这五家企业运用 16 种知识来源(受版面限制,16 种知识来源的具体内容没有在表中给出,详见本书附录B,统计时保持序号一一对应)的重复使用情况的统计,并结合前面内容,最终总结出五家案例企业的知识搜索深度水平如表 3-3 所列。

表 3-3 五家案例企业的知识搜索深度水平

知识类别	知识来源	企业 A 利用程度				企业 B 利用程度				企业 C 利用程度				企业 D 利用程度				企业 E 利用程度			
		无	低	中	高	无	低	中	高	无	低	中	高	无	低	中	高	无	低	中	高
市场类	1			√				√					√			√					√
	2			√				√					√			√			√		
	3		√					√				√				√			√		
	4			√					√			√				√			√		
	5			√			√					√				√				√	
机构类	6			√		√						√				√			√		
	7				√			√				√				√				√	
	8		√					√				√			√				√		
	9			√				√				√				√				√	
标准类	10		√					√			√				√				√		
	11			√				√				√					√				√
	12				√	√						√				√				√	
其他类	13			√				√					√			√				√	
	14		√			√						√				√					√
	15	√						√				√					√			√	
	16			√				√				√				√					√

资料来源:根据访谈资料整理。

7. 案例企业的知识搜索宽度水平

通过对五家案例企业的高级管理人员关于外部知识搜索利用的具体情况的

访谈和问卷调研(问卷见本书附录B),以及这五家企业运用16种知识来源(受版面限制,这16种知识来源的具体内容没有在表中给出,详见本书附录B,统计时保持序号一一对应)的重复使用情况的统计,并结合前面内容,最终总结出五家案例企业的知识搜索宽度水平如表3-4所列。

在五家案例企业中,对知识搜索宽度运用最广的是客车企业D,它运用了访谈的16种知识来源;其次是电子企业A和通信企业B,二者都运用了15种知识来源,最窄的是磁钢企业C。通过对四大类16种知识来源分别进行统计,发现企业运用最多的是标准类,其次是其他类,而知识来源运用最少的是私人研究机构(9),其他存在未利用情况的知识来源还包括咨询顾问(4)、独立的商业实验室或研发企业(5)、大学或其他高等教育机构(6)、其他公共部门(如生产力促进中心等)(8)。

表3-4 五家案例企业的知识搜索宽度水平

知识类别	知识来源	企业A 是否利用		企业B 是否利用		企业C 是否利用		企业D 是否利用		企业E 是否利用	
		是	否	是	否	是	否	是	否	是	否
市场类	1	√		√		√		√		√	
	2	√		√		√		√		√	
	3	√		√		√		√		√	
	4	√		√			√	√		√	
	5	√		√		√		√		√	
机构类	6	√		√		√		√		√	
	7	√		√		√		√		√	
	8	√		√		√		√			√
	9		√		√		√	√			√
标准类	10	√		√		√		√		√	
	11	√		√		√		√		√	
	12	√		√		√		√		√	
其他类	13	√		√		√		√			√
	14	√		√		√		√		√	
	15	√		√		√		√		√	
	16	√		√		√		√		√	
合计		15		15		11		16		14	

资料来源:根据访谈资料整理。

3.4.2 关系嵌入性

关系嵌入性指的是企业与企业外部其他知识源形成的知识网络中相互之间的关系，描绘的是知识网络中任意两个参与者之间相互理解、信任和承诺的程度（Granovetter，1985；Uzzi，1997；Gulati，1999；Barden and Mitchell，2007），借鉴McEvily 和 Marcus（2005）、Gulati 和 Sytch（2007）、许冠南（2008）的研究，本书也从信任、信息共享和共同解决问题三个维度来刻画企业在外部知识网络中的关系嵌入性。通过访谈了解企业与知识网络中知识伙伴企业间的信任、信息共享和共同解决问题的情况，来测度案例企业的关系嵌入性程度，具体结果如下。

1. 电子企业 A 的关系嵌入性

A 企业自成立以来一直积极参与到全球 IT 创新网络中。A 企业最早的产品主要是网络服务器，这些产品具体包括电子零部件和机械零部件的近百个元器件，而每种元器件都有很多家供应商。A 企业认真考察了每个供应商后确立了五家供应商作为长期合作伙伴，并双方约定了彼此约束条件，供应商能够保质保量地按时供货，而 A 企业也能及时将货款打给对方，双方的信任度比较高。供应商会把最新的技术突破及时告知 A 企业，并优先供货给 A 企业，A 企业也会协助供应商共同解决研发上遇到的难题。例如，A 企业的子公司准备在一款手机上提供盲人模式，这就需要一些硬件和软件上的支持，供应商不仅提供了基础技术和解决方案，还在生产上给予了指导，双方联合攻关，最终在所推出的手机上成功地提供了盲人模式，并深受市场好评。A 企业的客户主要集中在非洲、拉丁美洲等的第三世界国家，但也包括欧美少数几家电子通信龙头企业，如 A 企业与美国 AT&T 公司的合作比较多，且 A 企业是 AT&T 最大的供应商。A 企业与客户建立了良好的信任机制，于是客户会把最新的市场需求信息及时告知 A 企业，当技术标准进行升级时也会提前告知，若 A 企业在研发上遇到个别困难，对方也会提供帮助来共同解决。

2. 通信企业 B 的关系嵌入性

B 企业已经和自己的供应商以及客户间构建了比较发达的关系网络。B 企业对供应商企业具有严苛的资质审核标准，并建立了完善的供应商数据库，生产中需要的各种配件最少需要三家供应商进行产品竞标，在合作中与各供应商建立了良好的信任关系，双方都能够较好地履行合同约定，当出现不可抗力时也会提前通知对方，共同商量应对策略。供应商企业会及时把目前市场上的最新动态以及技术信息提供给 B 企业，而且一些通过长期合作建立起来良好关系的核心供应商还会把自己的骨干技术力量派到 B 企业参与相应项目的实施。B 企业的上、下游供应商网络和销售商网络覆盖整个中国区域,并且建立了自己的网上电商平台,和第三方企业合作,建立了自己的销售和售后网络。B 企业的核心业务客户除了一般的通信业务客户外,还有代理经销商、集团大客户以及定制产品商,B 企业和各类客户都建立了良好的长期战略合作关系,在双赢理念的指导下,B 企业与自己的客户都能够信守承诺,当合同履行中遭遇一些不可抗力(如政策的变动导致合同不能如约履行)的时候,双方也都能坦诚协商,具有较高的信任度。B 企业和客户能够共享彼此的战略发展规划,而且 B 企业还特别为自己的代理经销商提供了从店铺装修到日常运营的全套经营指导,当客户提出要求时还能为客户提供营销培训服务,从而与客户保持着密切的信息交流和共享。B 企业还主动对大客户提供上门服务,对一些新产品或紧俏的定制产品具有优先选择权,从而不断提升双方的合作广度和深度。

3. 磁钢企业 C 的关系嵌入性

C 企业发展的过程是一个逐步融入开放式创新网络,并从中受益的过程。C 企业产品中的稀土主要从国内采购,镨钕、炉料纯铁、硼铁等原料由国内四五家大型厂商提供,为了控制成本,C 企业与供应商企业一般都签订中长期价格合同,但是在合同的执行过程中,还是难免会遇到质量问题纠纷,尤其是近几年稀土价格上涨比较迅猛。C 企业的长期供应商会把目前原材料、包装等的价格、技术与其共享,从而帮助 C 企业改进相关技术或工艺以提高产品的市场适应面,或研发出适销对路的新产品。但是由于生产的特殊性,从供应商那里获得的技术支持通常较少。C 企业在与国内、国际客户合作的过程中能够做到诚信第一、严格履行合同,能够按照约定的时间保质保量地提供产品,由于产品与国际同类产品相比,在同等价位的情况下可以用更高的质量战胜竞争对手,在同等质量的情况下可以用更低的价格战胜竞争对手,所以深受客户的好评,且一直处于供不应求的状态。但是,个别客户和供应商也会出现不诚信的情况,例如偶尔不能履行合同等。良好的合作关系使得一些国际客户会把一些国际先进技术标准或新产品的需求信息提供给 C 企业,从而帮助 C 企业进行工艺改进和研发相应的新产品。如欧洲一家电梯公司提出要一种特殊形状的磁钢,并把一些技术参数告诉了 C 企业,于是 C 企业联合浙江大学相关专家进行攻关,最终攻克了产品的生产难题,获得了这个产品的市场,后来同类产品的北美客户也主动找上门来订购该系列产品。类似地,客户参与企业的工艺改进或生产升级已成为一种常态。国内的客户会定期把国内的销售信息进行统计反馈,这样便于 C 企业对市场走向有一个宏观把握，从而及时调整生产策略。

4. 客车企业 D 的关系嵌入性

D 企业从成立起就定位要在全球找市场，并投身到全球制造网络中。D 企业的电子芯片、半导体、集成电路全部依赖国外进口，有七八家国外供应商，如飞思卡尔、英飞凌、NXP、意法半导体、锐萨、博世、德州仪器等。D 企业与供应商每年签署一次价格合同，供应商提供相应零部件时质量能够有较好保证，双方每年谈判的焦点问题都是价格问题，信任机制主要涉及到付款方式。国外供应商会把客车零部件上的技术突破与 D 企业共享，例如供应商提供了一种最新芯片，除了支持多媒体娱乐系统、智能钥匙和自动泊车系统外，还支持汽车发动机和变速箱控制系统、安全气囊、驾驶辅助系统、电动助力转向、ABS、电子稳定性系统（ESP）、行人保护、胎压控制、电动车窗、灯光控制、空调系统和座椅调节系统，因而具有更好的集成性，对于增大汽车室内可利用空间也有很大帮助。于是 D 企业就把该芯片运用到自己的最新车型的研发上，最终获得了市场好评。供应商企业还牵线 D 企业到国外同行企业参观学习，使其能接触到一些新的管理思想和研发管理模式。但国外供应商不会直接参与 D 企业的具体研发工作。D 企业产品中的塑胶钢、铝、铁等原料主要由国内采购，由国内的五家供应商提供，供应商会把自己最新的产品手册和行业动态定期与 D 企业共享。一般情况下，D 企业也会定期去供应商企业考察，主要是对生产精度和质量控制方面给予培训和指导；当然，供应商也会来 D 企业考察，并对相关原材料的组装方面给予培训。D 企业的客户主要是各地代理商，对于校车的销售需要和各地教育局以及学校沟通，经过教育主管部门组织的统一招标后才能进入当地市场，所以 D 企业必须在中标后才能与学校签订购买合同，然后根据客户的个性化需要对校车进行定制，在这个过程中，客户会把自己的需求及时反馈给 D 企业。

5. 电气企业 E 的关系嵌入性

E 企业虽然属于央企，有政策保护，但随着经济全球化和电网"走出去"战略的实施，也进入了全球化制造网络。E 企业的生产需要橡胶、塑料、铜、铝等几十种原材料，每种原材料均根据以往情况确立了三至四家供应商进行长期合作。在与供应商合作的过程中，如果出现质量瑕疵、交货不及时等情况立即分析原因，如果是供应商自身能力的问题就会选择淘汰供应商，然后选择新的供应商进入。双方的信任机制主要靠货款结算来进行约束。如果供应商研发出新型技术或者新材料，便会及时和 E 企业进行共享，并邀请 E 企业的相关人员对新材料、新工艺进行检测，供其选购。由于这个过程比较耗时间，所以一般情况下，供应商都是定期把自己的产品手册提供给 E 企业。E 企业的客户主要是代理商和大客户，一般情况下不和终端用户直接洽谈除非是大客户。这种销售模式决定了 E 企业和代理商会有一定的竞争关系，代理商会利用手上的客户资源对 E 企业进行压价，从而形成产品利润被代理商强行分走一部分的局面。客户企业会把销售情况反馈给 E 企业，但并不会给 E 企业具体的产品需求信息，也不参与产品研发和设计过程。

6. 案例企业的关系嵌入性水平

本书从信任、信息共享和共同解决问题三个维度对五个案例企业在外部网络中的关系嵌入性水平进行了总结，结果如表3-5所列。

表3-5　案例企业的关系嵌入性水平

	信任	信息共享	共同解决问题
电子企业A	和供应商以及客户建立了良好的信任关系，在合同中约定了彼此约束条件	供应商能够把最新的技术突破及时告知企业，如果企业选择该项技术会优先供货	研发过程中，供应商会参与协助解决问题，当研发上遇到困难，客户也会给予协助
通信企业B	建立了良好的信任关系，合作各方都能够严格履行合同，遇到不可抗力时会及时沟通	供应商会主动提供市场上的最新变动以及技术信息；和供应商以及客户共享自己的战略发展规划	供应商会把技术骨干派到企业参与项目的实施；企业会为客户提供上门培训服务，提供代理商门店装修以及日常运营指导
磁钢企业C	与供应商企业合作中会有不按合同履行的现象发生，尤其是涉及利益方面	供应商能够及时把研发的新材料情况告之并供选购；客户企业能够及时通报销售情况	从供应商那里获得的支持比较少；从客户那里获得有助于研发的信息，且客户乐于积极参与新产品研发
客车企业D	与国外供应商每年签署一次合同，国内供应商中标后签署合作协议	供应商共享新技术、新材料信息，并牵线参观同行企业；客户企业能及时反馈销售情况	供应商能够对一些材料的使用进行培训，但不参与产品研发；客户企业能够反馈需求但不参与研发
电气企业E	通过合同约束供应商，如果供应商不能严格履行合同，将会被淘汰；主要通过货款结算来进行约束；当客户较强势时会要求分享公司利润	供应商能够及时提供技术发展动态和新材料信息；客户能够提供市场需求信息	供应商不参与研发活动；客户不参与产品研发和设计过程

3.4.3 外部环境特征

1. 电子企业 A 的外部环境特征

信息和通信技术（ICT）行业是一个新兴的行业，尤其是随着"互联网＋"的兴起，这个行业的发展更是日新月异，同时也面临更多的机会和挑战。从产业发展本身来看，国际和国内情形都表明，ICT 产业已经度过了高速发展期，呈现出发展速度放缓的趋势，开始步入发展的中低速期。在新冠肺炎等不确定因素影响下，全球 ICT 产业发展前景不容乐观。2019 年，依托 ICT 技术支持的中国数字经济的占比已经达到 37.8%，受疫情影响，国际数据公司（International Data Corporation，IDC）当时预计 2020 年一季度中国 ICT 市场将首次出现 10% 的下滑。IDC 还预测，PC 和智能手机一季度的销量同比也将下降 30% 左右，服务器、网络、存储也将有 15% 左右的下降。

ICT 给各行业转型变革与全球经济的增长带来了巨大影响。工信部数据显示，2018 年，我国数字经济总量超过 31 万亿元，占 GDP 比重达到 34.8%，成为我国经济高质量发展的重要支撑。这表明以数字经济为代表的新经济蓬勃发展，成为壮大各个新兴产业、提升传统产业、实现传统性增长和可持续增长的重要系统。IT 和 CT 的融合与创新所形成的双轮渠道产生了新模式和新业态。

2020 年 1—5 月，规模以上电子信息制造业增加值同比增长 10.8%，增速同比增加 0.2 个百分点。规模以上电子信息制造业增加值同比增长 3.7%，增速比上年同期回落 5.7 个百分点。2020 年 5 月，规模以上电子信息制造业出口交货值同比增长 12.7%，比上年同期加快 12.5 个百分点。1—5 月，规模以上电子信息制造业出口交货值同比增长 1.5%，较上年同期下降 2.4 个百分点。

2. 通信企业 B 的外部环境特征

通信行业经过十几年的迅速发展，用户已逐步趋于饱和，市场竞争愈加激烈，根据中国互联网络信息中心（China Internet Network Information Center，CNNIC）统计，截至 2017 年 6 月 30 日，中国手机网民数已达 7.24 亿人，市场发展将进入平稳期，过去高速增长下的用户红利时代将结束。同时，随着电信行业重组完成，中国移动、中国电信和中国联通三足鼎立，业务高度重叠，三大运营商均实现移动电话、固定电话、数据网络的全业务模式，竞争越来越激烈，价格战也是此起彼伏，如中国电信的 99 元省内 4G 不限量套餐、199 元全国 4G 不限量套餐等业务的推出，进一步降低了利润率。随着市场竞争进一步加剧，每用户平均收入（Average Revenue Per User，ARPU）下降是大势所趋。语音业务趋于饱和,短信业务急剧萎缩,目前只能通过数据业务来挽回业务增长颓废的局面,整个行业发展今非昔比。微信、米聊等即时通信 App 的发展进一步吞噬了通信市场,使语音、短信等业务被大幅替代,对通信行业的影响已日趋严峻。

云网协同,发挥运营商 IDC 规模与网络带宽的组合优势。借助网络的 SDN 与 NFV 升级,通信企业 B 将在基础骨干网络和云数据中心之间打造一张以数据中心为核心的高速互联专网。这将实现全网业务的快速开通部署、数据中心间流量的高速互访和客户业务流量的灵活调度,使云数据中心具备辐射全国的服务能力。"云网协同"将成为运营商在未来云计算市场上竞争的立命之本。

3. 磁钢企业 C 的外部环境特征

根据智研咨询发布的《2020—2026 年中国稀土行业市场需求分析及发展规划分析报告》数据显示:全球稀土资源总储量约为 1.2 亿吨。其中,中国储量约为 4 400 万吨,占比约 37.8%;越南储量约为 2 200 万吨,占比约 18.9%;巴西储量约为 2 200 万吨,占比约 18.9%;俄罗斯储量约为 1 200 万吨,占比约 10.3%,四国合计占全球总储量的近八成,资源分布集中度较高。国产石油裂化催化剂超过 90%。虽然,我国在稀土产业方面取得了不小的成绩,但我国稀土产业整体处于世界稀土产业链的中低端,高端材料和器件与先进国家仍存在较大差距,且存在缺乏自主知识产权技术,核心专利缺失,持续创新能力不强,下游高端产品匮乏等问题。自 2017 年以来,国内稀土供应受市场、政策和疫情影响,加之新能源汽车、工业节能电机、风力发电等领域低碳需求迅猛增长,故对于稀土的需求愈加旺盛,导致市场供需缺口不断扩大。由于稀土供应量难以满足稀土永磁产业的需求,因此进口矿产品数量出现较大幅度增长。稀土矿总量指标为 10.5 万吨,而由钕铁硼产业对应钕镨供应量至少应达到 18 万吨,产能过剩矛盾突出。随着供给侧结构性改革"三去一降一补"的要求,会淘汰部分不适应市场需求的产能,从而带来激烈的市场竞争。同时,磁钢产业耗能较大,资源环境约束增强,磁钢产业是高耗能产业,会带来比较严重的环境问题,随着片面追求 GDP 执政思路的转变,环境保护被提上了议事日程,污染物排放达标成为了企业成本增加的一个必要支出项。另外,磁钢产业集中度不够高,自主创新水平还比较低。目前,我国磁钢产业往往生产的还是利润率比较低的产品,企业的利润率都比较有限,由于利润率比较低所以导致企业不愿意加大研发投入,研发投入跟不上继而导致企业不能生产高端磁钢产品,这样的恶性循环致使 C 企业盈利非常有限。随着经济增速的放缓,磁钢行业的竞争不断加剧,导致 C 企业经营存在一定的困难。另外,存在的机遇则是企业加速了重组合并,兼并了距离原料产地比较近的内蒙古的两家小企业,进行生产线的复制,希望能够集中优势项目,提升品牌价值,从而提高产品竞争力。同时,努力打开国际市场,尤其是借助国家"一带一路"的机会,拓展海外市场,通过海外建厂,做到海外生产海外销售,从而增加效率,降低成本。

4. 客车企业 D 的外部环境特征

中国经济发展进入新常态,一方面速度适度放缓,另一方面增长的结构逐步优化,据预测 2020 年中国家庭中年均可支配收入 1.6 万美元到 3.4 万美元的中产阶级消费群将为 1.67 亿户,家庭年均可支配收入大约 3.4 万美元的富裕家庭约为 2 000 万户,他们是普通汽车和豪华汽车的目标消费群体。此外,城镇化也有利于引发消费需求,增加居民对汽车的消费。因此,以售后服务、二手车、汽车租赁、汽车金融、汽车保险为代表的汽车服务领域将迎来蓬勃发展的机会。随着汽车产业智能化和互联网化的发展,未来将有更多的互联网和通信设备等科技型企业跨界进入汽车领域,并与主机车形成竞合关系,从而助推汽车智能化和互联网化的进一步发展。汽车智能化、互联网化趋势明显,无人驾驶技术使得汽车驾驶不再依赖于人的操作。车联网以人、车、服务全方位交互为基础,可以实现智能化的技术、交通管理和全时综合服务;同时,新能源企业也将迎来快速发展。随着自主品牌的产品以及自主品牌在 MVP、SUV 市场的布局,自主品牌的市场份额也将逐步地特点提升。另外,随着汽车产业全球化布局的程度不断加深,大型跨国公司的国际化以合作为主流,跨国公司企业间的合作大多通过兼并重组、战略合作等多样化的资本形式形成全产业链的资源共享。

5. 电气企业 E 的外部环境特征

案例企业外部环境伴随中国经济的高速发展,对能源的需求也越来越大,目前在个别城市已经出现了电荒,由此引发了政府对电力相关行业的大规模投资,这对电气企业 E 来说是巨大的机遇,主要表现为:在电源建设方面,按照国家的电力发展规划,近五六年国家每年至少会有 4 000 万千瓦·时的建设任务;在电网建设方面,按照国家"西电东送,南北互供联网"的发展战略,跨区联网、跨区输电的进程会加快,为了避免诸如莫斯科电网和美国、加拿大电网中由于输配电设备老旧导致的大规模停电,中国正在进行电网中老旧设备的改造,对于电气企业来说,这会是一个蓬勃发展的机遇。伴随电源建设和电网建设,电工产业也呈现增长幅度超过 30% 的可喜局面,这表明电源建设和电网建设对电工行业的拉动。对此,E 企业也要抓住良好的发展契机,实现生产能力快速增长,更要实现创新能力的大幅提升。

随着世界经济形势下行以及受新冠肺炎疫情的影响，E 企业发展面临机遇和挑战并存，E 企业在国内的研发能力虽然名列前茅，但是与跨国公司相比，研发能力还不够强大、产业集中度不高、品牌精品意识不强，竞争主要围绕产品技术、人力资源、生产规模和资金。在过去的发展历程中，E 企业充分发挥知识搜索优势，对美国、日本等国的电力设备及新技术进行了搜索、吸收和应用，包括技术转让、联合研发等。但是，市场占有率和市场定位依然存在问题，E 企业主要还是只能占据低端市场，而利润率更高的高端市场几乎被外商垄断着。

同国外先进国家电气产业的差距主要表现在：①文化差距。缺乏精品意识和工匠精神，对于质量要求的文化还未形成。②国际信息搜索整合吸收的差距。面对国际竞争对手，我们应该采取开放式创新模式，和西方先进制造商联合开发新产品、新材料、新工艺，充分学习西方先进技术，通过把"干中学"和"学中干"相结合，提升企业的研发水平。③研发投入的差距。我国在对电力系统的研究、新材料和新技术的应用研究、电工产品的基础研究以及产品的可靠性研究等方面的投入和西方发达国家相比存在明显差距。④品牌差距。国外先进企业非常具有品牌意识和精品意识，非常重视在客户中的信誉，在这方面 E 企业应该向这些先进企业看齐。⑤自主知识产权差距。国外先进企业非常重视知识产权保护，不但在自己国家申请专利，还在中国大量申请专利，E 企业这方面的意识还有待加强。⑥管理差距。国外先进企业非常重视生产管理和企业资源管理，E 企业应该学习推广 MIS、ERP 等，对企业管理的现代化进行规划。⑦产品研发差距。在研发周期、研发技术和研发流程管理方面，E 企业和国外先进企业相比有很大的提升空间。

6. 案例企业的外部环境特征情况

企业的外部环境是对企业外部的政治环境、经济环境、社会环境和技术环境的总称。对案例企业的外部环境特征进行分析，结果如表 3-6 所列。

表 3-6　五个案例企业的外部环境特征

企业	外部环境特征
电子企业 A	ICT 产业已经过了高速发展期，呈现出发展速度放缓的趋势，开始步入发展的中低速期。在欧洲债务危机等不确定因素的影响下，全球 ICT 产业发展前景不容乐观。2016 年，我国电子信息产品进出口总额 12 245 亿美元，同比下降 6.4%，是除 2009 年出口受国际金融危机冲击出现负增长之外的最低水平。产业固定资产投资增速也一路下滑

(续表)

企业	外部环境特征
通信企业 B	业务高度重叠,三大运营商均实现了移动电话、固定电话、数据网络的全业务模式,竞争越来越激烈,价格战也是此起彼伏,ARPU 值下降,语音业务趋于饱和,短信业务急剧萎缩,目前只能通过数据业务来挽回业务增长颓废的局面,整个行业的发展今非昔比。微信、米聊等即时通信 App 的发展进一步吞噬了通信市场,使语音、短信等业务被大幅替代,对通信行业的影响日趋严峻。大数据云网协同是业务增长的一个机遇
磁钢企业 C	我国稀土磁性、发光、贮氢材料占全球总产量 70% 以上,国产石油裂化催化剂超过 90%。我国磁钢产业整体处于世界稀土产业链的中低端,在高端材料和器件方面与先进国家相比仍存在较大差距,同时存在缺乏自主知识产权技术、核心专利缺失、持续创新能力不强、下游高端产品匮乏等问题。稀土作为磁钢企业的重要原材料,其供应将会出现政策性不足
客车企业 D	经济发展进入新常态,中产阶级数量增加,潜在用户群体增加;城镇化有利于刺激居民消费;售后服务、二手车、汽车租赁、汽车金融、汽车保险等相关行业发展促进汽车服务提升;汽车的智能化和互联网化促进产业发展;新能源汽车为弯道超车提供了可能,自主品牌会迎来发展机遇。汽车产业全球化布局的程度加深,大型跨国公司的国际化以合作为主,兼并重组、战略合作等多样化的资本形式,从而形成全产业链的资源共享
电气企业 E	电荒带来电源建设和电网建设的大投资,带来每年至少 4 000 万千瓦·时的建设任务,提供了巨大的行业市场;输电设备改造提供发展契机,电工产业超过 30% 的增长幅度给电气行业带来了广阔的发展前景。同时,也存在一些挑战,面对的竞争对手不仅仅是国内,更有国外发达国家的先进企业,在研发实力上存在一定差距,产业集中度不够高,品牌意识不够强,过去的竞争主要是价格战,主要市场是利润率比较低的中低端市场,而利润率比较高的高端市场几乎被西方发达国家垄断,和国外发达国家的先进企业相比,在文化、知识搜索能力、研发投入、品牌、知识产权、管理水平和产品研发方面存在显著差距

3.4.4 创新绩效

1. 电子企业 A 的创新绩效

A 企业把握各行各业数字化转型带来的重构生态的机会,与合作伙伴、客户共同打造商业驱动的 ICT 基础架构(Business Driven ICT Infrastructure),从而使其成为行业数字化转型的使能者和优选合作伙伴。

- 在智慧城市领域,A 企业推出"一云二网三平台"的智慧城市解决方案架构,成功应用在全球 40 多个国家的 100 多座城市。在金融领域,A 企业与全球 10 多家顶尖金融机构和行业独立软件开发商(Independent Software Vendors,ISV)开展联合创新,推出基于云计算与大数据的下一代 IT 基础架构,目前已服务全球 300 多家金融机构,包括全球前十大银行中的 6 家,助力客户从平台转型、产品创新、渠道服务三个层面加速数字化转型。在能源领域,A 企业成为"全球能源互联网发展合作组织"理事单位中唯一的 ICT 领域厂商,A 企业的全连接电网解决方案目前已广泛应用于全球 65 个国家,服务了 170 多个电力客户。截至 2016 年年底,A 企业联合 500 多家合作伙伴为全球 130 多个国家和地区的客户提供安全、可靠、高效的云计算解决方案,覆盖政府及公共事业、运营商、能源、金融等行业,共部署了超过 200 万台虚拟机和 420 个云数据中心。A 企业的媒体云解决方案帮助法国 TF1、韩国 KBS、意大利 Mediaset 等全球著名电视台实现高清视频采、编、播等环节的全面云化,加快媒体行业客户的全媒体业务向 IP 化、移动化、云化全面转型。A 企业的政务云解决方案为北京市政府构建了安全、高效的政务服务平台,服务于千万人口,并有效减少了网络安全威胁,大幅度提升运维效率。

2019 年,A 企业实现全球销售收入 8 588 亿元,同比增长 19.1%;净利润 627 亿元,同比增长 5.6%;经营活动现金流 914 亿元,同比增长 22.4%。2019 年,A 企业持续投入技术创新与研究,研发费用高达 1 317 亿元,占全年销售收入的 15.3%,近十年投入研发费用总计超过 6 000 亿元。

2. 通信企业 B 的创新绩效

B 企业 2016 年度实现归属于上市公司股东的净利润(合并)为 39 766.43 万元,2016 年期末可供股东分配的利润(合并)为 196 923.72 万元,母公司可供股东分配的利润为 19 182.31 万元。2016 年期末资本公积余额(合并)为 161 287.62 万元,母公司资本公积余额为 151 438.68 万元。

围绕技术创新与不断的研发投入,B 企业创新成果显著,并通过知识积累实现了创新能力的强化。在技术奖励方面,2012 年,B 企业提出的创造性项目"以开放式研发云平台创新体系"荣获国家科技进步奖。在创新能力建设方面,B 企业的技术中心连续 5 次排名集团第一名,这使得 B 企业跻身中国最具创新力企业百强;在世界权威管理咨询公司美国波士顿公布的"2016 全球最具创新力企业 100 强"榜单中,B 企业位列其中。在专利创新方面,截至 2015 年年底,B 企业累计专利申请 4 785 项,其中发明专利 2 897 项,海外专利 1 888 项,处于行业领先位置。在标准创新方面,B 企业广泛参与国际标准、国家标准、行业标准的制订,提升了它的国际影响力;截至 2016 年 12 月,在自主知识产权的基础上,B 企业累计提报了 26 项 IEC 国际标准提案;B 企业主导和参与了 107 项国家行业标准的编制、修订,其中 89 项已经发布。在工业设计方面,B 企业的工业设计中心是行业内第一家企业设计中心,也是目前行业内最具设计实力的设计中心之一。此外,B企业的技术中心自1993年至2013年共获得省(市)科技进步奖项目2项,承担973项目1项、863项目2项、科技支撑计划2项。

3. 磁钢企业 C 的创新绩效

C企业在创业之初,设备和技术工艺先进,在采选、冶炼和加工等方面均具有较强的技术优势,多次获浙江省科技进步二等奖、三等奖。2013年5项成果获宁波市科技进步奖,其中,一等奖1项、二等奖1项、三等奖3项,全年获得授权受理各类专利7件。2014年,C企业取得授权受理专利13件,其中授权专利4件(发明专利3件、实用性专利1件),受理专利9件(发明专利2件、实用性专利7件)。2016年1项科技成果获浙江省科技进步奖,另有1项科技成果获宁波市科技进步奖,荣获宁波市技术创新示范企业称号。但随着企业步入成熟阶段,企业注重扩张,在技术和工艺方面的投入较少,主要是吃老本状态,和同行业其他同规模的企业相比,市场份额有下降趋势,技术由过去的明显领先到现在的跟进,无论是专利申请数量还是科技进步奖获得方面都呈下降趋势。

4. 客车企业 D 的创新绩效

作为中国客车第一品牌,自2010年起至今,D企业连续多年荣获世界客车联盟(BAAV)颁发的年度最佳客车制造商、年度最佳创新客车、年度最佳客车安全装备、年度最佳环保巴士、年度最佳客车等大奖。2004年,D企业作为国内客车业的标杆,率先被国家评为"中国名牌";2005年再次率先被国家评为"中国驰名商标"。2006年,D企业被商务部、国家发改委授予"国家汽车整车出口基地企业"称号,企业出口的D牌客车(ZK6100H和ZK6898HE)产品通过国家质量检验检疫总局的专项审查(2009年通过出口商品免验续延审查,免验有效期至2012年11月),D企业成为客车行业首家获得"进出口商品免验证书"的企业。2008年7月,D企业被科技部、国务院国资委和中华全国总工会联合授予首批国家"创新型企业"称号。2010年12月,在由国家工商总局、国家质检总局、中央电视台等共同主办的"2010中国年度品牌发布"活动中,D企业成为客车行业唯一入选"2010中国年度品牌"的企业,并荣获"中国骄傲"荣誉称号。2012年,D企业再次荣获"2012中国企业500强",继续领跑中国客车行业。2013年,D企业被工信部和财政部联合授予"国家技术创新示范企业"。2014年D企业被工信部授予全国"工业企业质量标杆",并被国家工商行政管理总局认定为"中国驰名商标"。2015年,D企业被中国上市公司协会授予2015年最受投资者尊重的百家上市公司。2016年1月8日,在国家科学技术奖励大会上,D企业凭借"节能与新能源客车关键技术研发及产业化"项目荣获国家科学技术进步奖二等奖,成为汽车行业首个因主导新能源项目而获奖的整车企业。2016年,D企业位列"2016中国企业500强",入选《财富》杂志"世界500强",继续领跑中国客车行业。

5. 电气企业E的创新绩效

E企业以创新驱动求发展,紧密围绕国家重大装备和核心技术自主化的要求,坚持技术创新驱动产业升级,形成了"信息化自动化控制技术、大功率电力电子技术、一次设备设计制造技术"三大核心基础技术,"嵌入式软件平台、嵌入式硬件平台、系统软件平台"三大核心基础平台以及130多项核心技术产品,创造了数十项"中国第一"和"世界第一"。E企业坚持创新引领,在特高压、柔性直流输电、智能电网、新能源并网消纳等技术领域始终保持领先地位。

E企业立足电网发展和能源转型趋势,加强科技攻关,成功研制了国际领先的±800千伏/5 000兆瓦柔性直流换流阀、±535千伏/3 000兆瓦柔性直流换流阀、大电网系统保护中的精准负荷控制系统等核心设备;研制了电动汽车充换电公共服务互动终端、站域保护控制装置、新型"井井通电"用电管理终端等关键产品;完成了直流断路器、就地化/小型化保护样机试制。±1 100千伏特高压试验中心通过CNAS(中国合格评定国家认可委员会)认证。E企业完善了监控平台、软硬件嵌入式平台等基础平台,有效支撑了特高压、配电网、能源互联网等领域的系统级产品研发和业务发展。申请专利226项,其中发明专利178项;新增授权专利133项,其中发明专利54项。

E企业坚持技术营销、质量营销、服务营销,深化营销服务一体化协同运作,为客户提供优质产品和服务,巩固系统内市场领先优势。电网设备集招、智能电表集招实现大份额中标,10千伏/35千伏开关柜持续满份额中标,10千伏充气式开关柜取得突破。同时,E企业加大系统外市场开拓力度,加强重大工程组织管理,持续提升优质服务;持续压降管理人员占比,规范劳动用工管理,开展员工转岗退出,推进全员全流程降本增效;推广公开采购,健全授权采购管理机制;加强内部协同供货,提升合同履约水平和综合供货能力;加强营销服务全过程精益化管理,市场费用持续下降;推进智能中压、智能用电、变压器业务研发资源深度融合,对研发设计、采购、生产等重点降本工作实施管理;制订生产、物资等各类降本收益核算办法。E企业加大内部质量抽检力度,健全产品质量管控机制,深入推进产品"炼钢"行动,落实质量防控措施,开展重大工程项目监督监造,系统提高工程质量。E企业依靠领先的技术、过硬的质量和优质的服务,确保公司承担的重大工程项目进展顺利。晋北—南京特高压直流、锡盟—胜利特高压交流、鲁西直流扩建项目按期投运。榆横—潍坊特高压交流工程进入验收阶段,锡盟—泰州特高压直流工程现场安装调试进展顺利。另外,E企业积极服务"一带一路"建设,其产品相继中标巴基斯坦默拉直流、土耳其凡城直流换流站项目,实现直流高端装备在海外的突破;完成沙特—埃及直流工程技术投标和产品资质认证。

6. 案例企业创新绩效水平

通过对五个案例企业的创新绩效水平进行了总结,如表3-7所列,从中可以看出企业间技术创新水平的差异。

表3-7 五个案例企业的创新绩效水平

企业	技术创新绩效
电子企业A	2016年A企业的运营商业务的营业收入为2 996亿元,同比增长了24%。2016年A企业的业务营业收入达407亿元,比上年增长47%。A企业的消费业务部门2016年卖出1.39亿部智能手机,巩固其出货量全球前三的地位,2016年实现1 798亿元的销售额,同比增长44%
通信企业B	B企业具有较高的创新绩效,其技术中心连续5次排名集团第一名,并跻身中国最具创新力企业百强;在世界权威管理咨询公司美国波士顿公布的"2016全球最具创新力企业100强"榜单中,B企业位列其中。在专利创新方面,截至2015年年底,B企业累计专利申请4 785项,其中发明专利2 897项,海外专利1 888项,处于行业领先位置。在标准创新方面,B企业广泛参与国际标准、国家标准、行业标准的制订,提升了国际影响力
磁钢企业C	C企业创新绩效较高,多次获浙江省科技进步二等奖、三等奖。2015年5项成果获宁波市科技进步奖,其中,一等奖1项、二等奖1项、三等奖3项,全年获得授权受理各类专利87件。2014年,C企业取得授权受理专利13件,其中授权专利4件(发明专利3件、实用性专利1件),受理专利9件(发明专利2件、实用性专利7件)。截至2016年年底,拥有省部级科技进步奖10项,拥有授权受理专利187件
客车企业D	2008年7月,D企业被科技部、国务院国资委和中华全国总工会联合授予首批国家"创新型企业"称号。2010年12月,在由国家工商总局、国家质检总局、中央电视台等共同主办的"2010中国年度品牌发布"活动中,D企业成为客车行业唯一入选"2010中国年度品牌"的企业,并荣获"中国骄傲"荣誉称号。2012年,D企业再次荣获"2012中国企业500强"。2013年,D公司被工信部和财政部联合授予"国家技术创新示范企业"。2014年D企业被工信部授予全国"工业企业质量标杆",并被国家工商行政管理总局认定为"中国驰名商标"。2015年,D企业被中国上市公司协会授予2015年最受投资者尊重的百家上市公司
电气企业E	E企业创新绩效较高,成功研制了国际领先的±800千伏/5 000兆瓦柔性直流换流阀、±535千伏/3 000兆瓦柔性直流换流阀、大电网系统保护中的精准负荷控制系统等核心设备;研制了电动汽车充换电公共服务互动终端、站域保护控制装置、新型"井井通电"用电管理终端等关键产品。申请专利226项,其中发明专利178项;新增授权专利133项,其中发明专利54项

3.4.5 案例数据信息编码

本书已经对五家案例企业的知识搜索、关系嵌入性、外部环境特征和创新绩效等各方面进行了详细的描述。为了对不同的案例进行比较研究,本书将以案例企业的描述性分析为基础,对知识搜索、关系嵌入性、外部环境特征和创新绩效进行编码,分别用很好、较好、一般、较差、很差五个等级依次从高到低来表示相关指标的强弱程度。编码工作分为两个阶段,首先是根据描述性分析得出初步编码结果,然后再请案例企业中的访谈对象和相关专家对初步编码结果进行审核和修正,最终得出的编码结果如表 3-8 所列。

表 3-8 五个案例企业编码结果

企业	知识搜索		外部环境特征		关系嵌入性			创新绩效
	深度	宽度	环境动荡性	环境敌对性	信任	信息共享	共同解决问题	
电子企业 A	很好	很好	较好	很好	很好	很好	很好	很好
通信企业 B	一般	较好	很好	较好	很好	较好	较好	较好
磁钢企业 C	较差	较差	一般	较好	较差	一般	一般	一般
客车企业 D	很好	很好	很好	很好	很好	很好	很好	很好
电气企业 E	较好	一般	一般	一般	一般	一般	一般	较好

3.5 案例间分析与初始假设命题提出

3.5.1 知识搜索(宽度和深度)与企业创新绩效

通过对案例企业的描述性分析,发现案例企业的知识搜索宽度、知识搜索深度与企业创新绩效之间存在关系。

首先,从表 3-8 可以看出,A 企业和 D 企业的创新绩效水平最高,B 企业和 E 企业紧随其后,C 企业居最后。除了 C 企业,其他四个案例企业的创新绩效都高于其行业平均水平。

从知识搜索宽度和知识搜索深度来看,B 企业在知识搜索深度上较好,知识搜索宽度上最好,这和 B 企业的行业特性有关。一般而言,B 企业自己不做技术研发,主要应用其他企业研发出来的新技术,因此对于 B 企业而言,了解最新的技术进展,具有广泛的外部知识源,有助于把握先机。A 企业和 D 企业的知识搜索宽度和知识搜索深度都很好,这可能得益于A企业和D企业在内部研发上的大力投入以及对开放式创新战略的贯彻实施,再加上A企业和D企业都实施了产品多元化战略,因此在研发设计过程中,非常重视外部技术知识、市场知识的搜索,一旦发现机会就会利用自己内部强大的研发实力研发出相应的产品去填补市场空白,以谋求先发优势。C企业的知识搜索宽度与知识搜索深度在五个案例企业中都处于垫底水平,C企业的内部知识主要是有关稀土冶炼和机械制造技术的知识,外部合作也主要围绕企业所需的专有知识开展,由于行业的特殊性,其外部知识合作伙伴相对单一。同时,从编码结果也能发现,知识搜索深度很好且知识搜索宽度也很好的A企业和D企业具有最高水平的创新绩效。而知识搜索深度和知识搜索宽度都是很好的B企业具有的是较好的创新绩效,知识搜索深度最差和知识搜索宽度一般的C企业具有一般的创新绩效,同时,它也是这五个案例企业中创新绩效最差的。由此判断,知识搜索宽度与知识搜索深度与企业创新绩效之间的关系不是简单的线性关系,可能存在非线性的曲线关系。

从上述五家案例企业的编码结果还能得到无论是知识搜索深度程度最高的A企业还是D企业,抑或是知识搜索深度程度最低的C企业都会同时开展知识搜索宽度策略。由此可知,对于企业创新绩效而言,知识搜索深度与知识搜索宽度的联合是非常必要的。研究也发现,知识搜索宽度与知识搜索深度之间有一种平衡关系,如A企业和D企业在知识搜索宽度与知识搜索深度之间的平衡导致它们的创新绩效结果优于其他三家知识搜索策略未达到平衡的企业。简而言之,在组织资源约束条件下,缩小知识搜索宽度与知识搜索深度之间的差距能够促进企业创新绩效的提升。

基于上述分析,本书提出以下初始假设命题:

命题一:知识搜索宽度、知识搜索深度与创新绩效之间可能存在非线性的曲线关系。

命题二:知识搜索宽度、知识搜索深度之间的联合维度与平衡维度对创新绩效可能具有促进作用。

3.5.2　知识搜索(宽度和深度)、外部环境特征与企业创新绩效

1. 知识搜索(宽度和深度)、环境动荡性与创新绩效

从表3-8可以看出,五个案例企业中B企业和D企业的环境动荡性很好,A企业的环境动荡性较好,C企业和E企业的环境动荡性在这五家案例企业中排在最不利的位置。在快速变化和高度不确定的环境中,也就是环境动荡性程

度很高的环境中,企业通过知识搜索策略搜索到的新知识可能会因为无法适应环境的变化而失去原来的价值,或者知识转化为产品但不符合市场需求,从而导致产品刚研发出来就被淘汰的局面。因此,在制订知识搜索策略时,必须考虑企业的情景,也就是企业所面临的外部环境的影响,以此来制订相应的知识搜索策略,即调整资源的配置来选择合适的知识搜索策略(知识搜索宽度还是知识搜索深度),以谋求在相应的环境下取得创新绩效的最大化。例如,B企业基于客户关系的积累,和通信服务公司等客户有长期的合作关系,对通信市场的需求有很清晰的了解,所以知道通信领域客户的需求变化不是很大,而更注重安全,因此在选择产品时,都首先选择国家认可的产品,所以当国家标准改变,通信服务公司需要相应的服务时,B企业的响应速度比竞争对手要快,从而在竞争中把握了主动。除了市场动荡性外,企业的创新绩效还受技术动荡性的影响,如D企业为了适应产业的技术发展趋势,把无人驾驶汽车纳入自己的研发项目,从而提升产品的技术含量,为开辟无人驾驶汽车这个业务新领域而投入大量研发资金和组织资源,且已取得了初步成效。D企业研发的无人驾驶公交车已经在深圳完成上路试验,获得了自动驾驶领域的先发优势。B企业和D企业为了更好地应对环境动荡性,组织行政管理部门、生产部门、研发部门定期召开通气会来关注技术和市场的变化,并形成专人负责制,从而做到对顾客需求和产品改进的快速响应。

由以上分析可以看出,环境动荡性对于知识搜索宽度、知识搜索深度与创新绩效的关系的影响存在效果差异。从表3-8的编码结果来看,D企业的环境动荡性促进了知识搜索宽度、知识搜索深度对企业创新绩效的作用;C企业和E企业的环境动荡性是同一水平,但是E企业的知识搜索宽度、知识搜索深度均优于C企业,最终E企业的创新绩效也优于C企业,所以环境动荡性在知识搜索和创新绩效之间起到了一定的正向影响作用;B企业和D企业的环境动荡性是一样的,但是由于知识搜索宽度、知识搜索深度不同,最终创新绩效也不同,说明环境动荡性在知识搜索宽度、知识搜索深度与企业创新绩效之间的影响可能是一种调节效应。

基于上述分析,本书提出以下初始假设命题:

命题三:环境动荡性可能调节了知识搜索宽度与创新绩效之间的作用效果。

命题四:环境动荡性可能调节了知识搜索深度与创新绩效之间的作用效果。

2. 知识搜索(宽度和深度)、环境敌对性与创新绩效

从表3-8可以看出,五个案例企业中A企业和D企业的环境敌对性是很好,

B企业和C企业的环境敌对性是较好,只有E企业的环境敌对性是一般。环境敌对性程度越高,企业盈利空间越小,面临的竞争就会越激烈。如D企业在和国外同行竞争的过程中,由于国外同行在技术上有长期的积累,已经获得了先发优势,当面对这种实力不对等的竞争时,D企业通过购买专利、联合办厂期望通过用市场换技术的方法来提升自身竞争力,如在汽车电池方面,通过和国内南都电源合作研发的汽车用电池,可以做到在零下40℃放电容量在85%以上,其他同类企业只能达到70%,在零下20℃的条件下,D企业可以做到95%,而同行只能做到90%,由此获得了竞争优势,且克服了环境敌对性带来的负面影响。所以,可以看出政策敌对性和竞争敌对性都会对企业的知识搜索策略产生影响。

从表3-8的编码结果可以看出,环境敌对性对于知识搜索宽度、知识搜索深度与创新绩效关系的影响存在效果上的差异。A企业和D企业的环境敌对性都促进了知识搜索宽度、知识搜索深度对企业创新绩效的作用;B企业和C企业的环境敌对性处于同一水平,但B企业的知识搜索宽度、知识搜索深度都优于C企业,所以最终B企业的创新绩效也优于C企业。因此,环境敌对性可能起到了一定的促进作用。A企业和D企业的知识搜索宽度、知识搜索深度都不同,但却具有相同的创新绩效,因此,环境敌对性对知识搜索宽度、知识搜索深度与创新绩效的关系可能是一种调节效应,其作用效果将影响知识搜索宽度、知识搜索深度的作用效果。

基于上述分析,本书提出以下初始假设命题:

命题五:环境敌对性可能调节了知识搜索宽度与创新绩效之间的作用效果。

命题六:环境敌对性可能调节了知识搜索深度与创新绩效之间的作用效果。

3.5.3 知识搜索宽度、关系嵌入性与企业创新绩效

1. 知识搜索宽度、信任与创新绩效

从表3-8可以看出,企业间的信任情况与企业的知识搜索宽度和创新绩效之间具有一定的相关关系。例如,A企业和D企业与各自所在的开放式创新知识网络中的合作企业都建立了良好的信任关系,且都能够在合作中信守承诺,并争取双赢,相比同行业其他企业,它们能够从知识网络中的知识合作伙伴那里更高效地获取高质量的技术和信息,并把这些技术和信息应用到自己的产品开发或服务改进中。B企业和自己的合作伙伴之间的信任度相对较好,虽然能够获得一些新技术和新产品销售情况的情报,但是与业内的竞争对手相比,在知识搜索的效果方面未获得竞争优势,因此把新技术应用到改进产品和服务方面也相

对滞后。C企业与供应商和客户企业之间的信任度都较差,因此在知识搜索宽度上的表现也欠佳。由此可见,企业之间建立起良好的信任关系,往往能促进更广泛且深入地进行技术和市场信息的交流,尤其是信任达到一定程度,双方会共享一些技术诀窍,从而更有利于隐性知识的转移,使得企业更容易吸收搜索到的新知识。同时,由于彼此的信任度比较高,所以企业间不会故意提供错误的信息来误导对方,因而对从知识伙伴企业搜索到的知识也比较放心,从而降低了知识识别成本,缩短了把搜索到的知识应用到产品研发的时间,进而有助于企业获得先发优势,提高创新绩效。另外,从表3-8也可以看出,信任对知识搜索宽度与创新绩效关系的影响存在效果上的不同,A企业和D企业的信任显著促进了知识搜索宽度对企业创新绩效的效应;B企业和E企业的信任有效促进了知识搜索宽度与创新绩效之间的效应,而E企业的创新绩效没有B企业的创新绩效效果好,可能的原因是知识搜索宽度过大而超过了企业的吸收能力所致。因此,信任对知识搜索宽度与创新绩效的影响可能是一种调节效应,其作用效果将影响企业对于知识搜索宽度搜索到的新知识的吸收和利用。

例如,A企业在创业之初,外部合作机构只有深圳大学和深圳市教育信息技术中心,后来有些客户从自己的合作机构处了解到A企业工作态度认真,且质量和售后相对同行业其他企业有明显优势,故主动找上门寻求合作,并在后来的合作过程中建立了信任关系,彼此能够分享有关的技术信息和市场信息,在这个分享过程中,A企业修正了一些产品的定位。目前,为了能够更好地进行分享,A企业专门建立了OpenLab平台,并且与全球数百所高校、研究机构建立了广泛的合作。

基于上述分析,本书提出以下初始假设命题:

命题七:一定水平的信任可能调节了知识搜索宽度与创新绩效之间的作用效果。

2. 知识搜索宽度、信息共享与企业创新绩效

从表3-8可以看出,企业间信息共享对于企业的知识搜索宽度和创新绩效之间的关系有一定的影响。例如,A企业与所在的开放式创新知识网络中的合作企业都建立了良好的信息共享机制,彼此分享行业信息、市场信息和技术信息,A企业比业内其他企业能够更快、更有效地获取有关市场和技术的情报,并迅速商业化,从而提升其创新绩效。B企业和D企业与知识网络中的企业有较好的信息交流与共享,在知识获取方面也有较好的表现,能够满足自身创新知识的需求。C企业和E企业的问题在于供应商和客户信息共享方面表现一般,因此在知识搜索宽度方面也表现一般。由此可知，当企业和知识合作伙伴之间建立了良好的信息共享机制，便能使企业与网络中的知识合作伙伴间更多、更及时、更高效地分享对方所需的知识，相应地，也会让企业的知识搜索宽度在这个过程中得以加大，让企业获得更多更准确的信息，从而为企业创新提供更多的选择。

同时，从表3-8也可以看出信息共享对于知识搜索宽度与创新绩效关系的影响存在效果上的不同，A企业的信息共享显著促进了知识搜索宽度对企业创新绩效的效应；B企业和D企业的信息共享有效促进了知识搜索宽度与创新绩效之间的效应，而C企业和E企业的创新绩效没有A企业的创新绩效效果好，可能的原因是知识搜索宽度过大，导致企业无法吸收、应用搜索到的新知识。因此，信息共享对知识搜索宽度与创新绩效的影响可能是一种调节效应，其作用效果将影响知识搜索宽度搜索到的新知识的吸收和利用。

基于上述分析，本书提出以下初始假设命题：

命题八：一定水平的信息共享可能有利于改善知识搜索宽度对创新绩效的作用效果。

3. 知识搜索宽度、共同解决问题与企业创新绩效

从表3-8可以看出，企业间共同解决问题对于企业的知识搜索宽度和创新绩效之间的关系有一定的影响。例如，A企业和D企业经常与所在的开放式创新知识网络中的合作企业共同协作来解决在研发、设计过程中遇到的难题，因而A企业和D企业在知识搜索宽度搜索到的知识带来的创新绩效方面就有更突出的表现，而C企业和E企业在共同解决问题方面表现一般，结果这两家企业在知识搜索带来的知识转化成企业的创新绩效方面就表现平平。由此可知，当企业和知识合作伙伴之间拥有共同解决问题的机制时，双方的合作将更为默契，也更利于隐性知识的转移。共同解决问题树立了良好的"干中学"氛围，有利于学习者的模仿，从而提升学习效果，也有利于把搜索到的新知识在尽可能短的时间内转化成产品或者服务等创新绩效。

从表3-8还可以看出，共同解决问题对于知识搜索宽度与创新绩效关系的影响存在效果上的不同，A企业的信息共享显著促进了知识搜索宽度对企业创新绩效的效应；A企业经常与合作供应商以及客户企业一同攻克研发、生产过程中遇到的难题，因为A企业的客户是来自全球的，当有企业提出的标准较高时，A企业能够立刻组织研发团队和客户一同投入研发工作，效率和成果都给客户留下了深刻的印象，往往合作一次之后就变成了忠实的老客户。E企业的变压

器和半导体提供商要求按照国际标准进行设计和生产，E 企业和供应商在设计生产中频繁交流，不断反馈、测试、改进，共同攻关，最终生产出让客户满意的产品。A 企业和 E 企业都非常注意和客户共同解决问题，这便使得这两家企业知识搜索到的新知识转化为创新绩效的效果比较理想。

基于上述分析，本书提出以下初始假设命题：

命题九：企业与合作伙伴共同解决问题可能有利于改善知识搜索宽度对创新绩效的作用效果。

3.6 本章小结

本章通过对五个企业的探索性案例研究，分析了在开放式创新知识网络中，知识搜索策略与创新绩效的作用机制，认为外部环境特征对知识搜索宽度、知识搜索深度和创新绩效的关系起到调节作用，关系嵌入性对知识搜索宽度与创新绩效的关系起到调节作用，即信任、信息共享和共同解决问题在知识搜索宽度与创新绩效的关系中起到调节作用。

以下是由探索性案例研究推导出的九个初始假设命题：

命题一：知识搜索宽度、知识搜索深度与创新绩效之间可能存在非线性的曲线关系。

命题二：知识搜索宽度、知识搜索深度之间的联合维度与平衡维度对创新绩效可能具有促进作用。

命题三：环境动荡性可能调节了知识搜索宽度与创新绩效之间的作用效果。

命题四：环境动荡性可能调节了知识搜索深度与创新绩效之间的作用效果。

命题五：环境敌对性可能调节了知识搜索宽度与创新绩效之间的作用效果。

命题六：环境敌对性可能调节了知识搜索深度与创新绩效之间的作用效果。

命题七：一定水平的信任可能调节了知识搜索宽度与创新绩效之间的作用效果。

命题八：一定水平的信息共享可能有利于改善知识搜索宽度对创新绩效的作用效果。

命题九：企业与合作伙伴共同解决问题可能有利于改善知识搜索宽度对创新绩效的作用效果。

以上初始假设命题是本书提出研究假设和概念模型的基础，在后续章节中，将对这些假设命题做进一步的文献论证和实证。

第 4 章
子研究 1：知识搜索及其二元效应对企业创新绩效的影响

4.1 引言

在开放式创新成为企业发展的必由之路的时代背景下，外部知识搜索帮助企业从客户、供应商、竞争对手和科研机构等知识源搜索有利于企业发展的异质性知识，从而提供更好的产品和服务去满足市场的需求(West et al.,2014)。外部知识搜索和内部研发、外部收购形成提升企业技术核心竞争力的"三驾马车"(张群祥、熊伟、奉小斌,2012)。外部知识搜索成为后发跨国企业在转型经济背景下实现追赶的重要动力源(吴航、陈劲,2014)。例如，宇通公司和中国移动、西门子通信合作联合研发智能运营系统，与中国联通、中国银联和联华股份合作研发车载购物平台；A 企业在世界多国建立研发实验室，都是整合企业内外知识资源促进技术创新。已有很多学者实证研究了企业外部知识搜索可以正向影响企业的创新绩效(Escribano,Fosfuri,and Tribó,2009；Leiponen and Helfat,2011；Voudouris et al.,2012；Yu,2013；Wang and Hsu,2014)。有学者进一步扩展了外部知识搜索概念的外延，将搜索策略划分为知识搜索深度与知识搜索宽度(Laursen and Salter,2006)，这种划分维度深化了对知识搜索理论的认知，有利于帮助企业明确在有限的组织资源约束下如何制订知识搜索策略，从而有利于企业有的放矢，提升创新绩效，因此本书也沿用这种维度的划分。在实践中，企业不宜使用单一的外部知识搜索策略，否则无法适应瞬息万变的市场环境和战略重心的转移(Laursen and Salter,2006)，若在企业资源有限的约束下使用多种搜索策略，各种搜索策略势必形成资源竞争，从而影响创新绩效(Gatti,Volpe,and Vagnani,2015)。也有学者研究发现，在组织资源的约束和自我强化机制的作用下，知识搜索宽度与知识搜索深度之间存在张力驱使外部知识搜索走向失衡状态(Gupta,Smith,and Shalley,2006),而注重搜索平衡的企业创新绩效更加稳健(Lee,2015)。企业在有限的组织资源约束下如何确定自己的知识搜索策略,是知识搜索深度优先还是知识搜索宽度优先?知识搜索宽度与知识搜索深度到底是联合补充关系还是平衡协调关系?

组织双元理论给解决这个难题提供了一个新的视角,二元论思想最早始于组织研究中,指企业在权衡决策中如何兼顾各种活动才能更好地实现组织目标(Gibson and Birkinshaw,2004)。从"二元论"的角度出发,企业在进行知识搜索时,首先要解决一个问题:从企业外部获取知识还是从企业内部获取知识。本书将从组织边界这个维度来刻画企业的知识战略的二元性,即本书将从组织双元理论出发构建外部知识搜索双元这一构念。在 Lubatkin 等(2006)的研究基础上,借鉴 Cao 等(2009)的研究成果,把知识搜索分为知识搜索深度与知识搜索宽度的平衡维度以及知识搜索深度与知识搜索宽度的联合维度,研究知识搜索宽度和知识搜索深度以及二元效应在企业创新过程中所起的作用。这将为企业如何权衡企业内和企业外知识搜索提供一个新的思路。

Helfat(1994)的研究表明,企业的研发过程有很强的路径依赖性,这意味着企业若无法适应环境变化便会失去竞争优势。Ghemawat 和 Sol(1998)的研究表明,缺乏柔性的运营策略会使企业遭受更大的贬值风险,本书从企业所处环境的动荡性角度出发,探究外部知识搜索双元对创新绩效影响的情景因素,从而深化这一研究理论,从而丰富知识搜索理论、组织双元理论的已有成果,这对于企业如何协调两种知识搜索策略(知识搜索宽度和知识搜索深度)以及如何最大限度地利用两种搜索策略来提升企业创新绩效有着重要的实践意义。

4.2 理论假设与模型构建

4.2.1 知识基础理论与组织二元论

根据知识基础理论,知识是企业形成核心竞争力赢得竞争的特殊资源(Grant and Baden-Fuller,1995),如果企业因为把更多的注意力放在企业内部知识从而导致不能及时识别外部机遇,则可能陷入能力陷阱或核心刚性(Leonard,1992)。因此,作为开放式创新的重要环节的外部知识搜索成为企业能否在竞争中取胜的关键(阮爱君、陈劲,2015)。很多学者在不同的情景下检验了知识搜索宽度和知识搜索深度对创新绩效的影响,并形成共识:在一定范围内,知识搜索宽度和知识搜索深度能够提升企业的创新绩效(Laursen and Salter,2006;

Jansen,Van den Bosch,and Volberda,2006;Wong,Wong,and Boon-itt,2013)。

当企业要进行外部知识搜索时,企业会面临知识搜索宽度和知识搜索深度两种不同的选择。在有限的资源约束下,若重视知识搜索宽度,则有利于增加外部搜索到的异质性知识,从而丰富企业的知识库,当这些异质性知识被企业吸收消化后,将有助于企业消除知识盲点,从而更好地应对环境的动荡性(Laursen and Salter,2006)。若重视知识搜索深度,随着知识搜索深度的增加,可以帮助企业对一些知识有更深入的认识和了解,从而在这些异质性知识间建立各种关联,也会让企业的创新能力得到提升,然而,对于知识搜索深度不够的企业而言是无法达到这个效果的(Laursen and Salter,2006)。无论是现有的关注知识搜索深度的研究,还是关注知识搜索宽度的研究都只停留在知识搜索深度和知识搜索宽度对创新绩效的影响上(Chiang and Hung,2010;Gatti,Volpe,and Vagnani,2015;Sidhu et al.,2007b),而未能给出在有限的组织资源约束条件下,企业应该如何在知识搜索深度和知识搜索宽度之间分配资源从而获得最大的创新绩效。

组织双元理论为解决这个难题提供了一个新的视角。组织双元理论适用的研究需具备以下特征(He and Wong,2004):首先要有两个互相争夺资源的策略,而知识搜索深度和知识搜索宽度这一组可供企业选择的存在矛盾的策略都会争夺有限的企业资源,满足第一个特征;其次,这两种策略对企业而言都具有正向影响,而知识搜索宽度与知识搜索深度对企业而言均有助于提升创新绩效,亦满足这个特征。所以,本书认为知识搜索宽度与知识搜索深度具有双元属性,外部知识搜索双元可以界定为企业通过兼顾知识搜索宽度与知识搜索深度之间的联合与平衡来实现企业知识搜索的可持续发展能力。

在 Lubatkin 等(2006)的研究基础上,借鉴 Cao 等(2009)的研究成果,把知识搜索进一步分为知识搜索深度与知识搜索宽度的平衡维度与联合维度。知识搜索深度与知识搜索宽度的平衡维度可以降低风险(吴航、陈劲,2016),通过降低风险从而提升创新绩效,由此得出知识搜索深度与知识搜索宽度的平衡维度可以提升企业创新绩效。结合二元效应理论,认为企业创新过程中利用式行为和探索式行为是互补的(Cao,Gedajlovic,and Zhang,2009),任何一种行为单独作用不能大幅提升企业的创新绩效(Gupta,Smith,and Shalley,2006)。因此,可以得到知识搜索双元的联合维度可以提升创新绩效,而企业所处环境的动荡性会影响作用效果。基于此,本书接下来将探究外部知识搜索双元的平衡和外部知识搜索双元的联合对创新绩效的影响,同时考虑环境动荡性对知识搜索宽度、知识搜索深度、知识搜索双元与企业创新绩效关系的调节效应。

4.2.2 知识搜索宽度与企业创新绩效

知识搜索宽度指的是企业搜索知识的外部渠道(Laursen and Salter,2006),如消费者、供应商、科研机构、竞争对手、政府机构等。随着知识搜索宽度的增加,企业从外部搜索到的新知识也会增多,根据演化经济论的"多样化选择效应",这些异质性的知识存量的增加,企业对这些新知识进行重组吸收利用,会有利于创新绩效的提升(Fleming and Sorenson,2004;Cohen and Levinthal,1990;Henderson and Cockburn,1996)。这些新知识也会给企业带来新创意,增加企业探索新知识与新颖解决方案的潜在可能(Chiang and Hung,2010),同时,也会对企业目前的认知范式形成威胁和挑战,增加企业和外界新知识源合作的可能性(叶江峰等,2015),有助于企业搜索、吸收和利用知识,提升组织学习效率,激发创新(Fleming and Sorenson,2004)。可见,一个企业的知识搜索宽度越宽,企业创新的可能性就越高。

但随着知识搜索宽度的增加会给组织学习方面带来压力,随着搜索到的知识的增加,受企业学习利用知识的能力的限制,知识建构的成本便会增加,且可能会造成知识冗余(叶江峰、任浩、郝斌,2015)。同时,在合作不深入的情况下,知识的可信性就遭受质疑(Koput,1997)。知识可信性的不确定带来结果的不确定性(Fleming and Sorenson,2004),这样会给创新带来负向作用。当知识搜索宽度超过一定限值,就会要求企业付出更多的成本去识别、吸收和利用这些异质性知识(叶江峰、任浩、郝斌,2015),置身于协同创新网络中的企业在与外部知识源建立普遍的规范和惯例的时候需要花费一定的资源和成本,如对管理者而言,在与外部知识源建立联系之前,很难判断哪个外部关系才是最有效的(Laursen and Salter,2006)。同时,知识搜索宽度是需要一定成本的,随着知识搜索宽度的增加,外部知识搜索的成本也会增加,从而使企业重组利用知识的边际效用出现负值(Fleming and Sorenson,2004)。由此可知,当知识搜索宽度超过一定范围时,企业学习利用知识进行创新的成本将大幅上升,这不利于企业创新绩效的提升。

一些国外学者的实证研究成果也证明了因为吸收能力和管理者注意力的约束,知识搜索宽度和创新绩效之间呈现倒 U 形相关关系(Katila and Ahuja,2002;Laursen and Salter,2006)。

基于以上分析,提出假设:

H4.1:知识搜索宽度和企业创新绩效之间具有倒 U 形相关关系。

4.2.3 知识搜索深度与企业创新绩效

知识搜索深度指的是对现有知识的整合及利用程度(Escribano,Fosfuri,and Tribó,2009;Katila and Ahuja,2002)。已有研究指出,知识搜索深度具有成本低、确定性高的优点(Pisano,1990;Stuart and Podolny,1996;Tushman and Rosenkopf,1992)。随着知识搜索深度的增加,可以总结出一些知识利用范式和规律,从而提升企业解决问题的效率(Eisenhardt and Tabrizi,1995);同时,也可以获得更多的经验知识(Chiang and Hung,2010;Hwang and Lee,2010),这些知识元素之间相互印证,从而提升知识的可信度(奉小斌、洪雁,2016)。通过对现有知识的重复利用可以减少创新过程中犯错误和产生缺陷的几率,在企业现有知识基础上开展知识搜索策略有利于促进组织学习(Cohen and Levinthal,1989),还有利于企业惯例的形成,从而提升知识搜索的可靠性(Levinthal and March,1981;Leiponen and Helfat,2010);另外,通过重复使用现有知识,能够促进渐进性创新,让企业在本领域内更加专业(Rosenkopf and Nerkar,2001)。随着知识搜索深度的不断增加,企业增强了知识辨别能力,从而可以有效遏制消息利用错误,提高外部知识搜索活动的可信性(Levinthal and March,1981)。随着知识搜索深度的增加,企业会加深对特定技能知识的深度理解,并建立起各种知识元素的联系,这些联系一方面可以帮助企业更好地提升识别具有应用价值的知识的能力(郑华良,2012),另一方面,可以帮助企业更好地进行知识建构治理以激发企业的知识治理潜力,提升企业的创新绩效(Katila and Ahuja,2002;Love,Roper,and Vather,2015)。

从开放性创新网络角度分析,如果想获得企业发展所需的核心知识,必须和知识伙伴间形成良好的嵌入性关系,同时,必须和知识源伙伴之间具有高效的沟通和互动过程(张峰、刘侠,2014),这些互动交流过程会促进企业间的相互学习,从而产生高质量的知识流动,增加知识建构的可能(Dyer and Nobeoka,2000;Love,Roper,and Vather,2015),从而产生更符合市场需求的创新性成果,也可以增强创新成本的可预测性(Kang,Morris,and Snell,2007)。随着知识搜索深度的加深、惯例的形成,企业会积累一定的知识搜索经验,而这些关于知识搜索的经验可以帮助企业更好地预测知识搜索结果,使其拥有较高的知识搜索能力和知识吸收能力,同时,也帮助企业研发、市场等相关人员更好地理解产品创新所需的知识元素等研发条件(Cohen and Levinthal,1990;Operti and Carnabuci,2014),帮助企业在研发创新过程中,善于抓住关键路径,高效地完成产品研发,提高创新的成功率(Eisenhardt and Tabrizi;1995;胡保亮、方刚,2013)。张晓芬和刘强(2017)通过构建以吸收能力为中介的外部知识源化战略对企业突破性创新影响的理论框架,研究指出企业在某个特定领域的学习和重复探索,可以深化对特定知识的深层次的理解,因此在这个深刻理解的基础上形成的创新可以形成一种壁垒以避免被迅速模仿。由此,可以得出知识搜索深度有利于创新绩效提升的结论。

与此同时,还有一些研究指出知识搜索深度对于创新绩效的作用并不是简单的线性关系,而是呈现出倒 U 形曲线关系(Berchicci,2013)。樊钱涛(2011)研究指出由于受到组织资源和管理者注意力的限制,知识搜索深度也需要企业付出成本,从经济学边际效用递减规律可以得出,随着企业对于同样知识源的深度的不断挖掘,企业从该知识源获得的创新增量是递减的。魏江和寿柯炎(2015)从协调成本视角指出,过深的知识搜索深度增加了企业整合内部异质性知识的成本,不利于企业创新绩效的提升。当过度关注内部知识搜索深度时,会让企业囿于现有的知识基础,造成企业短视(Levinthal and March,1993),时间长了容易陷入"能力陷阱"(Levitt and March,1988)或者产生"核心刚性"(Leonard,1992)。由于中国企业与西方企业相比有其特殊性,如中国企业所面临的市场制度还不完善,生存和发展的压力会迫使企业搜索各种知识,有学者利用中国企业数据进行的知识搜索研究指出中国企业尚未出现过度搜索的情况(张峰、刘侠,2014)。

基于以上分析,提出假设:

H4.2:知识搜索深度和企业创新绩效之间具有倒 U 形相关关系。

4.2.4 知识搜索宽度与知识搜索深度的联合维度与企业创新绩效

联合维度是指企业同时进行知识搜索深度和外部知识搜索宽度这两种活动的联合状态,即知识搜索深度与知识搜索宽度的交互作用。知识搜索宽度与知识搜索深度的联合维度对创新绩效的影响可以通过二元效应理论解释,过度关注企业知识搜索宽度或者知识搜索深度都难以促使企业创新绩效的大幅提升(Cohen and Levinthal,1990;Zahra and George,2002b)。仅仅关注知识搜索深度,企业就无法形成对竞争产品或外部市场的敏感性和洞察力(Escribano,Fosfuri,and Tribó,2009),难以激发和把握创新机会。与知识搜索宽度相配合,与知识伙伴合作,这样才能让企业的创新项目满足市场需求并得到客户的认可。与传统封闭式创新不同,开放式创新认为企业内部知识和外部知识同等重要(West et al.,2014),创新过程不再是企业内部的个体行为(Berchicci,2013)。需要注意的是,开放式创新也只是意味着企业创新时需要关注知识搜索宽度,而不是完全依靠外部知识源,前文已经分析过只考虑知识搜索宽度对企业创新绩效所带来的弊端,因此,知识搜索深度与知识搜索宽度的组合可能更容易激发创新,进而提升创新绩效(Benner and Tushman,2002)。

从组织学习的角度来看,由于企业通过增加知识搜索宽度来搜索外部新知识源,因此吸收能力便成为影响最终创新效果的决定因素(Yu,2013)。在吸收外部新知识时,企业需要在选择知识搜索宽度时考虑多领域内的异质知识源。由于企业软环境的不同,所以外部知识资源存在着一定的不确定性(Chiang and Hung,2010),因此,企业倾向于用柔性的学习机制去获取吸收外部知识。这种柔性学习机制的学习效果和吸收能力取决于企业内部的知识基础,内部知识基础与能力的多元化表现形式更能够促使组织适应性增强(Geletkanycz and Hambrick,1997),从而促进企业搜索到的外部知识被充分利用。

基于以上分析,提出假设:

H4.3:知识搜索宽度与知识搜索深度的联合维度和企业创新绩效之间具有显著的正向相关关系。

4.2.5 知识搜索宽度与知识搜索深度的平衡维度与企业创新绩效

平衡维度是指企业在进行知识搜索活动时,在知识搜索宽度和知识搜索深度之间保持一种相对平衡的状态。有学者研究表明,在创新过程中如果能够平衡利用式和探索式行为,可以规避退化的风险(Lubatkin et al.,2006),因此这种平衡就是高效的和可持续的(Cao,Gedajlovic,and Zhang,2009),而知识搜索宽度与知识搜索深度的平衡以及相互间的匹配就属于这种平衡行为。具体来说,在企业的知识搜索深度较深的情况下,企业容易发掘一些专业化的知识特性和知识间的联系规律,从而保证企业在自身所拥有的特定技术的领域或市场空间内能获得更深的理解,这种技术上的优势和市场的敏感度促使企业发挥自己的优势去满足市场需求,从而开发具有新技术和功能的组合产品。知识搜索深度程度高的企业由于自身专业化知识程度较高(Escribano,Fosfuri,and Tribó,2009),所以在扩展知识搜索宽度搜索新知识的时候会更容易找到自己所需要的知识,也更容易吸收、消化、利用搜索到的知识(Lant,Milliken,and Batra,1992)。企业可能为了占据先发优势和特定的潜在资源有加大知识搜索宽度的倾向,但是由于管理者注意力以及企业资源的限制,知识搜索深度会产生认知惯性限制知识搜索宽度的无限扩张行为(Lant,Milliken,and Batra,1992)。知识搜索深度形成的这种认知惯性会让企业向其所熟悉的环境倾斜(Beckman, Haunschild, and Phillips, 2004),知识搜索深度程度高的企业会在选择合作伙伴时倾向于选择具有同样知识搜索深度的企业,从而具有较低的沟通成本。这种知识搜索深度程度较高的企业和知识搜索宽度程度高的企业间的合作行为成为协同创新网络上的点对点合作连接,特别适合特定领域内企业间的深入交流与合作(Escribano, Fosfuri, and Tribó, 2009)。通过类似协同创新网络的建立,企业更容易搜索、吸收、重组比较规范的知识(Berchicci, 2013),从而将知识标准化,以提高企业绩效。

然而,企业知识搜索深度程度低的企业能够高效地开展和扩大企业的知识搜索宽度,从而更好地学习吸收来自企业外部的技术性或市场性知识,以促进企业的技术创新和市场创新。同时,知识搜索深度程度低还能够让企业把主要精力放在识别企业所处环境中出现的机会,并能够准确预测技术的演化趋势(Cohen and Levinthal, 1990),最终为新产品的研发奠定基础。知识搜索宽度程度高的企业可以和外部环境中的多个知识源形成联盟,同时也可以和知识搜索深度程度低的企业进行合作,无论是知识联盟还是企业合作都能在一定程度上拓展企业知识搜索深度,从而促进创新(Escribano, Fosfuri, and Tribó, 2009)。当企业面对目前日新月异、复杂多变的市场环境时,外部知识搜索能够帮助企业加强对新技术的及时把握和对市场机会的及时反馈。

基于以上分析,提出假设:

H4.4:知识搜索宽度与知识搜索深度的平衡维度和企业创新绩效之间具有显著的正向相关关系。

4.2.6 假设模型

根据以上理论分析,子研究 1 的概念模型如图 4-1 所示。

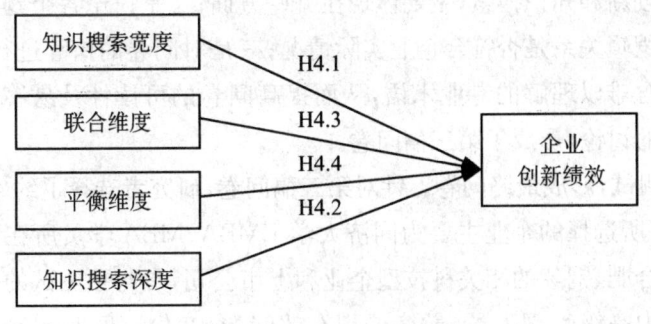

图 4-1 子研究 1 的概念模型

4.3 研究设计

4.3.1 分析方法

1. 问卷设计过程

本书主要研究知识搜索宽度与知识搜索深度对企业创新绩效的直接作用和间接效应,有关的知识治理、吸收能力、外部环境和关系嵌入性等变量都难以从企业的财务报表中获取,也难以利用公开的定量资料进行评价,因此本书选择了问卷调查的方法。

问卷设计的合理性和科学性是保证数据的信度和效度、提高数据有效性、确保统计分析结果可靠性的重要基础(罗胜强,2014)。针对问卷设计的方法和原则,众多学者如 Churchill(1979)等都提出了许多有益的建议和方法。本书遵循这些学者的建议,从问卷设计的原则、流程和可靠性等方面,分四个步骤进行问卷设计。

(1) 文献梳理,形成初始问卷。对于创新绩效、吸收能力、知识搜索宽度、知识搜索深度、环境动荡性、环境敌对性等具有成熟量表的变量,直接使用文献中的经典量表。对于缺乏成熟量表的变量如知识治理,首先回溯文献中相关变量的量表以形成量表库,然后根据变量的含义和研究情景来选择合适的题项。

(2) 征询学术专家的意见。与知识管理和技术创新研究领域的专家进行讨论,征求浙江大学、同济大学和清华大学从事知识管理、创新管理研究的相关教授及专家的意见建议,并根据建议对测量题项进行微调,力争使这个阶段的题项能够涵盖概念模型的理论构面。

(3) 征求企业专家的意见。就上述经学术讨论形成的问卷,研究者与五家案例企业的高级管理人员进行了深入访谈,访谈的内容主要包括三方面:一是如何理解开放式创新和知识搜索,主要体现在哪些方面;二是讨论各个题项所反映的概念范畴与逻辑关系是否符合企业实际情况;三是对问卷的措辞进行讨论,使问卷尽量不包含难以理解的专业术语,从而提高问卷的可读性及易答性。通过与企业界人士的讨论,形成了第三稿问卷。

(4) 预测试,形成最终问卷。针对第三稿问卷,研究者选择了约 40 家企业进行了预测试,所选择的企业主要为同济大学 EMBA、MBA 学员所在的科技型企业以及安徽合肥、铜陵的相关科技型企业和上市公司,参与预测试的受访对象均是各企业的中高级管理人员,最终得到有效问卷 42 份。根据预测试对象的反馈,对量表信效度进行初步检验,并根据结果对问卷做进一步的修改完善,最终形成了用于大规模问卷调查的量表。

2. 问卷的基本结构

为了增强问卷的可读性和易答性,本书所用的量表在语言表达上努力做到由浅入深,先将答卷者比较熟悉的问题如企业性质、成立时间、企业规模等信息放在问卷前面,以期提高答卷者的答题意愿;在结构上做到将衡量标准统一、主题类似的问题放在一起,从而帮助答卷者将问题聚焦,减少思维的跳跃以增强回答的准确性。

本书的调查问卷设计主要涉及以下部分内容(参见本书附录C):①企业基本情况:所有制、员工人数、企业年龄、所属行业、销售额等;②企业知识搜索宽度、知识搜索深度;③企业与创新相关的能力;④企业创新绩效表现;⑤企业创新的环境;⑥问卷填写人的基本信息。

3. 问卷防偏措施

本书的数据主要来自问卷调查,而填写问卷时主要来自受访者的主观评价,因此可能会带来一些偏差。根据现有研究,有学者指出问卷调查数据的偏差主要源于四种情况:①受访者不知道最匹配的结果;②受访者忘记了最匹配的结果;③受访者知道最匹配的结果,但是不愿意告知;④受访者不理解问卷题项所表达的意思(Fowler,2013)。为了规避上述四种情况带来的偏差,以获得尽可能客观、反映真实状况的数据,于是针对性地采取了一些防偏措施:①选择受访者的时候必须是在公司服务超过三年的熟悉研发和公司战略的中高层领导干部作为问卷的填写人;②在量表题项的设计方面,尽可能地关注最近几年或现在企业的运营状况;③在量表表头设计中要说明,在填写之前要重申所有的数据只用于学术研究不会用于商业用途,并承诺会及时提供研究成果给对研究感兴趣的受访者;④在形成正式量表之前,广泛听取企业界和学术界相关人员的意见,对问卷的措辞既要做到严谨准确又要做到通俗易懂,从而避免因为表达不清楚或受访者不理解题项的意思而造成的偏差。

4.3.2 数据收集

1. 样本选择

本书的研究内容是企业知识搜索策略(按知识搜索宽度和知识搜索深度进行分类)选择对企业创新绩效的外部作用机制,属于企业层面的研究。本书的研究对象为中国电子信息行业以及机械与仪器、汽车制造、航空航天等行业的相关企业,在样本对象的选择上需要满足:①进行生产制造活动,因为制造业本身的行业属性决定了制造业具有良好的研究价值,而在技术创新和知识管理领域研究也有以制造业企业作为研究对象的传统(Cohen and Levinthal,1990;Ahuja,2000;Rosenkopf and Nerkar,2001;Laursen and Salter,2006;Wang and Li,2008;Rothaermel and Alexander,2009;Kim and Park,2013);②制造业数量大,在样本选择上不存在困难,同时制造业都会进行一定的产品研发活动或者工艺改进方面的创新,为量化创新绩效提供了帮助;③样本企业近年来以开放式创新为导向,与高校、科研单位、企业等知识源有过创新合作关系。最终,问卷发放区域选择了上海、浙江和河南三个制造业比较发达的省市具有代表性的制造型企业,从而保证研究成果具有一定的代表性。

2. 数据收集

Roy等(2001)指出在发展中经济体收集企业数据是一项非常艰难和需要大量时间投入的活动,因此利用一定的社会关系和特殊渠道非常重要(Calantone,Schmidt,and Song,1996)。问卷发放对象应选择熟悉公司战略、供应链以及整体经营,具有三年以上工作经验的中高层管理人员,以保证问卷内容的准确性。问卷主要有三种发放方式:①通过政府机构主要是市发展和改革委员会和市企业行政服务中心,共发放问卷158份,回收140份,有效问卷118份。②课题组成员通过互联网渠道和即时通信工具发送问卷的链接给被调研者填写,共发放问卷136份,回收124份,有效问卷92份。③向同济大学2015级EMBA、MBA学员以及实体企业发放纸质问卷108份,回收86份,有效问卷63份。最终,此次得到有效问卷273份。

问卷发放从2015年8月开始至2015年12月结束,历时4个月。本次研究共向样本企业发放问卷402份,回收350份;采用较为严格的剔除程序,最终得到有效问卷273份。因此,本次调查问卷的回收率约为87%,有效率为78%。样本发放与回收情况如表4-1所列。

表4-1 问卷发放与回收情况

问卷发放与回收方式	发放数量	回收数量	回收率	有效数量	有效率
政府机构代为发放	158	140	89%	118	84%
朋友网络发放	136	124	91%	92	74%
EMBA、MBA学员和企业现场发放	108	86	80%	63	73%
合　　计	402	350	87%	273	78%

注:回收率=回收数量/发放数量×100%;有效率=有效数量/回收数量×100%。

3. 样本描述

表 4-2 反映了样本的基本特征,从企业所在行业来看,IT 和电子信息行业样本数最多,占样本的 50%左右;从企业的员工人数来看,样本企业覆盖了从几十人到上千人的企业,但人员规模在 1 000 人以下的企业占样本总数的 80%左右;从企业成立时间来看,成立大于 15 年的企业占 60%左右;从企业的性质来看,民营企业较多,占 50%左右。

表 4-2 样本基本特征的分布情况统计

指标	类别	样本数(个)	百分比
行业属性	IT 和电子信息行业	132	48%
	机械与仪器	76	28%
	生物制药与新能源	39	14%
	其他	26	10%
企业员工人数	100 人以下(含 100 人)	31	11%
	101~500 人	135	50%
	501~1 000 人	42	15%
	1 001~5 000 人	36	13%
	大于 5 000 人	29	11%
企业年龄	2 年以内(含 2 年)	12	4%
	3~5 年	18	7%
	6~10 年	40	15%
	11~15 年	56	20%
	大于 15 年	147	54%
企业性质	国有及国有控股	28	10%
	民营	126	46%
	外商独资	76	28%
	中外合资	43	16%

4.3.3 变量和测量

解释变量。知识搜索宽度,参考 Nelson 和 Winter(1982)、Rosenkopf 和 Almeida(2003)、Laursen 和 Salter(2006)、高忠仕(2008)的测量量表,采用 4 个

题项进行测量;知识搜索深度,参考 Katila 和 Ahuja(2002)、Laursen 和 Salter(2006)、吴晓波等(2008)、高忠仕(2008)的测量量表,采用 5 个题项进行测量;知识搜索宽度与知识搜索深度都用 Likert 7 级量表,其中从"非常低"到"非常高"分别用数字 1~7 表示。

联合维度,借鉴 He 和 Wong(2004)、Cao 等(2009)、Wong 等(2013)对联合维度的计算方法,可以用知识搜索宽度×知识搜索深度来表征。首先对知识搜索宽度、知识搜索深度进行标准化,然后将标准化的值相乘,消除多重共线性。

平衡维度,借鉴 He 和 Wong(2004)、Cao 等(2009)、Wong 等(2013)对平衡维度的计算方法,用知识搜索宽度与知识搜索深度差的绝对值来表征,最终结果越小表示二者的平衡程度越高。

因变量。创新绩效,参考 Lovelace 等(2001)、Jansen 等(2006)的量表,采用 6 个题项进行测量,如表 4-3 所列,要求被调查者把所在企业与企业所在行业的大致平均水平进行比较,从而对所在企业的创新绩效做出判断,采用 Likert 7 级量表,其中从"非常低"到"非常高"分别用数字 1~7 表示。

表 4-3 创新绩效量表

创新绩效——在过去三年中,与行业内的平均水平相比,贵公司的创新情况

测量题项
1. 产品质量得到改进
2. 现有市场需求得到基本满足
3. 生产(或服务)成本降低
4. 企业不断开发出新产品(或新服务)
5. 企业不断引进新的工艺或技术
6. 企业积极开拓新的市场

控制变量。遵循现有的研究惯例,选取了企业规模、企业年龄、研发能力和所属行业这 4 个控制变量。这些变量虽然不是本书所关注的重点,但是对知识搜索和创新绩效可能会产生影响,因此必须在回归模型中进行控制。

(1) 企业规模。Lee 和 Chen(2009)认为,企业规模意味着企业提供不同的财力和人力处理不确定性环境和进行产品开发的能力,是影响企业创新行为和创新绩效的重要组织特征。目前,主要用两种指标来测量:员工人数和销售额。由于销售额是一个客观变量,要获得其准确的数值并不容易,因此本书采用企业员工数进行测量,其中"1"代表"100 人以下(含 100 人)","2"代表

"101～500 人","3"代表"501～1 000 人","4"代表"1 001～5 000 人","5"代表"大于 5 000 人"。

（2）企业年龄。Huergo 和 Jaumandreu(2004)认为,企业年龄在一定程度上反映了企业进行创新活动的经验和管理水平。其测量一般就是指从企业成立之时到调查时的年份数。本书企业年龄的度量为 2017 减去企业创立年份的值,其中"1"代表"2 年以内(含 2 年)","2"代表"3～5 年","3"代表"6～10 年","4"代表"11～15 年","5"代表"大于 15 年"。

（3）研发能力。企业研发能力不仅对企业技术创新绩效具有促进作用(Yam,et al.,2011),而且可能对企业知识搜索深度策略的实施以及知识搜索宽度搜索到的新知识的吸收都会有影响。因此,本书将此变量作为控制变量,并参照 Yam 等(2011)和叶江峰(2015)的 4 题项量表进行测量,见表 4-4。

表 4-4 研发能力量表

研发能力——近三年来,与行业内平均水平相比,贵公司技术能力情况

测量题项
7. 公司的产品制造、设计工艺品质较高
8. 公司产品设计部门与制造部门能够很好地协调沟通
9. 公司能在很大程度上将市场和客户的信息反馈到技术创新过程中
10. 公司从技术研发到产品设计具有很好的技术转移机制

（4）所属行业。Thornhill(2006)认为,不论企业运营是否拥有高技术,行业同样可以影响公司的新产品和服务的产出。由于研究样本中 60% 左右的企业均为电子信息行业,因此在实际操作中将所属行业设置为虚拟变量,其中电子信息行业赋值为 1,其余为 0。

4.3.4 同源方差检验

采用 Harman 单因子检验法,首先用验证性因子进行分析,结果表明测量模型具有良好的拟合优度：$\chi^2=612.13, Df=228, SRMR=0.062$。将所有观测变量归为单一因子,测量模型显示出极差的拟合优度：$\chi^2=1\,064.6, Df=288, SRMR=0.173$。然后,对所有变量的测量题项进行探索式因子分析,结果表明最大的因子仅解释了总方差的 15.648%,在临界值 40% 之内,说明同源方差不会对研究结果造成显著影响。

4.4 研究发现

4.4.1 信度与效度检验

信效度检验结果如表 4-5 所列,可以看出,所有变量的克龙巴赫 α(Cronbach's α)值都在 0.882~0.913 之间,大于临界值(0.700),表明量表具有良好的信度。然后,通过 CITC 检验和信度分析对量表的测量题项进行纯化。CITC 值是指在同一个变量维度下,每个测量题项与其他所有题项的加总和的相关系数。相关标准为:①当某个测量题项的 CITC 值小于 0.50 时,该题项应予以删除;②当某量表的 Cronbach's α 对各变量量表进行信度分析,当 α 值大于 0.70 时,表明该量表各测量题项均具有良好的内部一致性,量表的信度较好;③在测量题项纯化前后都需要统计 α 值,若删除某个测量题项会使 α 值增大,则说明该题项可以被删除。

表 4-5 子研究 1 的构念测量、信度与效度

概念与测量条目	标准化载荷	t 检验值	Cronbach's α	AVE
创新绩效			0.893	0.654
I1. 产品质量得到改进	0.870	18.350		
I2. 现有市场需求得到基本满足	0.800	16.320		
I3. 生产(或服务)成本降低	0.820	17.540		
I4. 企业不断开发出新产品(或新服务)	0.840	17.190		
I5. 企业不断引进新的工艺或技术	0.810	16.840		
I6. 企业积极开拓新的市场	0.860	18.160		
知识搜索宽度			0.882	0.623
SB1. 本企业对知识的搜索广泛使用了多个搜索与交流通道/媒介	0.850	15.410		
SB2. 本企业能搜索到的研发、制造、营销等多个领域的知识	0.820	14.620		

(续表)

概念与测量条目	标准化载荷	t 检验值	Cronbach's α	AVE
SB3. 本企业能搜索到的技术、管理等多个方面的知识	0.860	16.830		
SB4. 本企业在对知识的搜索中获取了较多的知识数量	0.830	15.160		
知识搜索深度			0.913	0.643
SD1. 本企业强烈而密集地使用一些特定的知识来源进行知识搜索	0.900	16.210		
SD2. 本企业能深度搜索并提取研发、制造、营销等特定领域的知识	0.870	15.320		
SD3. 本企业能深度搜索并提取技术或管理等特定方面的知识	0.910	15.460		
SD4. 本企业能深度搜索并利用研发或制造或营销等特定领域的知识	0.920	16.320		
SD5. 本企业能深度搜索并提取技术或管理等特定方面的知识	0.860	15.180		
研发			0.924	0.768
RD1. 公司的产品制造、设计工艺品质较高	0.874	15.340		
RD2. 公司产品设计部门与制造部门能够很好地协调沟通	0.856	15.420		
RD3. 公司能及时将市场和客户的信息反馈到技术创新过程中	0.798	16.170		
RD4. 公司从技术研发到产品设计具有很好的技术转移机制	0.836	15.260		

拟合优度: $\chi^2=612.13, Df=228, SRMR=0.062, NFI=0.916, NNFI=0.936, CFI=0.956$

知识搜索宽度、知识搜索深度和创新绩效的量表的 CITC 检验与信度分析结果如表 4-6、表 4-7 和表 4-8 所列。量表的 α 值分别为 0.882、0.913 和 0.893，均高于一般建议的检验标准(0.700)，表明该量表各测量题项均具有良好的内部一致性。同时，删除任何一个题项都不会使 α 值增大。此外，各测量题项的 CITC 值均符合检验标准。因此，该量表能够满足研究要求。

表 4-6　知识搜索宽度量表 CITC 检验与信度分析结果

量表题项	CITC	删除题项后的 α 值	Cronbach's α
SB1	0.77	0.84	0.882
SB2	0.76	0.84	
SB3	0.81	0.86	
SB4	0.74	0.85	

表 4-7　知识搜索深度量表 CITC 检验与信度分析结果

量表题项	CITC	删除题项后的 α 值	Cronbach's α
SD1	0.81	0.82	0.913
SD2	0.75	0.87	
SD3	0.74	0.78	
SD4	0.73	0.83	
SD5	0.76	0.85	

表 4-8　创新绩效量表的 CITC 检验与信度分析结果

量表题项	CITC	删除题项后的 α 值	Cronbach's α
I1	0.85	0.81	0.893
I2	0.82	0.81	
I3	0.76	0.79	
I4	0.80	0.82	
I5	0.77	0.79	
I6	0.81	0.82	

运用 AMOS 22.0 软件对知识搜索宽度、知识搜索深度和创新绩效分别进行验证性因子分析（CFA），发现各个模型的 χ^2/Df 值均小于 2，所有变量的 GFI，TLI，CFI，NFI 和 $NNFI$ 等拟合指标的值均大于或接近推荐值（0.9），$RMSEA$ 的值均小于 0.08，测量题项的因子载荷值均大于建议标准（0.40）且显著（$p<0.01$），AVE 的值均大于 0.50，说明各个变量均具有良好的结构效度。结合相关系数（表 4-9）可知，各个变量之间的相关系数最大值为 0.48，而各个变量的 AVE 平方根远大于变量间的相关系数，表明测量变量具有良好的区分效度。$\chi^2=612.13$，$Df=228$，$SRMR=0.062$，$NFI=0.916$，$NNFI=0.936$，$CFI=0.956$，即测量量表具有可以接受的收敛效度。

表 4-9 子研究 1 的变量描述性统计及相关关系

变量	均值	标准差	1	2	3	4	5	6	7	8	9
1. 所属行业	4.280	1.06	1.000								
2. 研发能力	0.540	0.520	0.320**	1.000							
3. 企业年龄	4.180	0.920	0.460**	0.380*	1.000						
4. 企业规模	2.480	1.090	0.450**	0.350*	0.260*	1.000					
5. 知识搜索宽度	4.810	1.230	0.360**	0.230**	0.270**	0.210**	1.00				
6. 知识搜索深度	5.630	0.710	0.430**	0.270**	0.300	0.250**	0.370*	1.000			
7. 联合维度	0.320	0.860	0.460**	−0.120	0.270*	0.120	−0.330*	0.340*	1.000		
8. 平衡维度	5.870	0.930	0.450**	0.280**	0.340**	0.290*	0.380*	0.350*	0.460*	1.000	
9. 创新绩效	5.260	0.920	0.480**	0.370**	0.360*	0.430**	0.230**	0.260**	0.460**	0.50**	1.000

注: $*\ p<0.05$,$**\ p<0.01$,$N=273$。

此外,将三因子模型与其他模型进行对比,如表4-10所列,结果表明三因子模型拟合较好($\chi^2=161.13$,$p<0.01$;$CFI=0.956$;$TLI=0.978$;$RMSEA=0.062$),而且三因子模型要显著地优于其他因子模型的拟合优度,表明研究具有较好的区分效度。

表4-10 子研究1变量的区分效度检验结果

模型	χ^2	Df	TLI	CFI	$RMSEA$
三因子模型:知识搜索宽度;知识搜索深度;企业创新绩效	161.13	88	0.978	0.956	0.062
二因子模型:知识搜索宽度+知识搜索深度;企业创新绩效	267.35	89	0.823	0.867	0.146
单因子模型:知识搜索宽度+知识搜索深度+企业创新绩效	664.60	90	0.547	0.689	0.217

4.4.2 描述性统计与相关系数

采用SPSS 22.0软件对调查问卷进行描述性统计,各变量的相关系数如表4-9所列,各变量间的皮尔逊(Pearson)相关系数全都小于0.65。另外,各变量的AVE值都大于相关系数,且VIF值都小于10,因此不存在多重共线性。还可以发现,平衡维度($r=0.450$,$p<0.01$)、联合维度($r=0.460$,$p<0.01$)、知识搜索宽度($r=0.360$,$p<0.01$)、知识搜索深度($r=0.430$,$p<0.01$)都显著正向影响创新绩效,这结果初步支持了研究假设。

4.4.3 假设检验

采用层级回归法进行假设验证。为了消除可能出现的多重共线性影响,在构造平方项和交互项之前,对变量进行标准化处理。从表4-11可以看出,各个模型的最大VIF都远小于10,说明回归不存在显著的多重线性问题;同时,由于本书所使用的数据是随机抽样的横截面数据,因此,不存在序列相关问题;而且从表4-11还可以看出,回归模型1到回归模型7的德宾-沃森(Durbin-Watson)值都非常接近于2,由此也说明不存在序列相关问题。在SPSS中得到各回归模型的残差散点图发现没有明显的变化趋势,表明不存在异方差问题。

模型1包含了控制变量、知识搜索宽度和知识搜索深度。从回归结果来看,知识搜索宽度($b=0.140$,$p<0.01$)和知识搜索深度($b=0.140$,$p<0.01$)均正向显著影响创新绩效。模型2检验了知识搜索宽度是否对创新绩效具有倒U形

表 4-11 子研究 1 层级回归分析结果（因变量：创新绩效）

变量	模型 1	模型 2	模型 3	模型 4	模型 5	模型 6	模型 7
控制变量							
1. 研发能力	0.550**	0.540**	0.510**	0.520**	0.500**	0.490**	0.480**
2. 所属行业	0.060	0.050	0.050	0.060	-0.020	0.030	0.040
3. 企业规模	0.050	0.040	0.060	0.050	0.050	0.060	0.050
4. 企业年龄	0.070	0.070	0.080	0.080	0.080	0.080	0.030
自变量							
5. 知识搜索宽度	0.140**	0.130*	0.150**	0.160*	0.130**	0.260**	0.230**
知识搜索宽度^2		-0.130*		-0.120**			
6. 知识搜索深度	0.140**	0.150**	0.060*	0.050*	0.160**	-0.280**	-0.140
知识搜索深度^2			-0.030	-0.060			
交互变量							
7. 联合维度					0.280**		0.170**
平衡变量							
8. 平衡维度	0.340	0.480	0.510	0.500	0.540	0.500**	0.380**
R^2	0.340	0.480	0.510	0.500	0.540	0.550	0.560
ΔR^2		0.140	0.170	0.160	0.200	0.210	0.220
F	22.650**	23.290**	21.980**	22.270**	21.030**	22.570**	23.580**
最大 VIF	1.390	1.890	1.770	1.860	1.760	4.400	4.650
Durbin-Watson 值	1.790	1.780	1.800	1.780	1.520	1.780	1.770

注：* $p < 0.05$，** $p < 0.01$。

相关关系。模型 2 加入了知识搜索宽度的平方项,回归结果显示,知识搜索宽度的平方项与创新绩效之间具有显著负相关关系($b=-0.130, p<0.01$),表明知识搜索宽度与创新绩效之间存在倒 U 形相关关系。模型 3 检验了知识搜索深度对创新绩效的倒 U 形相关关系。知识搜索深度的平方项与创新绩效的相关关系没有通过显著性检验($b=-0.030, p>0.1$),即知识搜索深度与创新绩效之间并非倒 U 形曲线关系。在模型 4 中,除控制变量外,包含了知识搜索宽度、知识搜索深度以及它们的平方项。从回归结果来看,知识搜索宽度对创新绩效都具有显著的倒 U 形相关关系,知识搜索深度的平方项与创新绩效的相关关系没有通过显著性检验($b=-0.060, p>0.1$),因此,H4.1 得到支持,H4.2 未得到支持。

借鉴 He 和 Wong(2004)的做法,逐一检验二元效应中的联合维度和平衡维度。在模型 1 的基础上增加了联合维度构成模型 5,在模型 1 的基础上增加了平衡维度构成模型 6。从表 4-11 可以看出,联合维度($b=0.280, p<0.01$)和平衡维度($b=0.500, p<0.01$)都显著与创新绩效正相关。最后,在模型 1 的基础上,加入联合维度和平衡维度构成模型 7,发现结论依然成立。由此,H4.3 和 H4.4 都得到了验证。

4.5 结论与讨论

4.5.1 结论

知识搜索深度因为侧重于企业内部知识的挖掘,因而其成本较低、实施难度较小,所以企业在创新时都会首先考虑从知识搜索深度入手。而知识搜索宽度能够为企业带来新的异质性知识,从根本上提升企业创新能力。但是,目前知识搜索理论界对于企业应该如何实施知识搜索宽度与知识搜索深度这两种搜索战略才能实现创新的最大化这一问题仍在探索中,本书提供了一个新的解决思路。从组织双元理论结合外部知识搜索理论,界定了外部知识搜索深度与外部知识搜索宽度二元的平衡维度和联合维度对企业创新绩效的内涵,利用 273 个中国企业样本着重考察了企业开展外部知识搜索时,知识搜索宽度与知识搜索深度对创新绩效的影响关系,同时考察了知识搜索宽度与知识搜索深度的联合维度和平衡维度对企业创新绩效的影响以及环境动荡性的调节作用,并得到以下研究结论:①印证了国外学者通过国外企业样本得出的知识搜索宽度和创新绩效之间的倒 U 形关系的结论同样适用于中国企业,但是知识搜索深度与创新绩效之间并非倒 U 形曲线关系,说明我国企业对于内部知识发掘利用方面还未出现过度的情况；②知识搜索宽度与知识搜索深度的联合维度对创新绩效有显著的正向线性效应,这说明知识搜索深度与知识搜索宽度能够起到一定的互补作用,企业保持两种搜索策略比单一使用某种知识搜索策略更能促进企业创新绩效；③知识搜索宽度与知识搜索深度的平衡维度对创新绩效有显著的正向线性效应,这说明单独采用知识搜索深度策略或者单独采用知识搜索宽度策略都会给企业带来创新风险,而保持知识搜索深度与知识搜索宽度的平衡则可以有效降低风险。

4.5.2 讨论

本章的研究结论深化了外部知识搜索对企业创新绩效作用机制的认识,对企业外部知识搜索理论和开放式创新理论都有一定启示。现有研究要么从知识搜索深度入手,要么从知识搜索宽度入手来研究知识搜索对创新绩效的影响(魏江、寿柯炎,2015;Rosenkopf and Almeida,2003;Berchicci,2013),本章整合两种知识搜索策略,并开创性地提出外部知识搜索双元的构念,为解决 West 等(2014)与 Laursen 和 Salter(2014)的悖论提供了一个新的思路。知识搜索宽度与知识搜索深度都具有自增强性和路径依赖性,企业容易陷入"失败陷阱"或形成"能力陷阱"。通过二元效应的分析,实证了知识搜索深度与知识搜索宽度的平衡维度可以降低企业的创新风险,表明企业开展知识搜索宽度与知识搜索深度的收益与成本有显著不同,都依赖于企业已有的知识库和对搜索到的异质性知识的治理吸收能力。而知识搜索深度与知识搜索宽度的联合维度通过互相弥补对方的不足,在企业实践中起到 1+1>2 的效果,从而为企业破除"失败陷阱"或"能力陷阱"提供了一个可行之道。这些结论帮助企业在有限的组织资源约束的情景下确定搜索范围这一开放式创新理论中的经典悖论提供了一个新的思路。

本章的结论可以帮助企业管理人员在确定企业外部知识搜索策略时,提供一个战略上的指导。企业知识搜索宽度与创新绩效之间有倒 U 形相关关系,而知识搜索深度与创新绩效之间不具有倒 U 形曲线关系。这说明对于企业创新绩效而言,存在最优的知识搜索宽度,在未达到这个最优值前,企业知识搜索宽度正向影响企业创新绩效;当达到最优值时,企业创新绩效达到最优状态的峰值;超过知识搜索宽度的最优值后,知识搜索宽度的增加将会导致创新绩效的降低,而知识搜索深度对企业创新绩效的影响是正向线性关系,说明只要充分实施知识搜索深度策略就会正向影响企业绩效,知识搜索宽度与知识搜索深度的配合要比单方面实施一种知识搜索策略更有利于企业创新,这主要表现在知识搜索宽度与知识搜索深度间的联合维度和平衡维度上。在创新过程中，如果企业的内部知识库比较丰富，那么知识搜索深度程度比较高的企业就更容易吸收外部搜索到的异质性知识，从而更利于创新。如果企业内部知识库不是很丰富，知识搜索深度程度低的企业在选择知识搜索宽度的时候也要考虑与自己能力相匹配的知识合作伙伴，企业需要考虑知识搜索宽度与知识搜索深度的联合及平衡问题。同时，当企业开展良好的知识搜索二元效应的战略，在激烈的市场竞争中，有利于准确把握市场走向，从而降低创新的风险。这对于企业的启示是当企业在利用新知识源进行新技术与新知识的搜索时要兼顾在原有知识通道中进行适当的知识深度发掘，以避免偏颇给创新绩效带来负面影响。

　　本章也存在研究局限：第一，研究的样本数据是跨行业的横截面数据，未来可以针对某个特定行业采用面板数据，模拟仿真外部知识搜索的二元效应的动态演化过程。第二，未将外部知识搜索维度进一步细分，后续研究可关注外部知识搜索的不同维度的二元性及其对创新绩效的影响。第三，对外部知识搜索作用企业创新绩效的机制有待更深入的研究，打开这个作用机制"黑箱"是一个有价值的研究方向，例如如何培育双元能力以促进外部知识搜索的平衡。第四，外部知识搜索二元效应的跨层面研究，如个体/团队层面的搜索平衡如何影响组织/网络的搜索平衡，个体/团队层面的搜索平衡如何传导汇聚形成组织/网络的搜索平衡等。

第5章
子研究2：知识搜索宽度对企业创新绩效曲线效应的解释

5.1 引言

　　企业利用知识搜索策略来搜索、识别、整合和应用外部知识资源已成为开放式创新环境中企业提升创新绩效的有效手段(Laursen and Salter,2006)。锤子科技通过整合国内手机行业相关的讯飞输入法、扫描全能王、陌陌 AI 美颜算法等多样化的技术资源，完成了手机软件方面的创新，推出了如一步(One Step)、大爆炸(Big Bang)和闪念胶囊(Idea Pills)等创新功能，并深受市场好评。由此可见，知识搜索宽度策略在企业实施创新的过程中具有重要的促进作用。知识搜索宽度聚焦企业在知识搜索过程中对不同的知识源应用的广泛程度(Katila and Ahuja,2002;Leiponen and Helfat,2010)。现有研究表明，知识搜索宽度为企业提供了更多的异质性知识，既丰富了企业的知识基础，又为企业创新提供了更多的选择(March,1991)，并且给企业提供了更多的知识建构的可能性(Fleming,2001)，因而对创新具有促进作用。但是，过大的知识搜索宽度会消耗更多的企业资源，使企业搜索成本增加，同时，由于异质性知识的增多会带来吸收能力和知识治理方面的压力，从而让知识搜索的有效性降低(Grant,1996)。并且很多学者在实证研究中指出，知识搜索宽度与创新绩效具有倒 U 形曲线关系(Laursen and Salter,2006;Operti and Carnabuci,2014)。

　　知识搜索宽度为什么会对创新绩效具有倒 U 形曲线效应，知识搜索宽度到底通过怎样的作用机制对创新绩效产生影响？对于这一问题，现有研究没有给出这一效应的内生机制及其原因，从实证角度给予定量分析的更是少见。本书认为知识搜索宽度对于创新绩效的作用机制存在两面性：一方面存在知识治理价值，因为知识搜索宽度给企业提供了新知识和创新的新选择，从而激发了企业知识治理的潜力(Fleming and Sorenson,2001);另一方面,通过知识搜索获得的新知识能否应用到企业的创新活动中则取决于企业的吸收能力,从外部知识网络搜索到的新知识由于知识本身的异质性、复杂性等特点可能难以被企业吸收应用,从而无法有效转化成企业绩效。基于此,本章利用上海、浙江和河南273个企业样本,从知识治理和吸收能力的视角,引入了知识治理和吸收能力两个中介变量,构建知识搜索宽度作用于企业创新绩效的中介模型,提出并验证知识搜索宽度对企业创新绩效的影响以及知识治理和吸收能力在知识搜索宽度与创新绩效之间的中介作用,从而打开知识搜索宽度对创新绩效的作用"黑箱",揭示知识搜索宽度对企业创新绩效产生倒U形效应的内在机理。

5.2 理论假设与模型构建

5.2.1 知识搜索宽度与知识治理

知识搜索宽度为企业创新提供了新颖的知识资源,这些知识资源可以带来创新的新思路,从而打破企业内部知识的桎梏,但是并不能直接转化为企业的创新绩效。创新是对知识进行治理的过程,即企业需要对企业内或企业间有关技术知识的交换、转移、共享等活动进行治理(Grandori,2001)。知识治理就是选择适当的组织架构和管理机制来优化知识的转移、共享和利用过程(Foss,2005)。学术界根据研究的侧重点的不同把知识治理分为两个流派:一是以Grandori为代表的情景组合观,二是以Foss为代表的流程设计观。情景组合观更加重视的是情景变量对知识治理的作用(Gupta and Govindarajan,2000),Grandori认为组织模式不能事前确定而应该在具体的情景和流程中逐渐建构,如果事前确定组织模式只会带来设计谬误(Grandori,2001),情景组合观虽然考察了情景变量对知识治理的影响,但是只考虑了情景变量对知识治理的静态讨论,而忽视了整个创新活动过程中的知识流动,知识在创新过程的各阶段都发生着质的变化(Gupta and Govindarajan,2000)。流程设计观弥补了情景组合观的这个不足,重视了创新过程中知识活动的过程和动态性。本书借鉴上述学者的研究成果,结合开放式创新的特定背景,吸收情景组合观和流程设计观的优势,建立了一个知识治理的研究框架,将知识治理分为两个维度:知识建构机制和知识共享机制。知识建构机制重在解决采用何种知识治理机制能有效促进企业内部以及企业之间的知识识别、学习和应用;知识共享机制有助于形成处理不确定性的柔性规则和处理流程,当不确定性事件发生时,可以基于这些规则和流程进行调整,重在解决怎样制订机制才能规避在知识分享、整合和应用等活动中的组织风险和利益冲突。

当知识搜索宽度较大时，企业更容易获取到更多的新知识，新知识作为建构的对象提升了企业知识治理的潜力(Fleming,2001)。由于新知识的差异性更容易激发企业现有知识基础和这些新知识之间的交互(Grant,1996)，因而这些新知识就会和现有知识基础一起建构成不同以往的可供企业理解吸收和应用的知识资源。当这个知识资源形成以后，为了使知识资源带来的绩效最大化，企业应该对这些知识资源进行共享治理，从组织文化、信息技术、组织结构、激励机制等方面促进知识共享，从而形成知识共享治理。

另外，知识搜索宽度策略也会和企业现有的认知模式产生冲突，这便促进了知识治理的出现。通过知识治理机制，企业可以让内部的知识资源、组织结构得到一定的调整和改善，从而有利于企业提升知识治理的强度(Phelps,2010)。有学者研究了联盟网络中技术多样性和联盟组织形式对创新绩效的影响，经过实证发现联盟网络中知识源的技术多样性正向影响企业可利用技术知识的多样性(Sampson et al.,2007)；也有学者研究了网络多样性和企业探索性创新之间的关系，指出网络多样性增加了企业从外部知识网络中获取知识的新颖性，同时发现，如果企业的知识搜索宽度程度比较低，企业现有知识基础和外部新知识之间建构的可能性也随之降低，企业也就失去了知识建构治理的潜力(Phelps,2010)。同时，当知识搜索宽度的程度比较低时，企业搜索到的新知识相对也较少，容易造成企业现有知识基础相对过剩，企业对于这些冗余知识的治理会增加企业的成本，在有限的组织资源约束下，还会阻碍对新知识的搜索(Molina-Morales and Martínez-Fernández,2009)，从而不利于知识治理和价值创造。

因此，本书提出假设：

H5.1：知识搜索宽度对知识治理有正向影响。

5.2.2 知识搜索宽度与吸收能力

知识搜索宽度策略可以为企业提供新颖的知识，从而提升企业知识治理的潜力，但是由于新知识的复杂性和异质性会对企业的吸收能力提出挑战。现有研究表明，随着与知识源之间的技术知识的异质性程度的加大，企业对这些异质性的知识识别、吸收和应用能力就会相应地下降(Lane and Lubatkin,1998)。伴随着企业知识搜索宽度的增加，搜索到的新知识的异质度也会相应地增加，这种差异导致企业与知识源之间知识共享的意愿会降低，企业必须付出更多的组织资源去处理这些知识(Cohen and Levinthal,1990),从而完成知识的建构、共享、整合和应用。同时,企业的认知能力和现有知识基础将会影响企业对搜索到的新知识的理解能力。企业如果要治理、共享和吸收这些新知识,可能会导致大量的知识冗余,带来知识吸收的混乱和财务上的不经济(Ahuja and Katila,2001)。随着知识搜索宽度的增加,吸收新知识的成本将会有很大程度的增加(Phelps,2010)。

知识搜索宽度策略可以为企业提供新颖的知识,这些新颖的知识为企业提供了更多的创新选择和解决问题的新思路。同时,这些新知识也对企业现有的组织结构以及企业与外部知识网络的沟通方式提出了挑战(Kogut and Zander,1992)。知识搜索宽度的增加,需要企业投入更多的组织资源和注意力到企业与外部知识网络的关系嵌入性中,随着知识搜索宽度的增加,搜索到的新知识和现有知识基础的异质性表现会更为突出,这种高异质性会影响到企业和外部知识网络中知识源的信任氛围,降低知识网络中知识源之间信息共享和共同解决问题的意愿,从而不利于知识的转移。随着知识搜索宽度的增加会降低企业与外部知识网络中知识源之间的共识(Cohen and Levinthal,1990),也会对知识在企业和知识源之间的转移产生负面影响。有学者的研究表明当知识搜索宽度的程度不是那么高的时候,所能接触到的外部知识网络中的知识源与企业现有知识基础的同质性程度就会比较高,从而有利于企业的吸收(Lane and Lubatkin,1998)。也有学者的研究表明,在知识网络中,企业与其他知识源之间的技术相似度越高越有利于提升企业创新(Ahuja,2000);叶江峰等(2016)的研究也证实了外部知识异质度对吸收能力具有负向影响。这些研究的对象尽管有所不同,所用的量表和研究方法有所差异,但都揭示了一个共同的发现:企业在吸收外部知识时,更倾向于吸收和企业现有知识基础高度相似或者相近的外部知识,高相似度有利于知识在不同知识源之间的分享和转移(Cohen and Levinthal,1990)。也有学者从知识伙伴间知识的学习和利用角度研究指出:知识伙伴具有相同或相似的知识背景或具有相同的技术基础,而在企业知识基础和企业能力方面具有一定程度的重叠对于学习绩效的提升是非常重要的(Sampson et al.,2007)。

因此,本书提出假设:

H5.2:知识搜索宽度对吸收能力有负向影响。

5.2.3 知识治理与企业创新绩效

单独从知识流动的情景和过程来看,企业创新就是把一些相关的或不相关的、与企业现有知识基础存在或不存在联系的知识,经过企业的知识建构、知识共享、知识耦合、知识应用等过程,形成一个系统的、功能完善的、目标统一的知识体的过程(Fleming and Sorenson,2001)。企业通过知识搜索策略获取的新知识,只有通过知识治理过程即知识建构治理和知识共享治理之后才能成为企业的知识资源,从而转化成技术或产品产生创新绩效。知识建构机制重在解决采用一定的知识治理机制有效促进企业内部以及企业之间的知识识别、融合和应用,从而建构出超越企业现有知识基础和惯例的全新知识,再把这个全新知识推广应用到自己的产品或服务中,弥补自己产品或服务的不足,从而提升自己产品或服务的消费者体验。如早期使用手机办公还是非常不方便的,尽管很多手机都以商务机自诩,当上海合合信息科技发展有限公司推出"扫描全能王"软件之后,手机可以当扫描仪,极大地扩展了手机的适用范围。Smartisan OS 就和扫描全能王合作,把扫描全能王的 OCR 技术通过知识建构治理变成自己操作系统的一部分,推出了大爆炸(Big Bang)功能,从而极大地提升了在手机上编辑文档的效率。这些新知识、新技术的整合,使得原有产品或者服务具有更加优越的功能,给顾客带来更好的体验,从而带来市场价值。知识建构机制需要考虑新知识和企业现有知识基础之间的兼容性,同时还要考虑市场需求,对于知识建构机制的经济投入比较大,面临的风险相对也比较多,因此在研发企业中知识建构机制往往和企业流程再造紧密结合,一旦一个良好的知识建构机制被建设好,对于企业而言,将会给外部研发知识利用带来质的提升,从而极大地提升创新效率。

知识共享机制有助于形成处理不确定性的柔性规则和处理流程,当不确定性事件发生时,可以基于这些规则和流程进行调整,知识共享机制重在解决在知识分享、整合和应用等活动中的组织风险和利益冲突。知识共享机制是对企业已有的知识、技能在不同部门之间共享,从而对服务和产品所具有的功能或设计进一步发掘,或者利用已有的企业能力推出与现有产品完全不同的新产品,通过企业的产品或服务的多元化来化解运营风险,拓展企业更多的市场,同时,充分发掘自己的顾客的潜在价值。例如,锤子科技在业内被称为是一家设计能力严重过剩的企业,因此它在主营手机业务的同时,将自己的设计能力用于一款新产品——空气净化器上,从而使自己的工艺设计知识在不同的产品部门之间实现了共享,并取得了商业上的成功。由此可见,知识共享机制有利于将企业的优势在企业的各个部门之间进行推广,从而产生具有市场竞争力的产品或服务。相对于知识建构机制,知识共享机制只涉及企业现有知识资源之间的共享即建立起组织内部各部门之间关于知识资源的新联系,因而投入的成本相对较低,从创新投入的角度来说,有利于规避创新风险。

从以上分析可以看出,知识治理机制无论是知识建构治理还是知识共享治理都可以为企业的创新提供新选择和新思路,从而促进企业创新绩效的提升。

因此,本书提出假设:

H5.3:知识治理对创新绩效有正向影响。

5.2.4 吸收能力与企业创新绩效

吸收能力是 W. M Cohen 和 D. A. Levinthal 最早应用到知识管理领域的,他们把吸收能力定义为企业运用现有知识基础来识别、评估和消化外部新知识并将这些知识商业化应用的能力(Cohen and Levinthal,1990)。有学者研究指出,企业的吸收能力决定了企业对外部新知识的理解能力和治理能力,对外部新知识的理解和治理能力则影响这些新知识能否产生新的观念和开发新的产品或者服务,简而言之,水平比较高的吸收能力可以避免产生"核心刚性"和进入"能力陷阱",进而提升企业的创新绩效(Atuahene-Gima,2003;Todorova and Durisin,2007;Cohen and Levinthal,1990)。

现有研究表明,吸收能力的不同纬度对促进企业创新绩效起着不同的作用。知识获取有利于企业及时掌握技术和市场变化,从而采取针对性的对策,开发出技术先进且适应市场需求的服务或产品(Stock,Greis,and Fischer,2001;Nieto and Quevedo,2005),知识整合能够帮助企业知识建设的重复,新知识的融入也在一定程度上可以帮助企业避免"能力陷阱"和"路径依赖"(Todorova and Durisin,2007;Atuahene-Gima,2003),从而更好地适应环境和技术的动荡性;知识应用则是把知识转化成产品或服务的必经之路,这时候需要企业有健全的知识治理机制,才能把从企业外部知识网络中搜索到的新知识完全转化为企业所有的知识,为新产品或服务的研发提供帮助(Neergaard,2005)。有研究指出,对知识应用进行持续投资的企业更善于利用环境的动荡性和技术的动荡性创造出新产品以满足新市场需求(Lichtenthaler,2009)。

现有的很多研究都证明了吸收能力对创新能力或创新绩效的正向影响。如有的学者把吸收能力分为潜在吸收能力和实际吸收能力两个维度,并指出企业利用潜在吸收能力获取和消化外部知识,而利用实际吸收能力整合企业现有的知识基础和外部新知识,通过一系列的企业经营活动,把整合后的知识应用到新产品或新服务的研发中,从而提升企业的创新绩效(Zahra and George,2002b)。还有学者从知识治理的角度进行分析,认为具有较高吸收能力的企业往往知识治理能力相应地也比较强,因此会拥有较为完善的知识库,这些知识库帮助企业在与外部知识网络中的其他知识源互动时可以深刻理解和识别相关知识,这种互动过程会正向影响企业的创新能力(Tsai,2009)。有学者研究指出吸收能力能够促进企业的学习能力和研发活动,从而提升企业的创新能力(Daghfous,2004a)。还有学者认为,吸收能力降低了产品研发过程中各种复杂模块集成时的协调成本,并通过知识治理机制提高了具有新功能的产品的研发可能性,进而提升了产品的研发能力(Fernhaber and Patel,2012)。中国学者的研究也表明,企业吸收能力正向影响创新绩效(解学梅、左蕾蕾,2013;钱锡红、杨永福、徐万里,2010;赵红岩、蒋双喜、杨畅,2015)。有学者通过实证检验指出,吸收能力不会直接提升企业的创新能力,必须通过知识整合这个中介来促进企业的创新能力(简兆权、吴隆增、黄静,2008)。还有学者通过实证研究证实吸收能力正向影响组织创新绩效,组织创造力在吸收能力对创新绩效的正向影响中起中介作用(刘超、刘新梅、李彩凤,2017)。总而言之,无论是直接影响还是间接影响,上述研究都认为吸收能力对创新绩效具有正向促进作用。

因此,本书提出假设:

H5.4:吸收能力对创新绩效具有正向影响。

5.2.5 假设模型

基于以上假设,本书引入知识治理和吸收能力这两个作用相反的中介变量,构建知识搜索宽度作用于企业创新绩效的中介机制模型,具体概念模型见图 5-1。

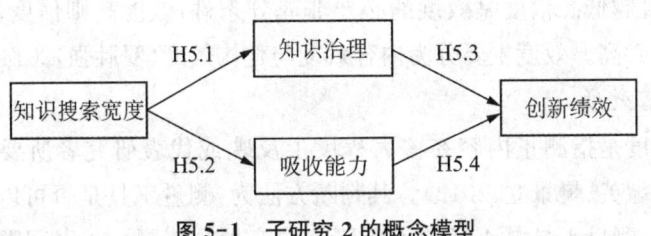

图 5-1 子研究 2 的概念模型

5.3 研究设计

5.3.1 分析方法

本章使用的分析方法主要包括信度与效度分析、结构方程模型分析和层级回归分析,所使用的统计分析软件为 SPSS 22.0 和 AMOS 22.0。

1. 信度分析

信度(reliability)是反映因子内部同质性程度以及测验结果受到随机误差影响的一个指标,表现为测试结果的一贯性、一致性和稳定性。信度可靠表示数据可用,它是进行效度分析和其他分析的基础。

(1) 克龙巴赫 α 系数(Cronbach's α)。Cronbach's α 是指量表所有可能的项目划分方法得到的折半信度系数的平均值,是测量指标的内部一致性程度及每个指标所属变量的系统变异,α 值越大表示该变量系统性越强。另外,α 值越大表示条目间相关性越好,一般而言,Cronbach's α 值大于 0.6 即可接受,Cronbach's α 值大于等于 0.7 说明信度较好,达到 0.8 以上则说明信度非常好(吴明隆,2010)。

(2) 组合信度(Composite Reliability,CR)。CR 允许误差之间相关且不相等,还允许潜在变量对各测量题项的影响不同,从而有效避免使用 α 系数时要求潜在变量对各题项影响相等的不符实际的假设,故 CR 比 α 系数更为准确(吴明隆,2009)。罗胜强(2014)也建议用 CR 来评价量表的同质性。一般认为,$CR \geqslant 0.5$ 即表示潜在变量各题项间具有一致性。

2. 效度分析

效度(validity)即有效性,是指量表能否测量到所要测量的潜在概念(陈晓萍、徐淑英、樊景立,2012)。测量指标与所测潜变量之间内容越吻合,效度越高;反之,则效度越低。信度是效度的必要非充分条件,效度高则信度也高,而信度高其效度未必高。效度主要分为内容效度与建构效度(罗胜强,2014)。

1) 内容效度

内容效度是指测量内容在多大程度上反映或代表研究者所要测量的构念(陈晓萍、徐淑英、樊景立,2012)。其判断方法为:测量工具是否可以真正测量所研究的变量;测量工具是否涵盖了所研究的变量的范围。本书问卷是在文献综述、访谈、专家评判以及预试等研究的基础上形成的。研究的测量量表主要采集于以往经典文献的成熟量表,经过双语研究者的对比翻译,对量表措辞进行了修改,力求清晰明确、简洁易懂。对于个别无现成题项的量表,则根据其理论含义反复比较并与 6 名相关领域的专家学者访谈之后进行设计,如此便形成了测量题项调整的基础。进而通过 40 名企业管理者的小规模访谈、问卷预测试等环节对量表题项及结构进一步修正和完善,最终形成正式问卷。因此,问卷量表具有较好的内容效度。

2) 建构效度

建构效度(construct validity)是测量结构与所研究的潜变量之间一致性程度,即测量题项在多大程度上验证了潜变量的理论结构。建构效度一般通过收敛效度、区别效度来检验。

(1) 收敛效度(convergent validity)。收敛效度是指同一潜变量的测量题项的聚合或收敛程度,即各题项之间的同质性。收敛效度可用如下方法评价:该潜变量所有题项的因子载荷>0.7(或接近0.7),且达到显著水平(t 值>1.98)(吴明隆,2009)。AVE 是比较正式的聚合效度检验指标。AVE 越大,聚合效度越高。当 AVE>0.5 时,量表的聚合效度可以接受。

(2) 区分效度(discriminant validity)。区分效度反映不同潜变量测量题项的差异程度,表示变量间不相关程度。如果一个变量各题项与其他变量之间的相关程度低,说明区分效度好。区分效度可用如下方法评价:所有构念之间的 AVE 平方根值均大于其对应行和列的相关系数矩。"配对检验"即两个构念的两因子测量模型拟合性显著高于单因子测量模型拟合性时,这两个构念具有足够的区分效度,严格的"配对检验"需要对所有变量进行两两配对,以往文献中常采用的方法是对相关系数较高的变量或在概念上具有关联性的变量做"配对检验"(吴明隆,2009;罗胜强,2014)。

3. 结构方程模型分析

结构方程模型分析是基于变量的协方差矩阵来分析变量之间关系的一种统计方法。结构方程模型的优势主要在于能够同时估计多个自变量与多个因变量之间的关系,在估计时考虑变量的测量误差,因此能够提高估计的精度。

本章采用吴明隆(2009)所建议的二阶段分析策略:首先使用验证性因子分析检验测量模型的拟合性,然后再进行模型拟合与假设检验。评价测量模型和结构模型拟合性的拟合指数众多,本书使用以往实证研究常用的拟合指数:χ^2,Df,CFI,TLI,IFI 和 $RMSEA$。

(1) χ^2 为绝对拟合指数,χ^2 值如果不显著,则表明模型的拟合程度好。由于 χ^2 值对样本大小非常敏感,样本量越大时 χ^2 越容易显著,因此实证研究中常参考卡方指数与自由度的比值,即 χ^2/Df。当 $\chi^2/Df<2$ 时,认为模型拟合得非常好;当 $2<\chi^2/Df<3$ 时,模型拟合可接受(陈晓萍、徐淑英、樊景立,2012)。

(2) CFI 和 TLI 为比较拟合指数,其值不易受样本量影响,是较为理想的比较拟合指标。CFI 和 TLI 的值越大,越接近于1,表示模型的拟合性越好。一般认为 TLI 和 CFI 的值大于0.9表示模型的拟合性可以接受;大于0.95表示模型的拟合性相当好(温忠麟、叶宝娟，2014；温忠麟、刘红云、侯杰泰，2012；陈晓萍、徐淑英、樊景立，2012)。

（3）RMSEA 为近似误差均方根，是常用的较好的绝对拟合指数，其值越低越好。当 $RMSEA<0.05$ 时，表示非常好的模型拟合结果；当 $0.05<RMSEA<0.08$ 时，表示可以接受的模型拟合结果；当 $0.08<RMSEA<0.1$ 时，表示拟合结果一般(陈晓萍、徐淑英、樊景立，2012；罗胜强，2014)。

5.3.2 数据收集

数据收集的内容同本书 4.3.2 节，此处不再赘述。

5.3.3 变量和测量

1. 知识搜索宽度

知识搜索宽度的内容见本书 4.3.3 节，此处不再赘述。

2. 知识治理

借鉴 Bartol 和 Srivastava(2002)、Kankanhalli 等(2005)、王帅英(2011)等学者有关知识治理的研究成果，结合开放式创新的特定背景，吸收情景组合观和流程设计观的优势建立一个知识治理的研究框架，将知识治理分为两个维度：知识占有机制和知识共享机制。知识占有机制重在解决采用何种知识治理机制能有效促进企业内部以及企业之间的知识识别、整合和应用；知识共享机制有助于形成处理不确定性的柔性规则和处理流程，当不确定性事件发生时，可以基于这些规则和流程进行调整，重在解决怎样制订机制才能规避在知识分享、整合和应用等活动中的组织风险和利益冲突。

本书主要参考 Kankanhalli 等(2005)、Ardichvili 等(2003)、Alavi 和 Leidner(2001)、Chong 等(2005)学者对知识治理的解读，借鉴王帅英(2011)有关知识治理的设计问卷，从知识共享机制和知识建构机制两个角度来设置量表。其中，知识共享机制包括 6 个题项：①公司具有良好的知识共享氛围；②公司的组织结构鼓励沟通；③公司具有知识共享平台，员工有多种方式的交流途径；④公司的规章制度或办事程序鼓励知识共享和交流；⑤公司的内部网络提供各部门的信息共享；⑥对于员工共享知识，公司给予其物质或精神奖励。知识建构机制包括 6 个题项：①公司有完善的知识产权保护体系；②公司与创新参与者有协议和契约来保护彼此利益；③对于公司独有知识，个体需要一定授权才能获取；④公司的知识产权是建立在互惠互利关系基础上的；⑤公司与知识合作伙伴有共享的知识产权和技术窍门;⑥公司具有或参与专利交易平台。问卷调查要求被调查者与同行业平均水平比较,判断本企业的知识治理水平,其中"1"代表"完全不符合","7"代表"完全符合"。

3. 吸收能力

通过对国内外学者相关研究的回顾,将这些学者对吸收能力的测量方法分为两种:使用替代的方法来测量整体的吸收能力和利用感知的判断方法来间接地测量吸收能力。替代法包括:研发投入占销售总收入的比例(Cohen and Levinthal,1990)、专利数量(Mowery,Qxley,and Silverman,1996;汪玥琦,2016)、正式设立的研发部门数目、参与基础研究的研发部门数目、研发部门中博士所占比例(Veugelers,1997)、企业研发强度(Tsai and Huang,2008)等。感知法是用 Likert 量表来测量吸收能力的不同维度,如有学者从部门层面入手,参考 S. A. Zahra 和 G. George 的知识吸收概念,以《财富》"世界 500 强"中排名靠前的欧洲金融服务企业下属的 769 个部门的数据为样本,设计了由获取能力、消化能力、转化能力和应用能力这四个维度的 21 个题项组成的量表(Jansen,Bosch,and Volberda,2005);中国学者李慧基于过程观视角根据异质性、开放性和动态性从探索识别能力、获取能力和整合应用能力三个维度开发了吸收能力量表(李慧,2013)。

本书主要参考 Zarha 和 George(2002)以及李慧(2013)的研究来设计问卷,量表包括 6 个题项:(1)企业能把握本行业技术的最新进展;(2)企业采取技术合作、专利授权等获取相关知识和技术;(3)企业能快速领会和掌握从外部获取的知识和技术;(4)企业能很好地将获取的新知识和现有知识融合并转化;(5)企业善于改善知识和技术利用的方式或流程;(6)企业将新知识应用于相关产品和服务的能力。要求被调查者根据企业近三年来,与行业内的平均水平相比的实际情况填写,其中"1"代表"完全不符合","7"代表"完全符合"。

4. 创新绩效

创新绩效的内容见本书 4.3.3 节,此处不再赘述。

5. 控制变量

控制变量的内容见本书 4.3.3 节,此处不再赘述。

5.3.4 同源方差检验

采用 Harman 单因子检验法,首先用验证性因子进行分析,结果表明测量模型具有良好的拟合优度：$\chi^2=664.8, Df=346, SRMR=0.058$。将所有观测变量归为单一因子，测量模型显示出极差的拟合优度：$\chi^2=1\,243.6, Df=350, SRMR=0.172$。然后，对所有变量的测量题项进行探索式因子分析，结果表明最大的因子仅解释了总方差的14.76%，在临界值40%之内，说明同源方差不会对研究结果造成显著影响。将本章中四因子模型与其他模型进行对比，结果表明，四因子模型吻合较好（$\chi^2=664.8; p<0.01; TLI=0.979; CFI=0.982; RMSEA=0.037$），而且四因子模型要显著地优于其他因子模型的拟合优度（表5-1），表明研究具有较好的区分效度。

表5-1 变量的区分效度检验结果

模型	χ^2	Df	TLI	CFI	$RMSEA$
四因子模型：知识搜索宽度；知识治理；吸收能力；创新绩效	664.8	346	0.979	0.982	0.037
三因子模型1：知识搜索宽度；知识治理＋吸收能力；创新绩效	526.3	252	0.924	0.936	0.058
三因子模型2：知识搜索宽度＋吸收能力；知识治理；创新绩效	237.5	104	0.927	0.939	0.068
三因子模型3：知识搜索宽度＋知识治理；吸收能力；创新绩效	456.8	209	0.849	0.911	0.112
二因子模型4：知识搜索宽度＋知识治理＋吸收能力；创新绩效	433.2	203	0.814	0.862	0.143
单因子模型：知识搜索宽度＋知识治理＋吸收能力＋创新绩效	1 243.6	350	0.468	0.573	0.237

5.4 研究发现

5.4.1 信度与效度检验

信效度检验结果如表5-2所列，可以看出，所有变量的Cronbach's α 值都在0.906~0.948之间，大于临界值(0.700)；然后通过CITC检验和信度分析对量表的测量题项进行纯化。

表 5-2 子研究 2 的变量验证性因子分析结果

变量与测量条目	因子载荷	信度系数	测量误差	CR	AVE	Cronbach's α
创新绩效				0.912	0.676	0.906
I1. 产品质量得到改进	0.857	0.743	0.139			
I2. 现有市场需求得到基本满足	0.793	0.822	0.116			
I3. 生产(或服务)成本降低	0.836	0.763	0.213			
I4. 企业不断开发出新产品(或新服务)	0.843	0.812	0.186			
I5. 企业不断引进新的工艺或技术	0.828	0.841	0.208			
I6. 企业积极开拓新的市场	0.827	0.902	0.323			
知识搜索宽度				0.904	0.786	0.915
SB1. 本企业对知识的搜索广泛使用了多个搜索与交流通道/媒介	0.824	0.623	0.368			
SB2. 本企业能搜索到的研发、制造、营销等多个领域的知识	0.819	0.734	0.231			
SB3. 本企业能搜索到的技术、管理等多个方面的知识	0.823	0.912	0.073			
SB4. 本企业在对知识的搜索中获取了较多的知识数量	0.731	0.931	0.064			
吸收能力				0.946	0.776	0.937
AB1. 企业能把握本行业技术的最新进展	0.763	0.724	0.213			
AB2. 企业能采取技术合作、专利授权等求获取相关知识和技术	0.718	0.746	0.198			
AB3. 企业能快速领会和掌握从外部获取的知识和技术	0.786	0.698	0.223			
AB4. 企业能很好地将获取的新知识和现有知识融合并转化	0.845	0.821	0.162			
AB5. 企业善于改善知识利用的方式或流程	0.817	0.852	0.124			
AB6. 企业将新知识应用于相关产品和服务的能力	0.883	0.921	0.094			

(续表)

变量与测量条目	因子载荷	信度系数	测量误差	CR	AVE	Cronbach's α
知识治理				0.931	0.782	0.948
KG1. 公司具有良好的知识共享氛围	0.766	0.768	0.306			
KG2. 公司的组织结构鼓励沟通	0.814	0.842	0.287			
KG3. 公司具有知识共享平台,员工有多种方式的交流途径	0.823	0.861	0.265			
KG4. 公司的规章制度或办事程度鼓励知识共享和交流	0.817	0.846	0.269			
KG5. 公司的内部网络提供各部门的信息共享	0.829	0.853	0.214			
KG6. 对于员工共享知识,公司给予其物质或精神奖励	0.818	0.826	0.231			
KG7. 公司有与时俱进的创新理念	0.798	0.743	0.302			
KG8. 公司能把握市场走向、了解消费者痛点	0.786	0.762	0.296			
KG9. 公司技术创新的独有知识、理念很新颖	0.815	0.832	0.189			
KG10. 公司能够定期多角度地进行市场调研、把握市场机会	0.811	0.706	0.367			
KG11. 公司与知识合作伙伴有共享的知识产权和技术部门	0.785	0.693	0.383			
KG12. 公司新产品运用了来自不同领域的新技术	0.824	0.715	0.294			
研发能力				0.932	0.768	0.924
RD1. 公司的产品制造、设计工艺品质较高	0.874	0.828	0.168			
RD2. 公司产品设计部门与制造部门能够很好地协调沟通	0.856	0.794	0.221			
RD3. 公司能在很大程度上将市场和客户的信息反馈到创新过程中	0.798	0.802	0.185			
RD4. 公司从技术研发到产品设计具有很好的技术转移机制	0.836	0.815	0.232			
适配标准	0.50~0.95	>0.50		>0.60	>0.50	>0.70

知识搜索宽度和创新绩效的量表的 CITC 检验与信度分析结果在本书 4.4.1 节中已经过检验,所以只对吸收能力和知识治理量表进行净化处理,结果如表 5-3 和表 5-4 所列。知识治理量表和吸收能力量表的 α 值分别为 0.948 和 0.937,高于一般建议的检验标准(0.70),表明该量表各测量题项均具有良好的内部一致性。同时,删除任何一个题项都不会使 α 值增大。此外,各测量题项的 CITC 值均符合检验标准。因此,该量表能够满足研究要求。

表 5-3 知识治理量表 CITC 检验与信度分析结果

量表题项	CITC	删除题项后的 α 值	Cronbach's α
SD1	0.81	0.82	
SD2	0.75	0.87	
SD3	0.74	0.78	
SD4	0.73	0.83	
SD5	0.76	0.85	
SD6	0.79	0.86	0.948
SD7	0.78	0.84	
SD8	0.82	0.82	
SD9	0.81	0.81	
SD10	0.82	0.84	
SD11	0.78	0.83	
SD12	0.83	0.82	

表 5-4 吸收能力量表 CITC 检验与信度分析结果

量表题项	CITC	删除题项后的 α 值	Cronbach's α
AB1	0.82	0.82	
AB2	0.79	0.87	
AB3	0.84	0.78	0.937
AB4	0.81	0.83	
AB5	0.85	0.86	
AB6	0.83	0.88	

运用 AMOS 22.0 软件对知识搜索宽度、知识治理、吸收能力和创新绩效分别进行验证性因子分析(CFA),发现各个模型的 χ^2/Df 值均小于 2,所有变量的 GFI、TLI、CFI、NFI、NNFI 等拟合指标的值均大于或接近推荐值(0.9),RMSEA 值均小于 0.08,测量题项的因子载荷值均大于建议标准(0.40)且显著($p<0.01$),

AVE 均大于 0.50，说明各个变量具有良好的结构效度。结合相关系数（表 5-5）可知，各个变量之间的相关系数最大值为 0.47，而各个变量的 AVE 平方根远大于变量间的相关系数，表明测量变量具有良好的区分效度。$\chi^2=928.86, Df=346$，$SRMR=0.056, NFI=0.928, NNFI=0.954, CFI=0.966$，即测量量表具有可以接受的收敛效度，表明模型的构建效度具有较好的适切性和真实性。

5.4.2 描述性统计与相关系数

采用 SPSS 22.0 软件对调查问卷进行描述性统计，各变量的相关系数如表 5-5 所列，各变量间的皮尔逊（Pearson）相关系数全都小于 0.65。另外，各变量的 AVE 值都大于相关系数，且 VIF 值都小于 10，因此不存在多重共线性。知识搜索宽度（$r=0.340, p<0.05$）与知识治理之间呈显著正向相关关系；吸收能力（$r=0.470, p<0.01$）、知识治理（$r=0.450, p<0.01$）与创新绩效之间呈显著正向相关关系；知识搜索宽度（$r=-0.370, p<0.05$）与吸收能力之间呈负向相关关系，这为本书的假设提供了初步支持。

5.4.3 假设检验

本章采用逐层回归验证知识搜索宽度和创新绩效之间的曲线效应，首先对生成平方项变量的知识搜索宽度进行标准化处理，从而避免多重共线性，然后再做回归，结果如表 5-6 所列。模型 1 包含控制变量和知识搜索宽度，回归结果表明：知识搜索宽度（$b=0.14, p<0.01$）对创新绩效有显著正向作用。模型 2 加入了知识搜索宽度的平方项，回归结果表明：知识搜索宽度的平方项对创新绩效具有显著的负向作用（$b=-0.13, p<0.01$），另外，和模型 1 进行对比，模型 2 的 R^2 也有显著提高。由此可知，知识搜索宽度与企业创新绩效之间有显著的倒 U 形曲线效应。

在验证了曲线效应存在的基础上，本章采用 AMOS 22.0 软件验证图 5-1 中的概念模型，分析结果如表 5-7 所列。从该表中可以看到，该模型的 χ^2/Df 的值小于 3，CFI、TLI 和 IFI 的值都大于 0.9，RMSEA 的值小于 0.08，说明研究模型与实际数据拟合效果较好。从表 5-7 还可以看出，假设 H5.1 和假设 H5.2 都得到了实证的支持，即知识搜索宽度具有知识治理价值（$b=0.46, p<0.001$），但存在吸收问题（$b=-0.23, p<0.05$）。假设 H5.3 和假设 H5.4 即知识治理和吸收能力对创新绩效都具有正向影响也都得到了实证支持，知识治理对创新绩效的标准化路径系数为（$b=0.72, p<0.001$），吸收能力对创新绩效的标准化路径系数为（$b=0.54, p<0.001$）。二者对创新绩效的影响均显著，但知识治理对创新绩效的作用效应高于吸收能力。

表 5-5 子研究 2 的变量描述性统计及相关关系

变量	均值	标准差	1	2	3	4	5	6	7	8
1. 所属行业	4.280	1.06	1.000							
2. 研发能力	0.540	0.520	0.320**	1.000						
3. 企业年龄	4.180	0.920	0.460**	0.380*	1.000					
4. 企业规模	2.480	1.090	0.450**	−0.250*	0.260*	1.000				
5. 知识搜索宽度	5.630	0.710	0.360*	0.440**	0.200	0.270*	1.000			
6. 吸收能力	4.83	0.760	0.470**	−0.310*	0.360*	−0.220*	−0.370*	1.000		
7. 知识治理	5.420	0.980	0.450**	0.270**	0.330**	0.260*	0.340*	0.360*	1.000	
8. 创新绩效	5.260	0.920	0.260**	0.320	0.280*	0.290**	0.230**	0.320**	0.460	1.000

注: $* p<0.05$, $** p<0.01$, $N=273$。

表 5-6　逐层回归分析结果(因变量:创新绩效)

变量	模型 1	模型 2
控制变量		
1. 研发能力	0.060**	0.050**
2. 所属行业	0.550	0.540
3. 企业规模	0.050	0.040
4. 企业年龄	0.070	0.070
自变量		
5. 知识搜索宽度	0.140**	0.130*
知识搜索宽度^2		−0.130**
R^2	0.340	0.480
ΔR^2		0.140
F	22.650**	23.290**

注:* $p<0.05$,** $p<0.01$。

表 5-7　结构方程模型分析结果

路径	标准化路径系数	非标准化路径系数	S.E.	C.R.	p
知识治理←知识搜索宽度	0.46	0.35	0.05	5.87	***
吸收能力←知识搜索宽度	−0.23	−0.14	0.04	−2.23	*
创新绩效←知识治理	0.72	0.87	0.17	5.97	***
创新绩效←吸收能力	0.54	0.43	0.13	5.03	***
创新绩效←研发能力	0.33	0.27	0.08	4.75	**
创新绩效←企业规模	−0.11	−0.08	0.04	−1.96	0.08
创新绩效←企业年龄	0.09	0.07	0.03	1.84	0.16
创新绩效←所属行业	0.03	0.06	0.06	0.93	0.28
$\chi^2=786.4;Df=346;CFI=0.95;TLI=0.94;IFI=0.93;RMSEA=0.067$					

注:* $p<0.05$,** $p<0.01$,*** $p<0.001$。

为了探究知识搜索宽度对企业创新绩效倒 U 形曲线效应的产生机制,本书将验证知识治理和吸收能力的中介效应,构建知识搜索宽度与企业创新绩效的直接模型(模型 3)以及以知识治理和吸收能力为中介的中间变量模型(模型 4),结果如表 5-8 所列。

表 5-8 不同路径模型的路径系数和关系验证

路径	直接影响 模型 3	中间变量 模型 4
创新绩效←知识搜索宽度	0.46***	0.18*
知识治理←知识搜索宽度		0.39***
吸收能力←知识搜索宽度		−0.17**
创新绩效←知识治理		0.78***
创新绩效←吸收能力		0.22***
χ^2	69.6	637.8
Df	34	346
CFI	0.995	0.994
TLI	0.986	0.985
IFI	0.991	0.987
RMSEA	0.033	0.032

注：* $p<0.05$，** $p<0.01$，*** $p<0.001$。

检验结果表明：在模型 3 中，知识搜索宽度对企业创新绩效具有高度显著的正向影响效应，标准化路径系数为 0.46；同时，在中间变量模型 4 中，知识搜索宽度通过知识治理和吸收能力对创新绩效产生的总体作用大于知识搜索宽度对创新绩效的直接效应(0.26＞0.18)，知识搜索宽度和创新绩效之间的单向路径载荷(0.18)小于模型 3 中的知识搜索宽度和创新绩效之间的路径载荷(0.46)，而且受其影响的显著效果也比模型 3 要差，从而初步说明知识治理和吸收能力在知识搜索宽度与创新绩效之间起到了部分中介作用。为了提升中介检验的效力，按照温忠麟和叶宝娟(2014)的建议进行 Sobel 检验和 Bootstrap 检验。Sobel 检验的标准是 Z 统计量是否具有显著性，若具有显著性则认为中介效应存在，否则认为中介效应不显著。Bootstrap 检验对于中介效应存在的标准是查看所求得的置信区间是否包括"0"，不包括就说明存在中介效应(温忠麟、刘红云、侯杰泰，2012)。Sobel 检验要求 Z 统计量是正态分布的，而现实中这一条件并不是总能满足的，因此 Bootstrap 检验可以作为一个很好的补充(Mackinnon, Lockwood, and Williams, 2004；Shrout and Bolger, 2002)。Sobel 检验和 Bootstrap 检验的检验结果分别如表 5-9 和表 5-10 所列。Sobel 检验的结果显示：知识治理和吸收能力在知识搜索宽度与创新绩效之间起到显著的中介作用($Z=7.988$；$p<0.001$)，同时，经过 Bootstrap 检验分析后得到的结果与前面检

验的结果一致,即 95% 水平上的置信区间为 (0.088, 0.139),并没有将"0"包含在内,证明了中介效应的存在。Sobel 检验结果和 Bootstrap 检验结果进一步确认了知识治理和吸收能力在知识搜索宽度与创新绩效的关系中起到了显著的中介效应,结合前面的模型分析结果可知：知识治理和吸收能力在知识搜索宽度与创新绩效之间起到了部分中介作用。

表 5-9 Sobel 检验

方法	间接效应	标准误(SE)	Z	p 值
Sobel 检验	0.103	0.012	7.988	0.000

表 5-10 Bootstrap 检验

方法	间接效应	$Boot\ SE$	$BootLLCI$	$BootULCI$
Bootstrap 检验	0.103	0.014	0.088	0.139

注：$Bootstrap$=5 000,置信区间=95%。

5.5 结论与讨论

5.5.1 结论

为了探究知识搜索宽度对企业创新绩效倒 U 形曲线效应的产生机制,本书基于知识搜索宽度策略和创新绩效关系的现有研究,以 273 家创新型企业为研究对象,通过问卷调研对知识搜索宽度对创新绩效的作用机制进行了理论分析和实证研究,验证了知识治理、吸收能力在知识搜索宽度与创新绩效间的中介效应,研究结论有：

(1) 主效应。知识搜索宽度对企业创新绩效具有倒 U 形曲线作用效果。

(2) 中介效应。知识治理在知识搜索宽度与企业创新绩效之间起到部分中介作用；吸收能力在知识搜索宽度与企业创新绩效之间也起到部分中介作用。

(3) 曲线效应的解释。知识搜索宽度与企业创新绩效之间的倒 U 形曲线效应正是因为知识治理和吸收能力这一对作用效果相反的作用机制共同作用的结果。

5.5.2 讨论

第一,知识搜索宽度通过知识治理机制正向影响创新绩效,同时通过负向影响吸收能力削弱创新绩效。知识搜索宽度能够为企业提供新颖的知识，从而提升企业知识治理的潜力，为企业的创新活动提供更多的选择和新思路，有助于企业走出"核心刚性"，进而促进企业创新绩效的提升。同时，也要看到知识搜索宽度是一把双刃剑，随着搜索到的新知识的增多，也会带来知识吸收和应用成本的大幅增加，从而影响企业创新绩效的提升。这一发现有助于更好地认识知识搜索策略，从而有助于企业实施知识搜索策略。

第二，知识治理和吸收能力这一对作用效果相反的中介机制导致了知识搜索宽度与企业创新绩效之间产生了倒 U 形曲线关系。尽管过高的知识搜索宽度策略可以为企业提供更多的异质性知识，从而提升知识治理的潜力，但是由于知识的复杂性和异质性会给知识转移和吸收过程带来挑战，因此不能有效促进企业创新。而采取过低的知识搜索宽度策略，往往搜索到的都是和企业技术相关的知识，有利于吸收和转移，但是对于知识治理而言，尤其是对于知识建构机制而言则缺乏激励，同时还可能带来知识冗余，同样不利于创新。正是由于知识治理和吸收能力两种中介机制的存在，知识搜索宽度才会对创新绩效产生倒 U 形曲线效应。这一发现解释了知识搜索宽度为什么会对企业创新绩效产生倒 U 形曲线效应，并深化了知识搜索策略对企业创新绩效的影响机制，打开了知识搜索作用企业创新绩效的"黑箱"。

本研究对于管理方面的启示有：第一，帮助企业家更清楚地认识知识搜索策略，从而有助于其利用知识搜索策略提升企业的创新绩效。企业家可以在企业内部建立适应知识治理的组织架构、规章制度和共享平台，以提升企业的知识治理水平，同时注意提升企业现有知识基础建设，从而提升企业的吸收能力。更要注意企业在外部知识网络中的位置，建立和知识网络中其他知识源的信任关系，通过知识合作、共同研发等增加和知识伙伴的知识重叠性，从而提升对外部新颖知识的利用，进而促进企业创新绩效的提升。第二，帮助企业家认识到知识搜索策略对提升企业创新绩效的双刃性，开展知识搜索策略和企业所在的知识网络中不同的知识源进行交互和沟通有利于带来新知识，但是也会给企业带来挑战。为获得最佳的创新收益，企业需要适当地平衡知识治理价值与吸收能力问题。知识搜索宽度过大或者过小均会打破这种平衡。因此，适度的知识搜索宽度对企业创新绩效的提升最为有利。

本章研究的不足与展望：第一，只是从技术知识的角度出发考察了知识搜索宽度对创新绩效的作用机制，知识搜索宽度还会接触到很多市场知识，而市场知识对于创新绩效的作用效果可能会和技术知识存在程度上的不同，未来可以进一步探讨市场知识对创新绩效的作用机制和程度以及市场知识和技术知识的交互效应对创新绩效的影响。第二,只考察了知识搜索宽度对创新绩效的影响机制,而知识搜索深度也是知识搜索策略非常重要的组成部分,企业知识搜索宽度与知识搜索深度的联合维度和平衡维度对企业创新具有重要的影响(苏道明等,2017),未来的研究可以把知识搜索深度与知识搜索宽度纳入一个研究过程中进行考量。第三,企业知识网络的关系嵌入性、环境动荡性等都是影响知识搜索宽度与知识治理、吸收能力之间关系的重要变量,本章只考虑了知识搜索宽度与创新绩效之间的直接效应,而未能把这些调节变量纳入研究过程中,未来的研究可以引入这些情景变量做深层次研究。

第6章
子研究3：知识搜索、外部环境特征与企业创新绩效

6.1 引言

在开放式创新环境中，对于企业而言，外界知识网络中不同的知识源能够带来不同的知识，如大学和研究所可以为企业创新提供所需的基础科学技术和知识资源（Hong and Su,2013；Lazzarotti et al.,2016；Scandura,2016），供应商的专业化知识可以让创新落地或者缩短研发周期（Chung and Kim,2003；McEvily and Marcus,2005），竞争对手可以提供创新的思路和模仿对象（Czarnitzki and Kraft,2007），用户可以帮助企业了解市场的痛点，发现市场机会，帮助企业通过产品或者服务来满足用户的需求从而获得竞争优势（Cui and Wu,2017；Joshi,2016；Khanagha,Volberda,and Oshri,2017），如锤子科技在推出第一款产品T1时，由于忽视了对外部供应链风险知识的搜索，在T1发布后虽然作为中国手机厂商第一个也是唯一一个获得了iF国际设计奖金奖，但是供应链的问题层出不穷导致始终无法量产，待六个月后解决了供应链问题，已经错过了市场机遇，落得一个叫好不叫座的结局。所以，企业一定要重视不同知识源的多样性知识。

企业接触到多样性知识，有利于企业走出惯性思维从而发展新组合（Tschang,2007；Vasudeva and Anand,2011）。Fleming(2001)认为，多样性的新知识可以增加不同知识元素之间进行整合和建构的数量，从而有利于改进解决方案。同时，有学者指出，一个企业在知识联盟中拥有多样化的知识伙伴则有利于促进其组织学习绩效，从而获得竞争优势（Powell,1996）。无独有偶，Beers和Zand(2014)也在研究中指出：企业在拥有多个知识伙伴的情况下，将更有利于企业获得合作技巧和创新诀窍。Berchicci(2013)则指出，企业受益于知识多样化的

原因是企业搜索到外部多样化的知识有利于改进内部研发，同时由于新知识的吸收避免了企业囿于原有的认知结构，同时使不同知识元素之间发生联系。Audia 和 Goncalo(2007)更是进一步指出，多样化的异质性知识资源使企业在解决问题时有了更多的选择，从而促进企业进行知识整合和重构。

Fleming(2001)认为，创新的本质是对知识资源的重新整合，企业要创新就要从企业内部和外部去搜索对创新有价值的知识资源。在开放式创新的环境下进行的一系列的创新研究成果显示，企业通过实施知识搜索策略可以带来异质性的新知识，从而有助于扩展企业的知识基础，有利于企业摆脱"路径依赖"，避免"核心刚性"和"能力陷阱"，进而提升企业的创新绩效(Cohen and Levinthal, 1990; Leonard, 1992; Atuahene-Gima, 2003; Todorova and Durisin, 2007; Wagner, Hoisl, and Thoma, 2014)。基于资源观的学者认为，资源是企业存在和发展的基础(Barney, 1991)，所以 March 和 Simon(1958)认为企业在发展过程中处于不同的生命周期会遇到不同的问题，这个时候就需要运用知识搜索策略去获取资源来解决所遇到的问题，以获得竞争优势。组织学习理论的研究者则认为企业要不断搜索多样性的知识，不断进行学习，从而形成并完善企业惯例，提高企业绩效(Levinthal and March, 1993, Laursen and Salter, 2006, Zhou and Wu, 2010)。基于开放式创新的学者 Chesbrough 和 West(2010)从提高企业绩效的视角对知识搜索提出了要求。上述各个流派从不同的角度探讨了知识搜索和企业创新绩效的关系，但是共性是都重点关注了企业的外部环境在企业知识搜索策略和创新绩效中的作用。

基于此，本章利用上海、浙江和河南 273 份企业调研问卷，利用知识管理理论和组织理论，构建了知识搜索宽度、知识搜索深度、环境动荡性、环境敌对性和企业创新绩效的调节模型，提出假设并实证了环境动荡性和环境敌对性在知识搜索宽度、知识搜索深度与企业创新绩效间的调节作用。

6.2　理论假设与模型构建

6.2.1　知识搜索宽度与企业创新绩效

在本书 4.2.2 节中已经分析了知识搜索宽度与创新绩效之间的倒 U 形相关关系，此处不再赘述，仅提出假设用于本章概念模型的构建。

H6.1：知识搜索宽度和企业创新绩效之间具有倒 U 形相关关系。

6.2.2 知识搜索深度与企业创新绩效

在本书 4.2.3 节中已经分析了知识搜索深度与创新绩效之间的倒 U 形相关关系，此处不再赘述，仅提出假设用于本章概念模型的构建。

H6.2：知识搜索深度和企业创新绩效之间具有倒 U 形相关关系。

6.2.3 环境动荡性的调节作用

在当今技术和市场日新月异的情况下，若企业的外部知识搜索战略不能随着环境动荡而做出快速反应，就会致使企业目前的创新活动与企业环境之间不匹配(Sirmon, Hitt, and Ireland, 2007)。环境动荡性是用来描述企业所处环境中消费者需求和企业技术变化程度的一个概念。环境动荡性会给企业创新资源的获取、整合和利用等活动及其效果带来影响(孙永风、李垣，2007)，注重知识搜索宽度的企业能接触到更加丰富的知识源以获得新知识(Koput, 1997)，从而搜索到有利于企业创新的先进技术和知识，因此，在环境动荡性高的情况下，企业可以获得更多的市场和技术机会，知识搜索宽度越有利于提升创新绩效。然而，在环境动荡性非常高的情况下，若企业只是拓展知识搜索宽度，这样虽然会获得更多的技术知识或市场知识源，但是因为新知识的增加造成的知识冗余使企业很难准确把握当前的市场走向；同时，一味地扩展知识搜索宽度需要更多的成本，因此不利于企业提升创新绩效。注重知识搜索深度的企业在技术领域往往专注于特定的技术或市场，这有利于企业在预测技术趋势和把握市场走向方面能有更准确的认识，从而帮助企业以更低的成本整合外部知识来取得创新成果。在市场动荡性高的情况下，企业会面临更多的市场机会和更丰富的异质性知识，这就使得知识搜索宽度与知识搜索深度的联合维度的重要性得到凸显。外部知识搜索的联合维度通过知识搜索宽度与知识搜索深度的互补效应，即通过知识搜索深度可以低成本快速获取和吸收新知识，通过知识搜索宽度则可以获取创新所需的互补性知识和技术，取长补短从而提升创新绩效；而外部知识搜索的平衡维度是通过降低风险来提升创新绩效(吴航、陈劲，2016)。由知识吸收理论可知，外部知识搜索双元对创新绩效的影响效果取决于企业对知识的整合、吸收能力(Escribano, Fosfuri, and Tribó, 2009)，环境动荡性不仅反映了消费者需求和企业技术变化的情况，还影响外部知识搜索双元的互补效应和风险降低效应。当环境动荡性比较高时，企业需要满足不断变化的消费者需求，同时，与时俱进紧跟技术的进步，进而才能够放大知识搜索宽度和知识搜索深度的互补效应(Yu, 2013)。环境动荡性使得企业在进行外部知识搜索时必须实施外部知识搜索双元平衡策略,只有企业在加强知识搜索深度的同时,进一步增强知识搜索宽度,考虑知识搜索宽度与知识搜索深度的联合维度和平衡维度,这样才能获得更加准确的有利于创新的新知识,从而降低风险并利于企业创新绩效。基于以上分析,提出如下假设:

H6.3:知识搜索与环境动荡性的匹配显著影响创新绩效。

H6.3a:环境动荡性对知识搜索宽度与创新绩效关系有正向的调节作用。

H6.3b:环境动荡性对知识搜索深度与创新绩效关系有正向的调节作用。

6.2.4 环境敌对性的调节作用

环境敌对性,也有学者把它叫作环境威胁性,指感知企业资源尤其是稀缺资源的难以获得性、竞争性以及市场机会的难以利用性(Child,1972;Zahra and Covin,2015;March and Simon,1958)。有学者把环境敌对性分为两类:一类是价格敌对性或称竞争敌对性,表现为低边际利润、低成长性、高风险性和低资源可得性;另一类是由政府管制导致的政策敌对性,表现为政府对稀缺资源具有分配权和审批权(冯军政,2013)。环境敌对性程度的加深表明企业所处的外部环境竞争比较残酷。

关于环境敌对性与创新之间的关系,Miller 和 Friesen(1983)通过对美国48个高绩效企业样本的研究发现环境敌对性正向影响企业的创新绩效,同时,他们利用加拿大40个高绩效和低绩效企业样本进行研究却发现环境敌对性负向作用企业的创新绩效,最终他们得出环境敌对性与创新绩效之间不是简单的关系,需要继续研究。关于环境敌对性和企业知识搜索战略选择之间的关系,有两种不同的观点,一种观点认为在外界环境竞争非常残酷的情况下,企业的经营难度会增加,各种成本会出现较大的震荡,盈利充满不确定性,企业会优先选择防守型战略(Lumpkin and Dess,2001),目的是控制各种成本,这个时候企业知识搜索策略采纳风险较大但有利于前瞻性和新颖性知识获取的知识搜索宽度策略则是冒险的(Miller and Friesen,1983)。因此,对于企业战略决策的制订者而言,企业尝试利用组织冗余或可用资源成为最优选择(Lumpkin and Dess,2001),也就是说,在竞争异常残酷的情况下,企业外部资源的可用性受到了约束,这会进一步激发企业把有限的组织资源用于自己现有知识基础和组织冗余的充分发掘上,试图通过试验、探索和掌握异质性的知识和技术,以促进企业在激烈的竞争中取得竞争优势(冯军政,2013),即在竞争敌对性非常残酷的情况下,知识搜索深度策略会成为企业的首选。另一种观点则认为,环境敌对性将影响企业的战略选择,部分有盈利前景的战略其所承担的风险可能会随着环境敌对性程度的增加而被放大，因此，只有在环境敌对性较低的情况下，企业才倾向于追求成本较高的创新战略（Miller and Friesen, 1983; Rosenbusch, Bausch, and Galander, 2007），而在环境敌对性程度较高的环境里，企业开展知识搜索时会更倾向于以解决企业所面临的问题即实用性为原则，而非选择最优原则。由此可见，环境敌对性对于企业知识搜索策略的选择具有很强的调节作用。

综上，提出如下假设：

H6.4：知识搜索与环境敌对性的匹配显著影响创新绩效。

H6.4a：环境敌对性对知识搜索宽度与创新绩效关系有正向的调节作用。

H6.4b：环境敌对性对知识搜索深度与创新绩效关系有正向的调节作用。

6.2.5 假设模型

基于以上分析，子研究 3 提出并验证环境动荡性和环境敌对性对知识搜索宽度、知识搜索深度与企业创新绩效关系的不同调节效应，具体概念模型如图 6-1 所示。

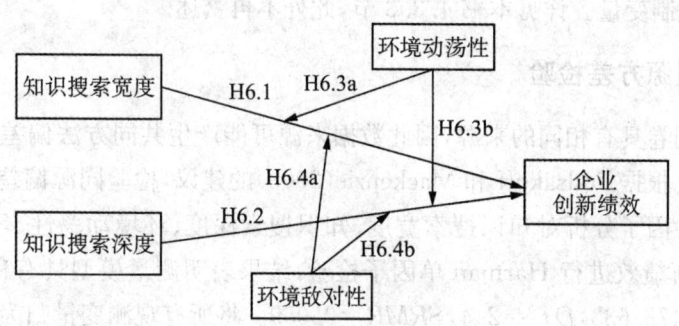

图 6-1 子研究 3 的概念模型

6.3 研究设计

6.3.1 分析方法

子研究 3 主要研究了知识搜索宽度与知识搜索深度对企业创新绩效作用过程中外部环境作为情景变量在其中的调节作用。由于环境动荡性和环境敌对性等变量难以从企业的财务报表中获取，也没有公开的定量资料可用于评价，因此，同子研究 1 一样，子研究 3 依然采用了问卷调查的方法。关于问卷的设计过程、基本结构和防偏措施等与子研究 1 和子研究 4 完全相同，在这里就不再赘述。

6.3.2 数据收集

数据收集的过程同本书 4.3.2 节,此处不再赘述。

6.3.3 变量和测量

(1) 解释变量。对于知识搜索宽度和知识搜索深度的测量详见本书 4.3.3 节。

(2) 因变量。对于创新绩效的测量详见本书 4.3.3 节。

(3) 调节变量。环境动荡性,借鉴 Sidhu 等(2007a)、张峰和刘侠(2014)的研究,分别采用 4 个题项:①顾客的偏好会经常发生变化;②市场需求难以预测;③顾客和分销商的行为难以预测;④技术变化难以预测和测量环境动荡性。环境敌对性采用 6 个题项:①产业失败率很高;②产业风险很高,坏决策很容易威胁到企业生存;③产业竞争强度很高;④激烈的价格战是产业特征;⑤政府的行业政策变化很快;⑥政府行业政策的变化趋势很难预测和测量环境敌对性。采用 Likert 7 级量表,其中从"完全不同意"到"完全同意"分别用数字 1~7 表示。

(4) 控制变量。详见本书 4.3.3 节,此处不再赘述。

6.3.4 同源方差检验

由于问卷具有相同的来源,因此数据来源可能产生共同方法偏差,从而影响研究效度。根据 Podsakoff 和 Mackenzie(2003)的建议,检验同源偏差问题,首先采用验证性因子分析对知识搜索宽度、知识搜索深度、环境动荡性、环境敌对性和企业创新绩效进行 Harman 单因子检验,结果表明测量模型具有良好的拟合优度:$\chi^2=478.633, Df=244, SRMR=0.059$。将所有观测变量归为单一因子,测量模型显示出极差的拟合优度:$\chi^2=4879.375, Df=243, SRMR=0.186$。然后,对所有构念的测量题项进行探索式因子分析,结果表明最大的因子仅解释了总方差的 23.84%,在临界值 40%之内,即不存在单一因子解释大部分变异因子的情况,说明同源方差偏差问题不会影响研究结果。

6.4 研究发现

6.4.1 信度与效度检验

信效度检验结果如表 6-1 所列,可以看出,所有变量的 Cronbach's α 值都在 0.882~0.924 之间,大于临界值(0.700),表明量表具有良好的信度;然后通过 CITC 检验和信度分析对量表的测量题项进行纯化。

表 6-1 子研究 3 的构念测量、信度与效度

概念与测量条目	因子载荷 1	因子载荷 2	信度与效度系数
创新绩效（$\alpha=0.893; CR=0.934; AVE=0.654$）			$\chi^2=19.326$; $Df=9$; $p<0.05$; $CFI=0.978$; $TLI=0.983$; $IFI=0.988$; $RMSEA=0.065$
I1. 新产品数量增长程度	0.870		
I2. 新产品的市场成功率	0.800		
I3. 新产品的开发速度	0.820		
I4. 专利数量增长程度	0.840		
I5. 工艺流程、设备的先进程度	0.810		
I6. 新产品销售额占销售总额的比重	0.860		
知识搜索			$\chi^2=48.73$; $Df=25$; $p<0.06$; $CFI=0.994$; $TLI=0.992$; $IFI=0.995$; $RMSEA=0.041$
知识搜索宽度（$\alpha=0.882; CR=0.851; AVE=0.623$）			
SB1. 本企业对知识的搜索广泛使用了多个搜索与交流通道/媒介	0.850		
SB2. 本企业能搜索到的研发、制造、营销等多个领域的知识	0.820		
SB3. 本企业能搜索到的技术、管理等多个方面的知识	0.860		
SB4. 本企业在对知识搜索中获取了较多的知识数量	0.830		
知识搜索深度（$\alpha=0.913; CR=0.956; AVE=0.643$）			
SD1. 本企业强烈而密集地使用一些特定的知识来源进行知识搜索		0.900	
SD2. 本企业能深度搜索并提取研发、制造、营销等特定领域的知识		0.870	
SD3. 本企业能深度搜索并提取技术或管理等特定方面的知识		0.910	
SD4. 本企业能深度搜索并利用研发或制造或营销等特定方面的知识		0.920	
SD5. 本企业能深度搜索并提取技术或管理等特定方面的知识		0.860	

（续表）

概念与测量条目	因子载荷1	因子载荷2	信度与效度系数
外部环境特征			
环境动荡性($\alpha=0.886, CR=0.858, AVE=0.615$)			$\chi^2=67.380;$
ET1. 顾客的偏好会经常发生变化	0.790		$Df=33;$
ET2. 市场需求难以预测	0.820		$p<0.02;$
ET3. 顾客和分销商行为难以预测	0.860		$CFI=0.985;$
ET4. 技术变化难以预测	0.840		$TLI=0.973;$
环境敌对性($\alpha=0.897, CR=0.874, AVE=0.623$)			$IFI=0.982;$
EH1. 产业失败率很高		0.820	$RMSE=0.064$
EH2. 产业风险很高，环决策很容易威胁到企业生存		0.840	
EH3. 产业竞争强度很高		0.810	
EH4. 激烈的价格战是产业特征		0.780	
EH5. 政府的行业政策变化很快		0.760	
EH6. 政府行业政策的变化趋势很难预测		0.820	
研发能力($\alpha=0.924; CR=0.924; AVE=0.768$)			$\chi^2=4.087; Df=2;$
RD1. 公司的产品制造、设计工艺品质较高	0.874		$p=0.07; CFI=0.984;$
RD2. 公司产品设计部门与制造部门能够很好地协调沟通	0.856		$TLI=0.988; IFI=0.978;$
RD3. 公司能及时将市场和客户的信息反馈到技术创新过程中	0.798		$RMSEA=0.078$
RD4. 公司从技术研发到产品设计具有很好的技术转移机制	0.836		

知识搜索宽度、知识搜索深度和创新绩效的量表的 CITC 检验与信度分析结果在本书 4.4.1 节中已经过了检验。所以,此处只对环境动荡性和环境敌对性量表进行 CITC 检验和信度分析,结果如表 6-2 和表 6-3 所列,环境动荡性量表和环境敌对性量表的 α 值分别为 0.886 和 0.897,高于一般建议的检验标准(0.700),表明该量表各测量题项均具有良好的内部一致性。同时,删除任何一个题项都不会使 α 值增大。此外,各测量题项的 $CITC$ 值均符合检验标准。因此,该量表能够满足研究的要求。

表 6-2　环境动荡性量表 CITC 检验与信度分析结果

量表题项	CITC	删除题项后的 α 值	Cronbach's α
ET1	0.82	0.80	0.886
ET2	0.77	0.86	
ET3	0.78	0.84	
ET4	0.79	0.87	

表 6-3　环境敌对性量表 CITC 检验与信度分析结果

量表题项	CITC	删除题项后的 α 值	Cronbach's α
EH1	0.83	0.83	0.897
EH2	0.78	0.88	
EH3	0.76	0.82	
EH4	0.79	0.85	
EH5	0.77	0.84	
EH6	0.75	0.86	

运用 AMOS 22.0 软件对知识搜索、外部环境特征和创新绩效分别进行验证性因子分析(CFA),发现各个模型的 χ^2/Df 值均小于 2,所有变量的 GFI,TLI,CFI,NFI 和 $NNFI$ 等拟合指标的值均大于或接近推荐值(0.9),$RMSEA$ 的值均小于 0.1,测量题项的因子载荷值均大于建议标准(0.40)且显著($p<0.01$),AVE 的值均大于 0.50,说明各个变量均具有良好的结构效度。结合相关系数(表 6-4)可知,各个变量之间的相关系数最大值为 0.48,而各个变量的 AVE 平

方根远大于变量间的相关系数,表明测量变量具有良好的区分效度。$\chi^2 = 478.63, Df = 269, SRMR = 0.059, NFI = 0.924, NNFI = 0.942, CFI = 0.963$,即测量量表具有可以接受的收敛效度。

将子研究 3 中五因子模型与其他模型进行对比,结果如表 6-5 所列,五因子模型吻合度较好($\chi^2 = 478.6, p < 0.01; TLI = 0.973; CFI = 0.975; RMSEA = 0.038$),而且五因子模型要显著地优于其他因子模型的拟合优度,表明子研究 3 具有较好的区分效度。

6.4.2 描述性统计与相关系数

从表 6-5 可以看出知识搜索宽度($r = 0.380, p < 0.01$)、知识搜索深度($r = 0.360, p < 0.01$)、环境动荡性($r = 0.450, p < 0.01$)、环境敌对性($r = 0.360, p < 0.01$)与创新绩效之间呈显著正相关关系,这为研究假设提供了初步支持。

6.4.3 假设检验

本书主要采用层级回归法来进行假设验证。为了尽可能地降低可能的多重共线性影响,在构造平方项和交互项之前,对变量先进行标准化处理。从表 6-6 可以看出,各个模型的最大 VIF 都远小于 10,说明回归不存在显著的多重线性问题。由于子研究 3 使用随机抽样的横截面数据,因此理论上不存在序列相关问题。另外,子研究 3 中各回归模型的残差散点图没有十分明显的变化趋势,表明不存在异方差问题。

模型 1 包含了控制变量、知识搜索深度和知识搜索宽度。回归结果说明,知识搜索深度($b = 0.140, p < 0.01$)和知识搜索宽度($b = 0.140, p < 0.01$)均正向显著影响创新绩效。模型 2 检验了知识搜索深度是否对企业创新绩效具有非线性效应。模型 2 加入了知识搜索深度的平方项,从回归结果可以看出,知识搜索深度的平方项与创新绩效的相关关系没有通过显著性检验($b = -0.03, p > 0.1$)。模型 3 检验知识搜索宽度对创新绩效的倒 U 形效应。回归结果说明,知识搜索宽度的平方项与创新绩效具有显著负相关关系($b = -0.13, p < 0.01$),与模型 1 相比较 R^2 也有所提高。在模型 4 中,除控制变量外,包含了知识搜索深度、知识搜索宽度以及它们的平方项。结果表明,知识搜索深度仅仅对创新绩效具有显著正向效应,不具备曲线效应;但知识搜索宽度对创新绩效具有显著的倒 U 形效应。因此,该结论与子研究 1 的结论一致,支持了假设 H6.1,但是没有支持假设 H6.2。

表 6-4 子研究 3 的变量描述性统计及相关关系

变量	均值	标准差	1	2	3	4	5	6	7	8	9
1. 所属行业	4.280	1.06	1.000								
2. 研发能力	0.540	0.520	0.320**	1.000							
3. 企业年龄	4.180	0.920	0.460**	0.380*	1.000						
4. 企业规模	2.480	1.090	0.450**	0.350*	0.160*	1.000					
5. 知识搜索宽度	4.810	1.230	0.380**	−0.030	0.170*	0.210**	1.00				
6. 知识搜索深度	5.630	0.710	0.360**	0.800**	0.100	0.250**	0.370*	1.000			
7. 环境动荡性	5.870	0.930	0.450**	0.280**	0.340**	0.290**	0.380*	0.450*	1.000		
8. 环境敌对性	3.950	1.100	0.360**	0.320	0.280	0.260**	0.290**	0.310**	0.320**	1.000	
9. 创新绩效	5.260	0.920	0.480**	0.370**	0.160*	0.270**	0.230**	0.240**	0.460**	0.390*	1.000

注：* $p<0.05$，** $p<0.01$，$N=273$。

表 6-5　子研究 3 变量的区分效度检验结果

模型	χ^2	Df	TLI	CFI	$RMSEA$
五因子模型：知识搜索深度；知识搜索宽度；环境动荡性；环境敌对性；创新绩效	478.6	244	0.973	0.975	0.038
四因子模型 1：知识搜索深度＋知识搜索宽度；环境动荡性；环境敌对性；创新绩效	588.6	247	0.871	0.878	0.072
四因子模型 2：知识搜索深度＋环境动荡性；知识搜索宽度；环境敌对性；创新绩效	519.8	246	0.891	0.903	0.078
四因子模型 3：知识搜索深度；知识搜索宽度＋环境动荡性；环境敌对性；创新绩效	664.3	246	0.807	0.825	0.103
三因子模型 4：知识搜索深度＋知识搜索宽度＋环境动荡性；环境敌对性；创新绩效	764.1	248	0.812	0.830	0.111
三因子模型 5：知识搜索深度＋知识搜索宽度＋环境敌对性；环境动荡性；创新绩效	891.2	248	0.768	0.792	0.131
二因子模型 6：知识搜索深度＋知识搜索宽度＋环境动荡性＋环境敌对性；创新绩效	1 012.4	249	0.682	0.743	0.142
单因子模型：知识搜索深度＋知识搜索宽度＋环境动荡性＋环境敌对性＋创新绩效	1 236.6	250	0.614	0.623	0.159

表 6-6 子研究 3 层级回归分析结果 (因变量: 创新绩效)

变量	模型 1	模型 2	模型 3	模型 4	模型 5	模型 6	模型 7	模型 8	模型 9
控制变量									
1. 研发能力	0.550**	0.510**	0.540**	0.520**	-0.020	0.030*	0.040**	0.060**	0.050**
2. 所属行业	0.060	0.050	0.050	0.060	0.500	0.490	0.480	0.530	0.550
3. 企业规模	0.050	0.060	0.040	0.050	0.050	0.060	0.050	0.040	0.050
4. 企业年龄	0.070	0.080	0.070	0.080	0.080	0.080	0.030	0.070	0.070
自变量									
5. 知识搜索深度	0.140**	0.060**	0.150**	0.050*	0.150*	0.130*	0.050	0.030	0.040
知识搜索深度^2		-0.030		-0.060	-0.040	-0.020	-0.020	-0.040	-0.020
6. 知识搜索宽度	0.140**	0.150**	0.130**	0.160**	0.040	0.030	-0.060	0.040	0.003
知识搜索宽度^2			-0.130**	-0.120**	-0.160**	-0.180**	-0.137†	-0.125**	-0.118*
调节变量									
7. 环境动荡性					0.163**		0.187**	0.069	0.175**
8. 环境敌对性						0.426**	0.511**	0.410**	0.425**
交互项									
9. 环境动荡性 * 知识搜索深度							0.178**		0.179**
10. 环境动荡性 * 知识搜索宽度							0.049	0.021	0.003
11. 环境敌对性 * 知识搜索深度									-0.029
12. 环境敌对性 * 知识搜索宽度								0.173**	0.152**
R^2	0.340	0.510	0.480	0.500	0.527	0.535	0.596	0.605	0.614
ΔR^2		0.170	0.140	0.160	0.504	0.523	0.569	0.583	0.596
F	22.65**	21.98**	23.29**	22.27**	28.8**	33.7**	31.4**	30.3**	29.8**
最大 VIF	1.390	1.770	1.890	1.860	1.852	1.882	2.481	2.493	2.687
Durbin-Watson 值	1.790	1.800	1.780	1.780	1.975	2.132	2.223	2.036	2.073

注: ** $p<0.01$, * $p<0.05$, † $p<0.1$。

模型5和模型6验证了环境动荡性($b=0.163,p<0.01$)与环境敌对性($b=0.426,p<0.01$)和创新绩效具有显著的正相关关系。模型7检验了环境动荡性对知识搜索宽度、知识搜索深度和创新绩效关系的调节作用,结果发现环境动荡性与知识搜索深度的交互项和创新绩效具有显著的正相关关系($b=0.178,p<0.01$),与模型5相比较R^2也有所提高,但环境动荡性与知识搜索宽度的交互项和创新绩效的关系不显著。因此,H6.3b得到支持,H6.3a没有得到支持。模型8检验了环境敌对性对知识搜索宽度、知识搜索深度和创新绩效关系的调节作用,结果发现环境敌对性与知识搜索宽度的交互项和创新绩效具有显著的正相关关系($b=0.173,p<0.01$),与模型6相比较R^2也有所提高,但环境敌对性与知识搜索深度的交互项和创新绩效的关系不显著。因此,H6.4a得到支持,H6.4b没有得到支持。模型9对所有变量进行回归,得到同样的调节效应结论。

为了更直观地揭示交互项的调节作用,本书借助Dawson(2014)提出的简单斜率检验原理,绘制了环境动荡性对知识搜索深度、环境敌对性对知识搜索宽度的调节效应图,如图6-2和图6-3所示。图6-2表明环境动荡性高时的知识搜索深度与创新绩效的关系比环境动荡性低时更强。图6-3表明随着知识搜索宽度的增加,高的环境敌对性可以产生相对较高的创新绩效。

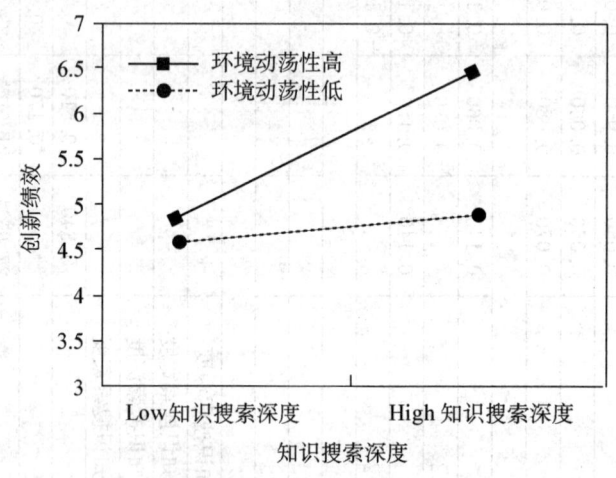

图6-2 环境动荡性对知识搜索深度与创新绩效关系的调节作用

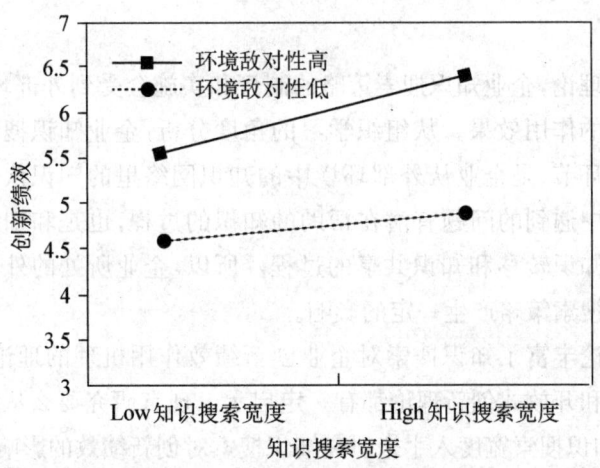

图 6-3　环境敌对性对知识搜索宽度与创新绩效关系的调节作用

6.4.4　结论

本章基于知识搜索策略和创新绩效关系的现有研究,以 273 家创新型企业为研究对象,通过问卷调查对于知识搜索策略对创新绩效的作用效果进行了理论分析和实证研究,同时考察了环境动荡性和环境敌对性的调节作用,具体的实证结论如下:

(1) 主效应:知识搜索深度正向影响企业的创新绩效;知识搜索宽度与企业的创新绩效之间是倒 U 形曲线关系,说明知识搜索宽度对企业创新绩效存在最优值,超过这个最优的知识搜索宽度之后,企业的知识搜索策略产生的创新绩效就会下降。知识搜索深度与企业的创新绩效是正向影响,说明随着企业知识搜索深度的增加,会提升企业的创新绩效。

(2) 环境动荡性的调节作用:环境动荡性在知识搜索深度与创新绩效之间起显著的正向调节作用,在环境动荡性高的情景下,知识搜索深度与创新绩效的关系比环境动荡性低时更强,但是对知识搜索宽度与创新绩效之间的调节效应不显著。

(3) 环境敌对性的调节作用:环境敌对性在知识搜索宽度与创新绩效之间起显著的正向调节作用,随着知识搜索宽度的增加,高的环境敌对性能产生相对较高的创新绩效,但是对知识搜索深度与创新绩效之间的调节效应不显著。

6.4.5 讨论

根据权变理论,企业知识搜索策略的制订和实施会受到外部环境的影响,进而影响对创新的作用效果。从组织学习的角度分析,企业知识搜索本身就是组织学习的一个环节,是企业从外部环境中的知识网络里的知识伙伴那里寻找对自己解决创新中遇到的问题有潜在帮助的知识的过程,也是和知识网络中其他知识伙伴进行知识转移和知识共享的过程。所以,企业所处的外部环境必然会对企业的知识搜索策略产生一定的影响。

本章的结论丰富了知识搜索对企业创新绩效作用机理的理论,对企业外部知识搜索理论和开放式创新理论都有一定启示。现有研究要么从知识搜索深度入手,要么从知识搜索宽度入手来研究知识搜索对创新绩效的影响(Shang, Yao, and Liou, 2017; Cruz-Gonzalez, Lopez-Saez, and Navas-Lopez, 2015; Laursen and Salter, 2014; Leiponen and Helfat, 2011; Shenkar and Li, 1999; Hansen, 1999),本章整合两种知识搜索策略,研究了外部环境在知识搜索和创新绩效中的作用,知识搜索宽度与知识搜索深度都具有自发性和路径依赖性,企业容易陷入失败陷阱或形成核心刚性。通过对外部环境的分析,实证了在环境动荡性高的情景下,知识搜索深度与创新绩效的关系比市场动荡性低时更强,随着知识搜索宽度的增加,高的环境敌对性能产生相对较高的创新绩效,表明企业开展知识搜索策略应该依据企业外部环境的变化因时制宜,这便为企业选择怎样的知识搜索策略才能使得创新绩效最大化提供了一个可行的解决之道。这些结论给企业在有限的组织资源约束的情景下确定搜索范围这一开放式创新理论中的经典悖论提供了一个新的解决思路。

本章的结论可以帮助企业在制订知识搜索策略时提供一个方向上的指导。企业知识搜索宽度与创新绩效之间有倒 U 形关系,而知识搜索深度与创新绩效之间不具有倒 U 形曲线关系。这说明对于企业创新绩效而言,存在最优的知识搜索宽度,在未达到这个最优值前,知识搜索宽度正向影响企业创新绩效;当达到最优值时,企业创新绩效达到最优状态;超过知识搜索宽度的这个最优值后,知识搜索宽度的增加反而会导致创新绩效的降低,而知识搜索深度对企业创新绩效的影响是正向线性关系,说明只要充分实施知识搜索深度策略就会正向影响企业绩效,我国企业目前不存在知识搜索深度过剩的情况。因此,企业应该注重内部知识的基础建设,提升对现有知识基础的发掘。在创新过程中,如果企业的内部知识库比较丰富,知识搜索深度程度较高的企业更容易吸收外部搜索到的异质性知识,从而更利于创新。如果企业内部知识基础不够扎实,知识搜索深度程度低的企业在选择知识搜索宽度的时候要考虑与自己能力相匹配的知识合作伙伴。同时,我国正处在经济转型期,经济政策方面存在较大的变化,持续而深远的改革一直在路上,因此,企业的外部环境必然具有环境动荡性的显著特点。另外,随着改革开放的深入,经济全球化与贸易壁垒并存的复杂局面导致市场竞争愈发激烈,这便体现出环境敌对性的特点。因此,企业在制订知识搜索策略时,有必要对自己所处的外部环境有一个清醒的认知,要根据企业外部环境的特征来采用相应的知识搜索策略,尽量避免采用单一化的产品战略,应注意在环境敌对性程度比较高的时候开展差异化竞争,从而帮助企业能够以最低的成本获取最大的创新绩效。

  本章研究存在一定的局限性:第一,样本数据是跨行业的横截面数据,未来可以针对某个特定行业采用面板数据,研究知识搜索策略与创新绩效之间的动态演化过程。第二,未将外部知识搜索维度进一步细分,后续研究可关注外部知识搜索的不同来源,如市场知识、技术知识对创新绩效的影响。第三,对于外部知识搜索作用企业创新的情景变量有待更深入的研究,如企业处在开放式创新知识网络中,网络特征对企业实施知识搜索策略及其创新绩效之间的关系必然会有影响,这种影响是中介还是调节,值得进一步探讨。

第 7 章
子研究 4：知识搜索宽度、关系嵌入性与企业创新绩效

7.1 前言

随着经济全球化的加速和开放式创新的普及,在市场和技术的双重推动下,企业与各个知识源之间逐渐形成了区域性或全球性的知识网络,为企业识别和搜索知识、提升创新绩效、获取竞争优势提供了机遇。在这样的背景下,如何才能充分利用外部知识网络的优势来促进中国企业的发展成为战略研究的热点问题。企业应该制订怎样的知识战略才能在外部知识网络中有效获取企业创新所需的知识和能力以增强企业的核心竞争力,是当前中国企业发展面临的一个现实问题。

Gulati(1999)研究指出,在开放式创新的背景下,随着企业知识网络的形成,企业的竞争力不再仅仅表现为对稀缺资源或者技术的垄断占有,同时也表现在对企业所在知识网络的维护上,也就是网络资源的拥有和利用。知识网络能够为企业提供发展所需的知识资源,而知识的转移和获取是知识网络的基本职能之一,表现为网络中各知识源的收益。知识资源的获取会直接影响到企业的创新成败,而现有研究表明企业的知识搜索策略对企业创新具有很大的促进作用(简兆权、刘荣、招丽珠,2010;高忠仕,2008;董振林,2017)。知识搜索宽度拓展了企业创新资源即知识源的边界,使企业可以接触到更多来自不同知识源的新知识;知识搜索延伸了现有企业创新资源即企业知识基的边界,帮助企业能够更好地吸收利用搜索到的新知识。但由于企业间规模、组织架构、管理水平和行业背景的差异,加之信息不对称带来的机会投机主义和合作动机的不确定性以及彼此间工作任务的相互依赖程度等问题的存在,使得创新企业难以搜寻、获取、转移和吸收外部知识。此时,作为一种识别、发展、维护和升级企业间关系的能

力,关系嵌入性对于企业开展知识搜索策略利用外部异质性知识资源具有积极作用(Barden,2012)。关系嵌入性也是研究知识网络关系的重要工具(Gulati and Sytch,2007)。关系嵌入性通过企业间信任、优质信息共享以及共同解决问题的方式来改变企业知识资源的运用边界和使用价值,因而它又被认为是一种重要的影响企业创新能力的组织资源(Uzzi,1997;McEvily and Marcus,2005)。然而,目前对于企业实施知识搜索宽度策略从知识网络中搜索有利于自身创新的知识资源,进而提升企业创新能力的作用机制还不明确,即企业通过实施知识搜索宽度策略来提升企业创新绩效,而不同的关系嵌入性机制是如何调节企业知识搜索宽度策略和企业创新绩效的,目前在理论研究上还处于作用"黑箱"。

本章从中国本土企业的现实情况出发,结合企业所处的开放式创新背景下的知识网络,探讨将关系嵌入性纳入知识搜索宽度对创新绩效的作用路径中,提出并验证关系嵌入性对知识搜索宽度与创新绩效关系的调节作用,以期为中国本土企业更好地利用外部知识网络来促进企业的创新能力提供有价值的参考意见和建议,同时也扩展了知识搜索理论、关系嵌入性理论和企业创新理论,从而体现出本书的理论探索意义。

7.2 理论假设与模型构建

7.2.1 知识搜索宽度与企业创新绩效

在本书 4.2.2 节中已经分析了知识搜索宽度与创新绩效之间的倒 U 形相关关系,此处不再赘述,仅提出假设用于本章概念模型的构建。

H7.1:知识搜索宽度和企业创新绩效之间具有倒 U 形相关关系。

7.2.2 关系嵌入性的调节作用

关系嵌入性是指嵌入在知识网络中意欲合作的知识源双方对彼此需求和目标的重视程度(Granovetter,1985),它可以帮助企业通过实施一定的知识战略从知识网络中获取有利于自身发展的知识资源,并且可以帮助企业学习如何利用这些知识资源(Burt,1995)。企业在从外部知识网络中获取知识资源并将其应用到创新活动的过程中,要能嵌入外部知识网络,这样才能与外部知识源建立良好关系,从而深入开发外部知识网络中的知识资源(Laursen and

Salter，2006）。外部知识网络是创新知识的重要来源，嵌入外部知识网络是企业整合利用外部知识资源的关键（许冠南，2008）。现有研究表明，企业嵌入外部知识网络的主要机制是关系嵌入性机制，包括信任、信息共享和共同解决问题三个维度，它们共同测度了企业与知识伙伴的合作频度与合作深度（Uzzi，1997）。关系嵌入性机制能够有助于企业更好地实施知识搜索策略，从而帮助企业获取更多的可利用的知识资源，而且这种关系嵌入性机制是知识网络外部竞争者难以学习的，同时，这种关系嵌入性机制还可以帮助企业获得关系租金（Dyer and Singh，1998；Kale，Singh，and Perlmutter，2000；Gulati and Sytch，2007），能够提升企业的创新绩效（Hagedoorn and Cloodt，2003；Shang，Yao，and Liou，2017）。

1. 信任的调节作用

关于信任的定义，不同学者从不同的角度给予了界定，如 Kumar（1996）定义信任为企业与外部知识网络中的知识合作伙伴彼此之间因信赖或承诺而形成的因对方而获益的可能性；McEvily 和 Marcus（2005）定义信任为企业不会把利己原则当作自己交往原则的一种预期，双方通过彼此合作能够获益的可能性；Madhok（2011）认为信任是一种对合作伙伴不会只奉行利己主义的感知；Gulati（1995）认为信任是一种消除合作伙伴会产生机会主义担忧的预期；Zaheer 等（1998）指出在企业的知识网络中，信任反映了企业与知识伙伴及产品伙伴之间的共有信任倾向程度；McEvily 和 Marcus（2005）则指出信任反映了企业与知识合作伙伴之间的公平交易状况。现有研究无论怎样定义信任，但比较一致的是都认为企业间的信任是彼此合作共同创新的关键要素（Levin and Cross，2004），伴随着开放式创新的萌芽和发展，处于开放式网络中的各知识源从最初的非自发性的松散交易逐步发展成为建立在信任基础上的合作关系，由于彼此之间的信任，企业的知识搜索策略能够得到更好的实施，进而在合作互动中开展研发创新活动，提升创新绩效。

Levin 和 Cross（2004）根据现有研究指出，企业间的信任是企业实现技术创新的关键要素。由于彼此之间存在信任关系，企业和知识网络中其他知识源之间开展合作时不会产生对方会伤害自己利益的顾虑（Mcallister，1995），而创新目标的实现需要彼此间通力合作，由于市场动荡风险和机遇，基于信任的合作企业会共同进行研发和市场开拓，在这个基于信任的过程中会提升合作深度、提高双方的创新效率和成功率（许冠南，2008），从而帮助企业在实施知识搜索宽度策略时，更容易拓宽企业的合作范围。同时，由于信任的存在，企业更愿意承担风险，也具有探索精神(Ireland, Hitt, and Vaidyanath, 2002),从而促使企业开展更具有挑战性的知识搜索宽度策略,去探索企业尚未涉足的领域,进而提升企业的知识搜索效果。还有研究指出,信任能够提升企业间的战略柔性(Young-Ybarra and Wiersema, 1999),能够帮助企业根据环境动荡性和环境敌对性来调整经营方式,从而更适应外部环境,提升知识搜索策略对创新绩效的正向影响。还有学者指出,信任可以帮助企业以更开放的姿态对待知识网络中的其他知识源,从而帮助企业更深度地利用彼此的互补性资源(Powell, 1996),同时,使企业也愿意和其他知识源共享一些敏感的信息和知识(McEvily and Marcus, 2005),极大地提升知识搜索策略的效果,进而提升创新绩效。

Zaheer 等(1998)通过对电子制造业的 107 家企业与其供应商之间的关系嵌入性进行考察,发现企业间的信任显著正向影响绩效。Capaldo(2007)通过对 3 家制造企业长达 30 年的追踪研究,发现企业间基于信任的知识密集型关系有利于提升企业的创新能力。黎晓燕和井润田(2007)通过分析 2001 年世界银行对中国 998 家制造企业的调查数据后发现企业的网络联系越强,企业间的信任程度越高;同时,企业间信任程度越高,越有利于企业创新。简兆权等(2010)以珠三角地区 116 家企业为研究对象,发现企业间的信任程度越高,知识共享的程度就越高,与外部企业建立的网络关系对知识共享有显著正向影响。也有研究指出,组织间的信任和沟通对核心企业和创新绩效起到部分中介作用,组织间的信任在组织沟通与创新网络绩效之间起完全中介作用(汪秀婷 等,2012)。党兴华和孙永磊(2013)研究发现,网络位置和组织间信任与网络惯例之间存在显著的正向影响。也有研究指出,信任的情景不同,调节定向与网络惯例之间的关系也会随着变化(孙永磊、宋晶、谢永平,2016)。杨治等(2015)则认为,企业间的信任不能带来双元创新,只有在企业具有较强的市场导向、丰富的组织冗余和重组的人力资本的条件下,企业间的信任才对双元创新发生积极影响。

基于以上分析,提出假设:

H7.2a:信任对知识搜索宽度与创新绩效之间的关系有正向调节作用。

2. 信息共享的调节作用

信息共享是指在知识网络中,企业与合作方除了按照合同和协议交换信息外,超出合同约定的交流信息的程度,一般来说,交流的信息能够给对方带来收益(McEvily and Marcus, 2005)。信息共享的维度可以通过信息共享给企业带来收益这一视角进行考察,如从共享信息细节的准确程度、表达的精确程度、时效性、外延性以及共享方式等维度进行考察(Gulati and Sytch, 2007)。

现有研究表明,企业通过知识网络共享的信息和知识是企业竞争力形成的主要来源之一(Dyer and Singh,1998;Dyer and Nobeoka,2000)。企业通过知识网络进行的信息共享对于企业的技术创新具有正向影响作用(许冠南,2008)。组织学习理论认为企业的创新过程就是企业学习的过程,也就是技术知识的积累学习过程(Rothwell,1992),而在这个积累过程中,信息共享会有利于技术知识的积累,会帮助企业在实施知识搜索策略时以更低的成本更有效地找到自己所需的知识,从而对企业创新产生正向促进作用。Rothwell(1992)研究指出,企业创新的知识不仅仅来自行业内部,还可能源于供应商和客户,也可能来自研究机构和大学,甚至可能来自竞争对手。这就为企业实施知识搜索策略奠定了基础。也有学者研究指出,企业外部的信息对企业创新创意和解决方案的形成都有正向影响(Adams,Day,and Dougherty,1998)。许冠南(2008)通过研究指出,企业外部信息源的地位十分重要。因此,企业知识搜索宽度策略对企业创新来说也十分重要。当企业和各知识源在彼此之间形成的网络中信息共享程度加深时,大家都可以在这个网络中获取到准确度高且更具时效性以及范围更广泛的信息与知识,从而能够借助自身的知识基础和吸收能力识别出在这些信息和知识中蕴藏的市场机遇和技术潜力。Song 等(2007)研究指出,信息共享是企业创新的组成内容之一,企业间的信息共享可以为彼此提供获取异质性知识和新创意的可能,同时可能也会带来溢出效应,从而企业可以获得对技术创新更具影响的隐性知识,这可以提高企业创新的成功率和缩短研发周期,由于信息共享使得企业与其他知识源之间的沟通更为密切,尤其是知识溢出效应带来的隐性知识的获取,能够帮助企业进一步建构和整合从而得到新知识,因此降低了由环境动荡性和环境敌对性带来的新风险,从而提高了企业的创新绩效。由此可见,企业间的信息共享在一定程度上影响了企业知识搜索策略的效果。

基于以上分析,提出假设:

H7.2b:信息共享对知识搜索宽度与创新绩效之间的关系有正向调节作用。

3. 共同解决问题的调节作用

Gulati 和 Sytch(2007)定义共同解决问题为企业间通力合作共同完成既定任务以达到预期目标,在目标达成的过程中如果遇到困难,双方互相帮助共同解决,还包括双方为了保持合作关系而做出的一系列让步和调整行为。还有学者认为,共同解决问题是企业与合作方的一种责任共担机制(Heide and Miner,1992)。

Uzzi(1997)从研发创新的过程视角指出,当企业研发创新的目标确定后,研发创新就是在研发过程中发现问题、解决问题,在这个过程中,共同解决问题这一策略可以帮助企业及其合作伙伴在同一个协调机制下解决研发中遇到的问题,从而降低沟通成本,提高研发效率,降低研发中的错误和缩短研发周期,进而促进企业创新。可以看到,共同解决问题可以解决企业实施知识搜索策略搜索到的异质性新知识的吸收和应用问题,从而能够提高知识搜索的效果。Hansen(1999)更是指出,企业与合作伙伴之间共同解决问题本身就是一种正式的有利于深入开展合作的机制安排,或者说是在协同工作中形成的有利于彼此间利益最大化的规范和共同选择。这种机制和选择降低了企业与合作伙伴之间的合作障碍和沟通成本,提高了合作的效果和效率,从而推动了合作技术创新。在这样具有良好的共同解决问题的知识伙伴间开展知识搜索,会节省一定的组织资源,而且会搜索到高质量的知识资源。McEvily 和 Marcus(2005)的研究也指出,共同解决问题客观上促进了企业间交流的频度和深度,有利于增进了解、消除误会,进而提高企业的创新绩效,从而有利于知识搜索策略的开展。当知识伙伴间开展知识搜索时,知识伙伴会主动提供一些解决问题所需的高质量知识,从而更利于解决创新过程中遇到的问题。

基于以上分析,提出假设:

H7.2c:共同解决问题对知识搜索宽度与创新绩效之间的关系有正向调节作用。

7.2.3 假设模型

基于此,子研究 4 将提出并验证关系嵌入性对知识搜索宽度与创新绩效之间关系的调节作用,具体概念模型如图 7-1 所示。

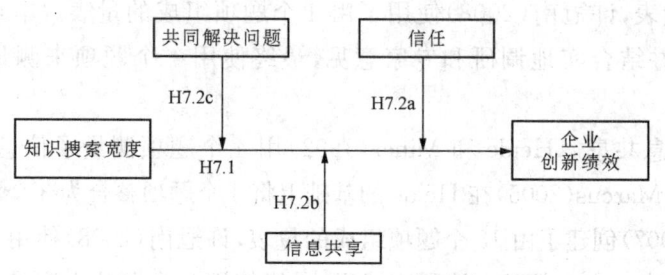

图 7-1 子研究 4 的概念模型

7.3 研究设计

7.3.1 分析方法

子研究 4 主要研究知识搜索宽度对企业创新绩效作用过程中关系嵌入性在这个过程中的调节作用,由于关系嵌入性变量难以从企业的财务报表中获取,也没有公开的定量资料可以进行评价,因此同子研究 1 和子研究 3 一样,本章依然采用问卷调查的方法。关于问卷的设计过程、问卷的基本结构和问卷的防偏措施等与子研究 1 完全相同,这里不再赘述。

7.3.2 数据收集

数据收集的过程同本书 4.3.2 节,此处不再赘述。

7.3.3 变量和测量

解释变量。对于知识搜索宽度和知识搜索深度的测量见本书 4.3.3 节。

因变量。对于创新绩效的测量见本书 4.3.3 节。

调节变量。关系嵌入性分为信任、信息共享和共同解决问题三个维度进行测量。

(1) 信任。Cummings 和 Bromiley(1996)把信任分为三个维度即信守承诺、公平协商和避免过分利用进行分析,并分别从感情、认知和行为趋势三个视角开发了企业间信任量表。McEvily 和 Marcus(2005)在这个基础上提炼出了 3 个题项来测量企业之间的信任,Zaheer 等(1998)提出了由 5 个题项组成的量表,Gulati 和 Sytch(2007)则在总结前人研究的基础上提出了由 6 个题项组成的测量量表,许冠南(2008)使用了由 4 个题项组成的量表。本章基于上述研究成果,并结合实地调研和专家意见,最终使用 4 个题项来测量企业间的信任。

(2) 信息共享。Heide 和 Miner(1992)用 4 个题项测量了信息共享程度,McEvily 和 Marcus(2005)在 Heide 的基础上将 4 个题项整合为 3 个题项,Gulati 和 Sytch(2007)创建了由 13 个题项组成的量表,许冠南(2008)使用了由 4 个题项组成的量表。本章基于上述研究成果,最终使用 4 个题项来度量企业间的信息共享程度。

(3) 共同解决问题。Heide 和 Miner(1992)在研究中创建了关于共同解决问题的量表，McEvily 和 Marcus(2005)在 Heide 的基础上使用了 3 个指标来进行测量，Gulati 和 Sytch(2007)用 10 个题项进行测量后经过探索性因子分析纯化为 7 个题项，许冠南(2008)使用了由 3 个题项组成的量表。本章基于上述研究成果，最终使用 3 个题项来度量企业间的信息共享程度。

采用 Likert 7 级量表，其中从"完全不同意"到"完全同意"分别用数字 1～7 表示。

控制变量。详见本书 4.3.3 节，此处不再赘述。

7.3.4 同源方差检验

由于问卷具有相同的来源，因此数据来源可能产生共同方法偏差，从而影响研究效度。根据 Podsakoff 和 Mackenzie(2003)的建议，检验同源偏差问题，首先用验证性因子分析对知识搜索宽度、信任、信息共享、共同解决问题和企业创新绩效进行 Harman 单因子检验，结果表明测量模型具有良好的拟合优度：$\chi^2 = 359.6, Df = 185, SRMR = 0.04$。将所有观测变量归为单一因子，测量模型显示出极差的拟合优度：$\chi^2 = 927.2, Df = 189, SRMR = 0.19$。然后对所有构念的测量题项进行探索式因子分析，结果表明最大的因子仅解释了总方差的 29.76%，在临界值 40% 之内，即不存在单一因子解释大部分变异因子的情况，说明同源方差偏差问题不会影响研究结果。

7.4 研究发现

7.4.1 信度与效度检验

信效度检验结果如表 7-1 所列，可以看出，所有变量的 Cronbach's α 值都在 0.879～0.924 之间，大于临界值(0.700)，表明量表具有良好的信度；然后通过 CITC 检验和信度分析对量表的测量题项进行纯化。

知识搜索宽度和创新绩效的量表的 CITC 检验与信度分析结果在本书 4.4.1 节中已经过检验，所以只对信任、信息共享和共同解决问题量表进行净化处理，结果分别如表 7-2、表 7-3 和表 7-4 所列。信任、信息分享和共同解决问题量表的 α 值分别为 0.879、0.892 和 0.903，高于一般建议的检验标准(0.70)，表明该量表各测量题项具有良好的内部一致性。同时，删除任何一个题项都不会使 α 值增大。此外，各测量题项的 CITC 值均符合检验标准。因此，该量表能够满足研究要求。

表 7-1 子研究 4 的构念测量、信度与效度

概念与测量条目	因子载荷 1	因子载荷 2	因子载荷 3	信度与效度系数
创新绩效（$\alpha=0.893;CR=0.934;AVE=0.654$）				$\chi^2=19.326;$ $Df=9;p<0.05;$ $CFI=0.978;$ $TLI=0.983;$ $IFI=0.988;$ $RMSEA=0.065$
I1. 新产品数量增长程度	0.870			
I2. 新产品的市场成功率	0.800			
I3. 新产品的开发速度	0.820			
I4. 专利数量增长程度	0.840			
I5. 工艺流程、设备的先进程度	0.810			
I6. 新产品销售额占销售总额的比重	0.860			
知识搜索宽度（$\alpha=0.882;CR=0.851;AVE=0.623$）				$\chi^2=4.06;Df=2;$ $p<0.05;CFI=0.989;$ $TLI=0.991;$ $IFI=0.993;$ $RMSEA=0.037$
SB1. 本企业对知识的搜索广泛使用了多个搜索与交流通道/媒介	0.850			
SB2. 本企业能搜索到的研发、制造、营销等多个领域的知识	0.820			
SB3. 本企业搜索到的技术、管理等多个方面的知识	0.860			
SB4. 本企业在对知识的搜索中获取了较多的知识数量	0.830			
关系嵌入性				$\chi^2=80.890;$ $Df=41;p<0.01;$ $CFI=0.978;$ $TLI=0.967;$ $IFI=0.987;$ $RMSE=0.063$
信任（$\alpha=0.879;CR=0.867;AVE=0.632$）				
T1. 合作伙伴与本企业在沟通时能够实事求是	0.770			
T2. 与合作伙伴合作时双方都能做到诚信第一	0.810			

（续表）

概念与测量条目	因子载荷1	因子载荷2	因子载荷3	信度与效度系数
T3. 合作伙伴不会利用已掌握的本公司的商业机密谋取利益	0.840			$\chi^2=80.890$; $Df=41;p<0.01$; $CFI=0.978$; $TLI=0.967$; $IFI=0.987$; $RMSE=0.063$
T4. 合作伙伴不会故意提供误导性信息	0.780			
信息共享（$\alpha=0.892;CR=0.863;AVE=0.633$)				
IS1. 合作伙伴会与我们分享企业发展规划		0.810		
IS2. 合作伙伴与我们彼此都能够提供对方所需信息		0.830		
IS3. 合作伙伴与我们交换信息的频率比较高		0.850		
IS4. 合作伙伴与我们能够彼此提醒可能存在的危机和动荡		0.790		
共同解决问题（$\alpha=0.903;CR=0.912;AVE=0.773$)				
JP1. 合作伙伴与我们能够共同协作解决问题			0.810	$\chi^2=4.087;Df=2$; $p=0.07;CFI=0.984$; $TLI=0.988;IFI=0.978$; $RMSEA=0.078$
JP2. 合作伙伴与我们能够共同完成研发项目			0.790	
JP3. 合作伙伴与我们能够帮对方解决研发中遇到的难题			0.820	
研发能力（$\alpha=0.924;CR=0.924;AVE=0.768$)				
RD1. 公司的产品制造、设计工艺品质较高	0.874			
RD2. 公司产品设计部门与制造部门能够很好地协调沟通	0.856			
RD3. 公司能及时将市场和客户的信息反馈到技术创新过程中	0.798			
RD4. 公司从技术研发到产品设计具有很好的技术转移机制	0.836			

表 7-2 信任量表 CITC 检验与信度分析结果

量表题项	CITC	删除题项后的 α 值	Cronbach's α
T1	0.83	0.84	0.879
T2	0.82	0.85	
T3	0.79	0.79	
T4	0.78	0.82	

表 7-3 信息分享量表 CITC 检验与信度分析结果

量表题项	CITC	删除题项后的 α 值	Cronbach's α
IS1	0.81	0.82	0.892
IS2	0.78	0.84	
IS3	0.82	0.79	
IS4	0.80	0.82	

表 7-4 共同解决问题量表 CITC 检验与信度分析结果

量表题项	CITC	删除题项后的 α 值	Cronbach's α
JP1	0.81	0.84	0.903
JP2	0.78	0.86	
JP3	0.82	0.87	

运用 AMOS 22.0 软件对知识搜索宽度、关系嵌入性(信任、信息共享和共同解决问题)和创新绩效分别进行验证性因子分析(CFA),发现各个模型的 χ^2/Df 值均小于 2,所有变量的 GFI,TLI,CFI,NFI 和 $NNFI$ 等拟合指标的值均大于或接近推荐值(0.9),$RMSEA$ 的值均小于 0.1,测量题项的因子载荷值均大于建议标准(0.40)且显著($p<0.01$),AVE 的值均大于 0.50,说明各个变量具有良好的结构效度。结合相关系数(表 7-5)可知,各个变量之间的相关系数最大值为 0.48。另外,各个变量的 AVE 平方根远大于变量间的相关系数,表明测量变量具有良好的区分效度。$\chi^2=359.6$,$p<0.01$;$TLI=0.97$;$CFI=0.94$;$RMSEA=0.04$,即测量量表具有可以接受的收敛效度。

将子研究 4 中五因子模型与其他模型进行对比,结果表明五因子模型的吻合度较好($\chi^2=359.6$,$p<0.01$;$TLI=0.97$;$CFI=0.94$;$RMSEA=0.04$),且这一模型要显著地优于其他因子模型的拟合优度(表 7-6),表明子研究 4 具有较好的区分效度。

7.4.2 描述性统计与相关系数

从表 7-5 可以看出,知识搜索宽度($r=0.380$,$p<0.01$)、信任($r=0.360$,$p<0.01$)、信息共享($r=0.410$,$p<0.01$)、共同解决问题($r=0.480$,$p<0.01$)与创新绩效之间呈显著正相关关系,这为研究假设提供了初步支持。

表 7-5 变量描述性统计及相关关系

变量	均值	标准差	1	2	3	4	5	6	7	8	9
1. 所属行业	4.280	1.06	1.000								
2. 研发能力	0.540	0.520	0.320**	1.000							
3. 企业年龄	4.180	0.920	0.460**	0.380*	1.000						
4. 企业规模	2.480	1.090	0.450**	0.350*	0.260*	1.000					
5. 知识搜索宽度	5.630	0.710	0.380**	-0.230	0.270*	0.210**	1.00				
6. 信任	5.434	0.980	0.360**	0.330*	0.240**	0.410**	0.460**	1.000			
7. 信息共享	5.575	0.868	0.410**	0.220**	0.380**	0.320**	0.470**	0.320**	1.000		
8. 共同解决问题	5.802	0.782	0.480**	0.230**	0.370**	0.240**	0.360**	0.380**	0.320*	1.000	
9. 创新绩效	5.260	0.920	0.480**	0.370**	0.160**	0.270**	0.230**	0.460**	0.390*	0.370*	1.000

注:* $p<0.05$,** $p<0.01$,$N=273$。

表 7-6　子研究 4 变量的区分效度检验结果

模型	χ^2	Df	TLI	CFI	RMSEA
五因子模型：知识搜索宽度；信任；信息共享；共同解决问题；创新绩效	359.6	185	0.97	0.94	0.04
四因子模型 1：知识搜索宽度；信任；信息共享＋共同解决问题；创新绩效	563.9	186	0.76	0.81	0.11
四因子模型 2：知识搜索宽度；信任＋信息共享；共同解决问题；创新绩效	673.2	186	0.64	0.86	0.10
四因子模型 3：知识搜索宽度；信任＋信息共享；共同解决问题；创新绩效	733.1	186	0.81	0.75	0.13
三因子模型 4：知识搜索宽度；信任＋信息共享＋共同解决问题；创新绩效	791.3	187	0.79	0.78	0.28
三因子模型 5：知识搜索宽度＋信任；信息共享＋共同解决问题；创新绩效	867.3	187	0.68	0.58	0.18
二因子模型 6：知识搜索宽度＋信任＋信息共享；共同解决问题＋创新绩效	916.4	188	0.59	0.62	0.17
单因子模型：知识搜索宽度＋信任＋信息共享＋共同解决问题＋创新绩效	927.2	189	0.62	0.54	0.19

7.4.3 假设检验

本章主要采用层级回归法来进行假设验证。为了降低可能的多重共线性的影响，在构造平方项和交互项之前，对变量先进行标准化处理。从表7-7可以看出，各个模型的最大 VIF 都小于2，说明回归不存在显著的多重线性问题；由于使用随机抽样的横截面数据，在理论上不存在序列相关问题，而且本章中各回归模型的DW值都非常接近2(表7-7)，因此不存在序列相关问题。各回归模型的残差散点图没有十分明显的变化趋势，表明不存在异方差问题。

模型1包含了控制变量、知识搜索宽度，回归结果说明知识搜索宽度($b=0.18, p<0.01$)正向显著影响创新绩效。模型2加入了知识搜索宽度的平方项，回归结果说明知识搜索宽度的平方项与创新绩效具有显著负相关关系($b=-0.15, p<0.01$)，与模型1相比，模型2的R^2也有所提高(表7-7)。可以看出，知识搜索宽度对创新绩效具有显著的倒U形曲线效应，H7.1得到验证。

模型3、模型6和模型9分别验证了信任($b=0.31, p<0.01$)、信息共享($b=0.25, p<0.01$)、共同解决问题($b=0.37, p<0.01$)对创新绩效具有显著的正相关关系。模型4检验了信任对知识搜索宽度和创新绩效关系的调节作用，结果发现信任与知识搜索宽度的交互项对创新绩效具有显著的正相关关系($b=0.08, p<0.05$)，与模型3相比，模型4的R^2也有所提高。同时，模型5检验了调节变量信任对知识搜索宽度的平方和创新绩效关系的曲线作用的调节效果($b=0.13, p<0.05$)，因此，信任对知识搜索宽度和创新绩效关系具有正向调节作用，H7.2a得到支持。同理，模型7检验了信息共享对知识搜索宽度和创新绩效关系的调节作用，结果发现信息共享与知识搜索宽度的交互项对创新绩效具有显著的正相关关系($b=0.14, p<0.05$)，与模型6相比，模型7的R^2也有所提高。同时，模型8继续检验了调节变量信息共享对知识搜索宽度的平方和创新绩效关系的曲线作用的调节效果($b=0.20, p<0.01$)，因此，信息共享对知识搜索宽度和创新绩效关系具有正向调节作用，H7.2b得到支持。进一步地，模型10检验了共同解决问题对知识搜索宽度和创新绩效关系的调节作用，结果发现共同解决问题与知识搜索宽度的交互项对创新绩效具有显著的正相关关系($b=0.13, p<0.05$)，与模型9相比，模型10的R^2也有所提高。同时，模型11检验了调节变量共同解决问题对知识搜索宽度的平方和创新绩效关系的曲线作用的调节效果($b=0.16, p<0.01$)，因此，共同解决问题对知识搜索宽度和创新绩效关系具有正向调节作用，H7.2c得到支持。

表 7-7 子研究 4 层级回归分析结果（因变量：创新绩效）

变量	模型 1	模型 2	模型 3	模型 4	模型 5	模型 6	模型 7	模型 8	模型 9	模型 10	模型 11
控制变量											
1. 研发能力	0.55**	0.52**	0.46**	0.42**	0.39**	0.49**	0.47**	0.47**	0.41**	0.43**	0.43**
2. 企业规模	−0.05	−0.05	−0.09	−0.07	−0.07	−0.08	−0.07	−0.07	−0.06	−0.04	−0.04
3. 企业年龄	0.07	0.31*	0.07	0.09	0.08	0.06	0.07	0.07	0.07	0.06	0.06
4. 所属行业	0.06	0.05	0.08	0.06	0.07	0.08†	0.06	0.06	0.05	0.05	0.05
自变量											
5. 知识搜索宽度	0.18**	0.06	0.2*	0.2†	0.19†	0.07†	0.07†	0.10	0.08	0.06	0.08
知识搜索宽度^2		−0.15**	−0.22**	−0.17**	−0.11†	−0.14**	−0.16**	−0.12*	−0.14*	−0.15**	−0.18*
调节变量											
6. 信任			0.31**	0.32**	0.24**						
7. 信息共享						0.25**	0.23**	0.30**			
8. 共同解决问题									0.37**	0.38**	0.23**

(续表)

变量	模型 1	模型 2	模型 3	模型 4	模型 5	模型 6	模型 7	模型 8	模型 9	模型 10	模型 11
交互项											
9. 知识搜索宽度*信任					0.11*						
10. 知识搜索宽度*信息共享				0.08*				0.19*			
11. 知识搜索宽度*共同解决问题							0.14*			0.13*	
12. 知识搜索宽度^2*信任					0.13*						0.27
13. 知识搜索宽度^2*信息共享								0.20**			
14. 知识搜索宽度^2*共同解决问题											0.16**
R^2	0.46	0.49	0.49	0.52	0.54	0.53	0.54	0.54	0.55	0.56	0.60
ΔR^2	0.44	0.46	0.55	0.53	0.51	0.50	0.51	0.51	0.53	0.54	0.58
F	38.0**	34.6**	35.7**	33.4	35.7	32.3**	31.6**	33.1**	38.5**	38.8**	39.2**
最大 VIF	1.516	1.627	1.718	1.706	1.706	1.718	1.692	1.749	1.696	1.787	1.777
$Durbin\text{-}Watson$ 值	1.813	1.748	1.736	1.792	1.747	1.759	1.792	1.755	1.786	1.712	1.764

注:** $p<0.01$;* $p<0.05$;† $p<0.1$。

为了更直观地揭示交互项的调节作用,本书借助 Dawson(2014)提出的简单斜率检验原理,分别绘制信任、信息共享以及共同解决问题对知识搜索宽度的调节作用图,如图 7-2、图 7-3 和图 7-4 所示。在数据中心化的基础上,绘制调节变量(信任、信息共享以及共同解决问题)的高分组和低分组情况下知识搜索宽度与创新绩效之间的曲线关系图,将高于均值一个标准差作为调节变量高分组,将低于均值一个标准差作为调节变量低分组。从高分组和低分组的变化趋势可知,调节变量显著增强了知识搜索宽度与创新绩效之间的倒 U 形曲线关系,且随着知识搜索宽度的增加,程度高的信任、信息共享和共同解决问题能产生相对较高但程度不同的创新绩效。

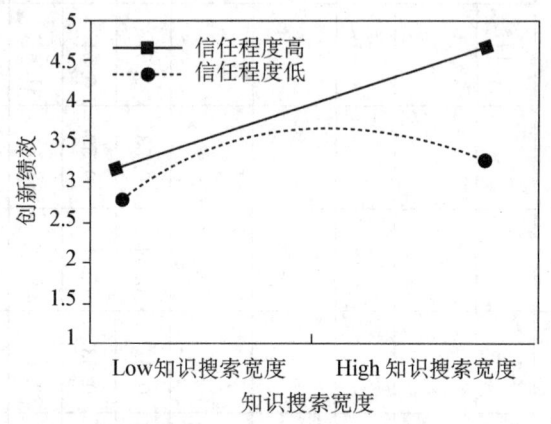

图 7-2　信任对知识搜索宽度与创新绩效关系的调节作用

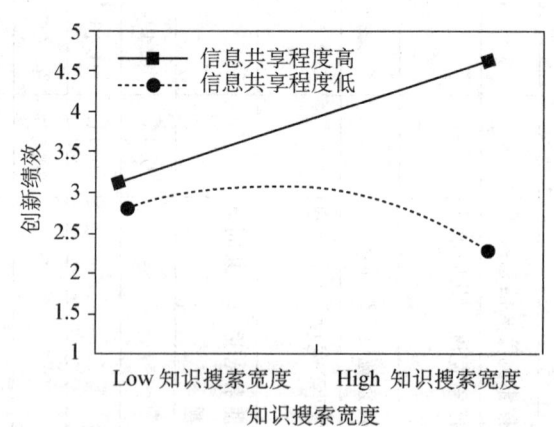

图 7-3　信息共享对知识搜索宽度与创新绩效关系的调节作用

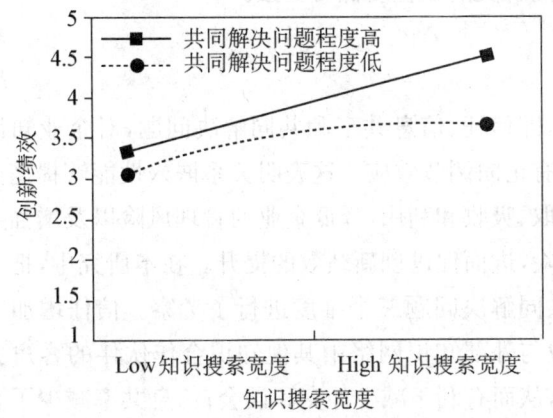

图 7-4 共同解决问题对知识搜索宽度与创新绩效关系的调节作用

7.5 结论与讨论

7.5.1 结论

本章基于知识搜索宽度策略和创新绩效关系的现有研究,以 273 家创新型企业为研究对象,通过问卷调研对知识搜索宽度策略对创新绩效的作用效果进行了理论分析和实证研究,同时考察了关系嵌入性(信任、信息共享和共同解决问题)的调节作用,具体的实证结论如下:

(1) 主效应:知识搜索宽度正向影响企业创新绩效,而且知识搜索宽度与企业创新绩效之间是倒 U 形曲线关系,说明知识搜索宽度对企业创新绩效存在最优值,一旦超过这个最优的知识搜索宽度之后,由企业知识搜索策略产生的创新绩效就会下降。

(2) 信任的调节作用:信任在知识搜索宽度与创新绩效之间起显著的调节作用,且在信任程度高的情景下,知识搜索宽度与创新绩效的关系比信任程度低时更强。

(3) 信息共享的调节作用:信息共享在知识搜索宽度与创新绩效之间起显著的调节作用,在信息共享程度高的情境下,知识搜索宽度与创新绩效的关系比信息共享低时更强。

(4) 共同解决问题的调节作用:共同解决问题在知识搜索宽度与创新绩效之间起显著的调节作用,且在共同解决问题程度高的情景下,知识搜索宽度与创新绩效的关系比共同解决问题程度低时更强。

7.5.2 讨论

关系嵌入性,即信任、信息共享和共同解决问题,对企业知识搜索宽度和创新绩效的关系具有正向调节效应。这表明关系嵌入性能够提高企业间有利于创新的新知识的获取、吸收和利用,降低企业的管理风险以及增强企业抵抗外部环境的不确定性风险,进而促进创新绩效的提升。在本研究中,把关系嵌入性从信任、信息共享和共同解决问题三个维度进行了考察。信任增加了企业间的互相信赖,减少了企业与外部知识网络中其他知识合作伙伴的客户关系管理成本和彼此的沟通成本,从而有利于减少冲突和误会;信息共享减少了企业与知识合作伙伴间的信息不对称,从而更容易理解彼此的知识需求,降低了知识搜索、转移等交易成本;共同解决问题则帮助彼此在"干中学"过程中更好地吸收来自对方的新知识,这有利于对新知识的理解和转移,同时,也增强了企业与知识合作伙伴之间的相互依赖,从而促进知识的应用,进而为协同创新提供了可能。本章证明了国内外学者如Hwang和Lee(2010)、许冠南(2008)、李强(2013)的相关研究结论的正确性,也拓展了Dyer和Singh(1998)、McEvily和Chakravarthy(2010)的研究,丰富了知识搜索理论和企业创新理论,同时支持了资源基础观、组织学习观和社会资本理论视角下对于关系嵌入性的阐释。

关系嵌入性在企业知识搜索和创新绩效中起到显著的调节作用,不同的关系嵌入性维度对知识搜索的知识获取效果以及企业创新绩效有不同的调节程度。首先,本章从关系嵌入性的视角解释了目前在中国本土企业中,企业通过知识搜索获取到的知识往往是易编码的显性知识,再加上目前中国本土企业所处的外部环境对知识产权的保护力度不够,导致很多创新成果被大量山寨的现象的深层次原因。其次,关系嵌入性调节知识搜索的效果对企业创新绩效的影响作用,这一点深化了刘雪锋等(2015)的研究结论。一些中国制造业企业和国外企业通过合资、入股等形式合作,期望通过关系嵌入性来获取对方的先进管理理念、方法以及核心技术等,也就是期待通过市场来换取技术,但是根据刘雪锋等(2015)的研究发现在这种合作中,尽管双方关系稳定,但是外方始终把核心技术牢牢掌握在自己手中,以保持自己的知识垄断地位,而本章解释了这种现象背后的原因,并指出如果想获得对方的核心知识和先进管理理念,必须从信任、信息共享和共同解决问题角度出发,从而建立健康、诚信的关系嵌入性,最终达到双赢的目的。再次,企业创新的资源不仅仅来自企业内部,更多来自企业外部的知识网络中,而企业外部知识网络是由供应商、客户、竞争者、科研院所等共同构成的,企业为了提升自己的创新绩效,就要积极参与这个知识网络中。最后,在知识网络中,关系嵌入性的不同维度影响了企业获取知识的效果,因此,企业要注重在知识网络中建立良好的关系嵌入性,要和知识网络中的其他知识合作伙伴建立起以信任为基础的具有信息共享机制的最终能够共同解决问题的合作关系,从而企业才能在知识网络中获取更多有利于自身创新的知识资源。

本章的局限性和未来可能的研究方向有:首先,所用的数据都是来自制造业发达省份的跨行业的企业,未来可以针对某个特定的行业集群来分析集群新创企业的知识搜索规律,从而完整地反映关系嵌入性在知识搜索策略对企业创新影响的过程中的作用,并能形成行业间对比,如此可能会得到一些更有意义的结论;其次,可以调研企业创新的主观数据和客观数据,即采用一手数据和二手数据相结合的方法,综合考虑知识搜索对创新的作用效果;最后,可以借助动态仿真工具或博弈论方法来分析知识搜索对创新绩效的动态影响机制。

第 8 章
结论与展望

围绕企业知识搜索这一核心概念,本书对企业知识搜索与创新绩效之间的关系进行了较为系统且深入的分析和论证,为企业知识搜索策略的作用效果提供了新的路径和研究视角。本章主要阐述研究结论、理论贡献和实践启示,并且就本研究存在的局限性提出未来的研究方向。本书的研究结论如图 8-1 所示。

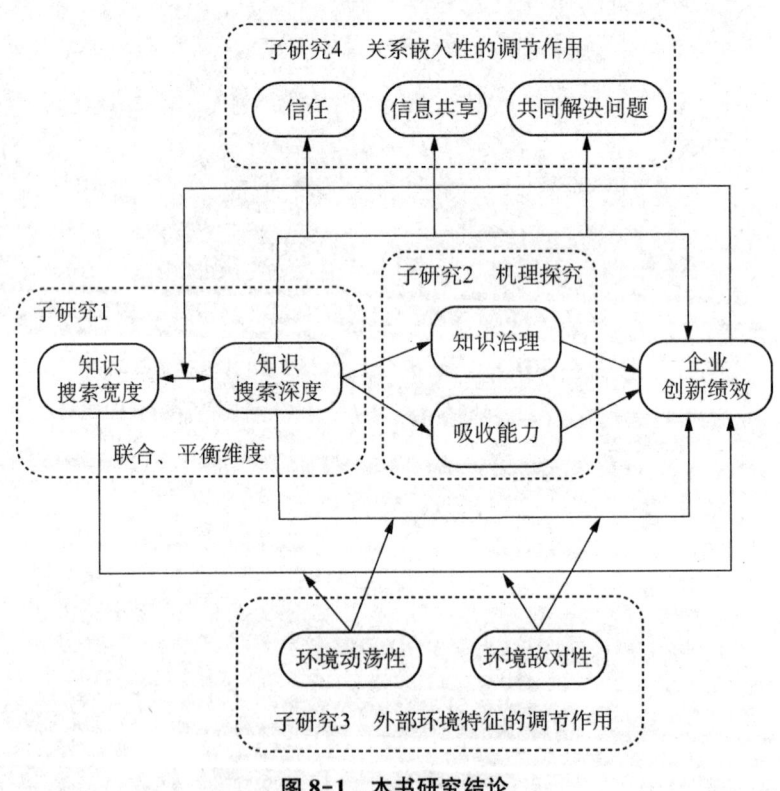

图 8-1 本书研究结论

8.1 主要结论

企业需要通过持续的创新来获取竞争优势,而创新的基础是知识,因此,企业需要开展知识搜索策略来寻找有利于自身创新的新知识,尤其是开放式创新和跨界创新引起越来越多企业的关注。知识搜索策略对企业创新的影响研究吸引了管理学界大量学者的关注,不过关于知识搜索和企业创新绩效之间的关系在学界尚未达成一致意见,尤其是如今企业处在一个开放式创新和跨界创新的环境中,企业囿于自身现有知识基础和管理者的有限理性,创新的知识来源就不能仅仅是企业内部,而是更需要企业实施知识搜索策略跨组织边界去企业外部寻找有利于创新的知识源。基于此,本书将知识搜索分为知识搜索宽度与知识搜索深度两个维度,深入剖析和实证知识搜索宽度与知识搜索深度对创新绩效的影响机制和作用路径。

本书采用管理问卷的研究方法,问卷发放区域选择了上海、浙江和河南这三个制造业比较发达的省市中具有代表性的制造企业,最终得到有效问卷 273 份。其中,子研究 1 实证了知识搜索策略(知识搜索宽度和知识搜索深度)及其二元效应(联合维度和平衡维度)对企业创新绩效的影响;子研究 2 探讨了知识搜索宽度与企业创新绩效的倒 U 形曲线效应产生的原因,同时理论分析并验证了产生倒 U 形曲线影响的原因是在企业内部存在知识治理和吸收能力这一对作用相反的中介效应;子研究 3 实证了外部环境(环境动荡性和环境敌对性)在知识搜索策略(知识搜索宽度和知识搜索深度)和企业创新绩效之间的影响机制;子研究 4 实证了关系嵌入性(信任、信息共享和共同解决问题)在知识搜索宽度和企业创新绩效之间的影响机制。

本书的实证结论如下:

(1) 不同的知识搜索策略对创新绩效具有不同的效应,知识搜索宽度对创新绩效具有倒 U 形效应,而知识搜索深度对创新绩效仅存在正向的线性效应,没有曲线效应。知识搜索宽度与知识搜索深度的联合维度和平衡维度均正向作用企业创新绩效。

这个结论深化了外部知识搜索对企业创新绩效作用机制的认识,对企业外部知识搜索理论和开放式创新理论都有一定启示。现有研究要么从知识搜索深度入手,要么从知识搜索宽度入手研究知识搜索对创新绩效的影响(魏江、寿柯炎,2015;Rosenkopf and Almeida,2003;Berchicci,2013),本书则整合了两种知识搜索策略,并开创性地提出了外部知识搜索双元构念,为解决 West 等(2014)

以及 Laursen 和 Salter(2014)的悖论提供一个新的思路,知识搜索宽度与知识搜索深度都具有自增强性和路径依赖性,企业容易陷入"失败陷阱"或形成"能力陷阱"。通过二元效应分析,实证了知识搜索深度与知识搜索宽度的平衡维度可以降低企业创新风险,表明企业开展知识搜索宽度与知识搜索深度的收益与成本有显著不同,都依赖于企业已有的知识库和对搜索到的异质性知识的治理吸收能力。而知识搜索深度与知识搜索宽度的联合维度通过互相弥补对方的不足,在企业实践中起到"1+1＞2"的效果,从而为企业破解"失败陷阱"或"能力陷阱"提供了一个可行之道。这些结论给企业在有限的组织资源约束的情景下确定搜索范围这一开放式创新理论中的经典悖论提供了一个新的思路。

企业知识搜索宽度对创新绩效有倒 U 形曲线关系,而知识搜索深度与创新绩效之间是正向线性关系。这说明对于企业创新绩效来说,存在最优的知识搜索宽度,在未达到这个最优值之前,企业知识搜索宽度正向影响企业创新绩效;当达到最优值时,企业创新绩效达到最优状态峰值;超过知识搜索宽度的这个最优值后,知识搜索宽度的增加将会导致创新绩效降低。而知识搜索深度对企业创新绩效的影响是正向线性关系,说明在我国不存在内部知识挖掘过剩的问题,只要充分实施知识搜索深度策略就会正向影响企业绩效。

知识搜索宽度与知识搜索深度的联合维度和平衡维度均正向影响企业的创新绩效,说明两种知识搜索策略的配合要比单方向实施一种知识搜索策略更有利于企业创新。在创新过程中,如果企业的内部知识库比较丰富,知识搜索深度程度比较高的企业更容易吸收从外部搜索到的异质性知识,从而更利于创新。同时,如果企业内部知识库不是很丰富,知识搜索深度程度低的企业在选择知识搜索宽度的时候也要考虑到与自己能力相匹配的知识合作伙伴,企业需要考虑知识搜索宽度与知识搜索深度的联合及平衡问题。

(2)知识搜索宽度对企业创新绩效的作用是通过知识治理和吸收能力两种作用效果相反的中介机制来实现的。

近期,大量学者验证了知识搜索宽度对企业创新绩效具有倒 U 形曲线关系(Guo et al.,2015;Guo and Wang,2014;Lin and Li,2013;Hwang and Lee,2010;Escribano,Fosfuri,and Tribó,2009;汪玥琦,2016;董振林,2017),本书也得出了相同的结论。但是,知识搜索宽度对企业创新绩效具有倒 U 形曲线效应的原因是什么? 知识搜索宽度到底通过什么样的中介机制作用于企业创新? 由于目前的理论研究未能给出答案,本书经过实证打开了这个作用"黑箱"。

知识治理和吸收能力这一对作用效果相反的中介机制导致知识搜索宽度与企业创新绩效之间呈倒 U 形曲线关系。尽管过大的知识搜索宽度可以为企业提供更多的新知识,从而提升知识治理的潜力,但是由于知识的复杂性和异质性会给知识转移和吸收过程带来挑战,因此不能有效促进企业创新。而过小的知识搜索宽度往往搜索到的都是和企业技术相关的知识,有利于知识的吸收和转移,但是对于知识治理而言,尤其是对于知识建构机制而言则缺乏激励,同时由于搜索到的都是同质性知识还可能导致知识冗余,同样不利于企业创新。正是由于知识治理和吸收能力两种中介机制的存在,知识搜索宽度才会对创新绩效产生倒 U 形曲线效应。这一发现不仅解释了知识搜索宽度为什么会对企业创新绩效产生倒 U 形曲线效应,还深化了知识搜索策略对企业创新绩效的影响机制,也丰富了知识搜索理论和企业创新理论。

(3) 企业所在外部环境特征对知识搜索宽度、知识搜索深度与创新绩效关系具有不同的调节效应。其中,环境动荡性仅对知识搜索深度和创新绩效关系有显著的正向调节效应,而环境敌对性仅对知识搜索宽度与创新绩效关系有显著的正向调节效应。

根据权变理论,企业知识搜索策略的制订和实施会受到外部环境的调节,进而影响对创新的作用效果。从组织学习的角度分析,企业知识搜索本身就是组织学习中的一个环节,是企业从外部环境中知识网络里的知识伙伴处寻找对自己解决创新中遇到的问题有潜在帮助的知识的过程,也是和知识网络中其他知识伙伴进行知识转移和知识共享的过程。所以,企业所处的外部环境必然会对企业的知识搜索策略产生一定的影响。

通过对外部环境的分析,实证发现环境动荡性在知识搜索深度与创新绩效之间起到显著的调节作用,在环境动荡性越强的情景下,知识搜索深度与创新绩效的关系比环境动荡性低时更强,但是对知识搜索宽度与创新绩效之间的调节效应不显著。环境敌对性在知识搜索宽度与创新绩效之间起到显著的调节作用,随着知识搜索宽度的增加,程度高的市场敌对性能产生相对较高的创新绩效,但是对知识搜索深度与创新绩效之间的调节效应不显著。

企业开展知识搜索应依据企业外部环境的变化因时制宜地选择相应的知识搜索策略,只有这样才能帮助企业取得更好的创新绩效。这些结论给企业在有限的组织资源约束的情景下确定搜索范围这一开放式创新理论中的经典悖论提供了一个新的思路。

(4) 关系嵌入性(信任、信息共享和共同解决问题)对知识搜索宽度和创新绩效的关系有正向调节效应。

关系嵌入性包括三个维度:信任、信息共享和共同解决问题(Uzzi,1997;

McEvily and Marcus,2005),是一种识别、发展和维护企业间关系的能力,对企业使用知识搜索宽度策略有积极作用,对企业知识搜索策略和创新绩效的关系有正向调节效应。这表明关系嵌入性的增加能够提高企业间有利于创新的新知识的获取、吸收和利用,降低企业的管理风险和增强企业抵抗外部环境的不确定性风险,进而促进创新绩效的提升。在本研究中,把关系嵌入性从信任、信息共享和共同解决问题三个维度进行了考察。信任增加了企业间的相互信赖,减少了企业与外部知识网络中其他知识合作伙伴的客户关系管理成本及彼此的沟通成本,从而有利于减少冲突和误会。信息共享减少了企业与知识合作伙伴间的信息不对称,从而更容易理解彼此的知识需求,降低知识搜索、转移等交易成本。共同解决问题则帮助彼此在"干中学"过程中更好地吸收来自对方的新知识,从而有利于对这些新知识的理解和转移,同时,增强企业与知识合作伙伴之间的相互依赖,从而促进知识的应用,进而为协同创新提供了可能。本书丰富了知识搜索理论和企业创新理论,同时支持了资源基础观、组织学习观和社会资本理论视角下对于关系嵌入性的阐释。

8.2 理论贡献

(1) 识别和验证了知识搜索宽度、知识搜索深度基于中国情景下对企业创新绩效的不同效应。理论探讨并实证了知识搜索宽度和知识搜索深度的联合维度与平衡维度对企业创新绩效的作用效果。

知识搜索对企业创新绩效的作用效果比较复杂,虽然有大量研究都已证实知识搜索由于能够为企业带来创新所需的新知识、新思路和新选择,因此能提升企业的创新绩效(Ahuja and Katila,2001;Laursen and Salter,2006;Chiang and Hung,2010;Salge,Farchi,and Piening,2012),但是也有学者从企业的认知能力、管理者注意力等角度分析提出了不同见解,认为知识搜索对于创新绩效具有负面作用(Leonard,1992;Levinthal and March,1993;Veugelers,1997;Christensen and Snyder,1997;Ocasio,1997),最近,大量学者研究指出知识搜索策略对创新绩效具有倒 U 形曲线效应(Katila and Ahuja,2002;Laursen and Salter,2006;Hwang and Lee,2010;Ihl and Wagner,2012;苏道明、吴宗法、刘臣,2017;董振林,2017)。但是,这些研究要么是基于西方情景下开展的,要么是基于仅从知识搜索的某一维度出发对知识搜索作用创新绩效的效果进行研究,鲜见同一个研究中全面考虑知识搜索的各个不同维度对企业创新绩效的影响。而本书在子研究1中全面考虑了知识搜索宽度、知识搜索深度对创新绩效的影响，通过实证验证了知识搜索宽度与知识搜索深度对企业创新绩效的不同作用效果，研究结果还证实知识搜索宽度与知识搜索深度在企业创新绩效提升的过程中，起到了不同的作用。知识搜索宽度与创新绩效具有倒U形曲线效应，而知识搜索深度与企业创新绩效只是正向的线性效应。这一发现表明基于中国情景下，知识搜索宽度对企业创新绩效的作用效果同西方主流研究成果没有差异，但是知识搜索深度对企业创新绩效的作用效果和西方主流研究成果的倒U形曲线效应不同而是具有正向线性关系，这表明目前中国企业在内部知识利用方面不存在过度利用的情况。同时，也为后续研究开启了从不同的视角分析和界定知识搜索宽度与知识搜索深度的作用前因与二者的平衡提供了新的思路和角度。

对于知识搜索的研究多从知识搜索宽度、知识搜索深度这两个维度出发，但是由于组织资源的有限性和受管理者注意力的约束，如何实施知识搜索策略才能最大限度地提升企业创新绩效，本书从组织二元理论的联合维度和平衡维度的视角考察了知识搜索宽度与知识搜索深度的二元效应对企业创新绩效的影响，并通过实证验证了知识搜索宽度和知识搜索深度的联合维度和平衡维度都正向影响企业的创新绩效。企业知识搜索宽度和知识搜索深度的联合维度反映了在企业制订知识搜索策略时采取两种知识搜索策略要比单一使用一种知识搜索策略要更利于促进企业创新绩效的提升；知识搜索宽度和知识搜索深度的平衡维度反映了在企业实施两种知识搜索策略时，应注意知识搜索宽度与知识搜索深度资源配置的平衡，从而提升组织资源配置的效率，进而提升企业的创新绩效。这一研究结果进一步区分了知识搜索宽度和知识搜索深度的联合维度与平衡维度对企业创新的作用效果，为研究知识搜索宽度与知识搜索深度的平衡提供了一个新的视角，同时指出研究知识搜索对企业创新绩效的影响可以从组织二元效应入手。

（2）打开了知识搜索宽度作用企业创新绩效的"黑箱"，解释了知识搜索宽度对企业创新绩效具有倒U形曲线效应的原因。

学术界大量研究已经证实知识搜索宽度对企业创新绩效具有倒U形曲线效应（Shang, Yao, and Liou, 2017; Antonelli and Fassio, 2016; Guo et al., 2015; Operti and Carnabuci, 2014; Lin and Li, 2013; Leiponen and Helfat, 2010; Hwang and Lee, 2010; Grimpe and Sofka, 2009; Cassiman and Veugelers, 2006），但是对于知识搜索宽度与企业创新绩效之间的倒U形曲线效应产生的原因和作用路径的研究基本上处于案例研究阶段，较少见到定量研究。本书中引入知识治理和吸收能力这两个作用效果相悖的中介机制，对于知识搜索宽度对企业创新绩效产生倒 U 形曲线效应的原因进行了理论分析和实证检验。结果表明,知识搜索宽度对企业绩效来说具有两面性:一方面存在知识治理价值,因为可以提供大量新知识;另一方面又存在吸收困难,从外部知识网络搜索到的新知识由于知识本身的异质性、复杂性等特点可能难以被企业吸收应用,从而无法有效转换成企业绩效。这一理论发现不仅丰富了知识搜索理论和企业创新理论,还深化了目前理论研究中关于知识搜索宽度对企业创新绩效产生倒 U 形曲线效应的解释,对于目前理论界关于知识搜索策略和企业创新绩效关系的争论具有一定的参考意义。

(3)考察了外部环境特征在知识搜索宽度、知识搜索深度影响创新绩效路径中的不同匹配效应。

领导权变理论研究指出管理环境对于管理者实施管理行为的最终效果会有显著影响。企业环境对组织结构和管理决策的影响很大(Daft,Sormunen,and Parks,1988),环境动荡性和环境敌对性是两个重要的且相互之间没有重叠的界定清楚的构念。有学者研究表明影响中国企业最为明显的是环境动荡性和环境敌对性(Dess and Beard,1984;Xu and Meyer,2013;Zhou and Li,2007);也有学者研究指出,环境动荡性和环境敌对性对于企业的战略决策具有相对独立的影响效应(Mitchell,2011);孙永风和李垣(2007)研究指出,环境动荡性会给企业创新资源的获取、整合和利用等活动及其效果带来影响。在当今技术和市场日新月异的情况下,企业的外部知识搜索战略若不能随着环境动荡而做出快速反应,就会致使企业目前的创新活动与企业环境之间产生不匹配性(Sirmon,Hitt,and Ireland,2007)。因此,本书提出并验证了环境动荡性和环境敌对性在知识搜索宽度、知识搜索深度与企业创新绩效关系中的不同调节效应。结果表明:知识搜索宽度、知识搜索深度与不同的外部环境特征产生了不同的匹配效应,环境动荡性只对知识搜索深度与企业创新绩效间的关系有显著的调节效应,而环境敌对性仅对知识搜索宽度与企业创新绩效间的关系有显著的调节效应。这一研究发现有助于企业管理者更全面地理解知识搜索策略如何受外部环境的影响,并帮助企业根据不同的企业外部环境特征来采取相应的知识搜索策略,从而提升知识搜索策略的效果,也有助于更加科学深入地解释影响知识搜索策略(即知识搜索宽度和知识搜索深度)与外部环境特征和企业创新绩效之间的关系及内在机理;同时,也启发了后续研究可以从知识搜索的不同维度去界定知识搜索策略的作用边界,从而更细致地研究特定知识如市场知识、技术知识在外部环境特征作用下的不同创新效果。

(4) 考察了关系嵌入性在知识搜索宽度作用创新绩效路径中的调节效应。

企业在从外部知识网络中获取知识资源并应用到创新活动的过程中,需要企业能够嵌入外部知识网络,这样才能和外部知识源建立良好的关系,从而深入开发外部知识网络中的知识资源(Laursen and Salter,2006)。嵌入外部知识网络是企业整合利用外部知识资源的关键,也是创新知识的重要来源(许冠南,2008),关系嵌入性是指嵌入在知识网络中意欲合作的知识源双方对彼此需求和目标的重视程度(Granovetter,1985),它可以帮助企业通过实施一定的知识战略从知识网络中获取有利于自身发展的知识资源,并且可以学习如何利用这些知识资源(Burt,1995)。本书通过实证验证了关系嵌入性(信任、信息共享和共同解决问题)在企业实施知识搜索策略促进创新绩效过程中的作用。具体结论有:信任在知识搜索宽度与创新绩效之间起到显著的调节作用,在信任程度越高的情景下,知识搜索宽度与创新绩效的关系比信任程度低时更强;信息共享在知识搜索宽度与创新绩效之间起到显著的调节作用,表明随着知识搜索深度的增加,程度高的信息共享能产生相对较高的创新绩效;共同解决问题在知识搜索宽度与创新绩效之间起到显著的调节作用,在共同解决问题程度越高的情景下,知识搜索宽度与创新绩效的关系比共同解决问题程度低时更强。同时,也启发了后续研究可以从企业与外部知识源形成的开放创新网络的网络特征、治理机制、联盟管理能力等方面去考察知识搜索宽度对创新绩效的影响,从而更全面且深入地对知识搜索策略进行探索,为企业知识搜索策略的研究提供新的路径和研究视角。

8.3 现实意义

(1) 帮助企业管理人员全面认识知识搜索宽度、知识搜索深度对企业创新绩效的不同作用效果。

在开放式创新、跨界创新成为主流的今天,企业仅仅依靠自身的知识资源进行创新已经远远不够了,因此,作为企业管理人员必须通过与组织外部的知识源合作的方式来搜索新知识以弥补自身知识资源的不足从而促进创新,知识搜索策略就成为企业制订创新战略的首选。但是,企业在制订知识搜索策略的时候,也应该认识到知识搜索宽度为企业提供多样化的新知识的同时,也带来了吸收问题,对于知识搜索的宽度并非越宽越好。尽管西方学者的研究表明一味依托知识搜索深度会带来"核心刚性"或进入"能力陷阱"的问题,但是,通过本书研究发现目前中国企业尚不存在知识搜索深度过度的问题。在组织资源和管理者注意力有限的约束下,企业需要综合考虑知识搜索宽度、知识搜索深度策略,注意二者资源配置的平衡,从而为企业带来最大的创新绩效。

企业知识搜索宽度与创新绩效有倒 U 形相关关系,而知识搜索深度与创新绩效之间不具有倒 U 形曲线关系。这说明对于企业创新绩效来说,存在最优的知识搜索宽度,在未达到这个最优值之前,企业知识搜索宽度正向影响企业创新绩效;当达到最优值时,企业创新绩效达到最优状态的峰值;超过知识搜索宽度的最优值后,知识搜索宽度的增加将会导致创新绩效的降低,而知识搜索深度对企业创新绩效的影响是正向线性关系,说明只要充分实施知识搜索深度策略就会正向影响企业绩效,知识搜索宽度与知识搜索深度的配合要比单方向实施一种知识搜索策略更有利于企业创新,主要表现在知识搜索宽度与知识搜索深度间的联合维度和平衡维度。换言之,知识搜索宽度、知识搜索深度在企业创新过程中能够弥补彼此间的不足,具有同等重要的作用。在创新过程中,如果企业的内部知识库比较丰富,知识搜索深度程度比较高的企业更容易吸收外部搜索到的异质性知识,从而更利于创新。另外,如果企业内部知识库不是很丰富,知识搜索深度程度低的企业在选择知识搜索宽度的时候也要考虑到与自己能力相匹配的知识合作伙伴,企业需要考虑知识搜索宽度与知识搜索深度的联合和平衡问题。

同时,在激烈的市场竞争中,当企业开展良好的知识搜索二元效应战略将有利于准确把握市场走向,从而降低创新风险。这对企业的启示是当企业在利用新知识源进行新技术与新知识的搜索时要兼顾在原有知识通道中进行适当的知识深度发掘,避免偏颇给创新绩效带来负面影响。因此,企业要想保持较高的创新绩效,一定要从企业知识搜索二元效应出发,努力提升企业的内部能力,并且在一定程度上提升搜索到的知识的转化效果的同时,兼顾知识搜索深度与知识搜索宽度的联合与平衡。

(2) 帮助企业管理人员最大限度地发挥知识搜索策略对企业创新绩效的促进作用。

首先,帮助企业管理者更清楚地认识知识搜索策略,从而更好地帮助企业家利用知识搜索策略来提升企业创新绩效。知识搜索宽度是通过知识治理和吸收能力这一对作用效果相反的中介机制作用于企业的创新绩效的。企业家可以在企业内部建立适应知识治理的组织架构、规章制度和共享平台,以提升企业的知识治理水平,同时注意提升企业现有知识基础建设,从而提升企业的吸收能力。另外,更要注意企业在外部知识网络中的位置,建立和知识网络中其他知识源的信任关系,通过知识合作、共同研发等增加和知识伙伴的知识重叠性,从而提升对外部新颖知识的利用,进而促进企业创新绩效的提升。其次,帮助企业家认识到知识搜索策略对提升企业创新绩效的双刃性,开展知识搜索策略与企业所在的知识网络中不同的知识源进行交互和沟通有利于带来新知识,但是也会给企业带来挑战,为获得最佳的创新收益,企业需要适当地平衡知识治理价值与吸收能力。知识搜索宽度过大或者过小均会打破这种平衡。因此,适度的知识搜索宽度对企业创新绩效的提升最为有利。

环境动荡性对知识搜索深度和创新绩效关系起正向调节作用,这意味着企业管理人员可以利用环境动荡性,当企业所处外部环境剧烈变化时,企业在选择知识搜索策略的时候更侧重知识搜索深度策略的应用,只有这样才能帮助其在不断变化的市场中获得先机,从而形成核心竞争力,取得更好的创新绩效。环境敌对性对知识搜索宽度和创新绩效关系起正向调节作用,这意味着企业管理人员可以利用企业环境敌对性来进一步提高企业知识搜索宽度对创新绩效的促进作用。随着改革开放的深入,经济全球化与贸易壁垒并存的复杂局面导致市场竞争异常激烈,于是体现出来环境敌对性的特点。因此,企业在制订知识搜索策略时,有必要对自己所处的外部环境有一个清醒的认知,要根据企业外部环境的特征采用相应的知识搜索策略,尽量避免单一化的产品战略,同时,要注意在环境敌对性程度比较强的时候开展差异化竞争,从而帮助企业能够以最低的成本获取最大的创新绩效。

关系嵌入性在知识搜索宽度提升企业创新绩效这一机制中具有促进作用,这表明企业平时应注意建立和维护好与开放创新网络中其他知识源的关系。具体而言,企业应该注意和外部知识源在信任、信息共享和共同解决问题方面有更多的资源配置,如建立专门的外部知识网络关系维护部门,去发展外部知识网络中与其他知识源的关系嵌入性,为深入合作奠定基础。同时,不断地总结相关经验,推进信任、信息共享和共同解决问题的协调发展,从而发挥出对知识搜索策略与企业创新绩效的提升与促进。关系嵌入性在企业知识搜索和创新绩效中起到显著的调节作用,不同的关系嵌入性维度对知识搜索的知识获取效果以及企业创新绩效有不同的调节程度。首先,本书从关系嵌入性的视角解释了目前在中国企业中,企业通过知识搜索获取到的知识往往是易编码的显性知识,再加上目前中国企业所处的外部环境对知识产权的保护力度不够,导致很多创新成果被大量山寨的这一现象的深层次原因。其次,关系嵌入性调节知识搜索的效果对企业创新绩效的影响作用,这一点深化了刘雪锋等(2015)的研究结论,在中国制造业企业中,很多中国企业和国外企业通过合资、入股等形式进行合作,期望通过和对方通过关系嵌入性来获取对方先进的管理理念方法以及核心技术等,也就是期待通过市场来换取技术,但是根据刘雪锋等(2015)的研究发现,在这种合作中,尽管双方关系稳定,但是外方始终把核心技术牢牢掌握在自己手中,以保持自己的知识垄断地位,而本书解释了这种现象背后的原因,并指出如果想获得对方的核心知识和先进管理理念,必须从信任、信息共享和共同解决问题出发,建立健康、诚信的关系嵌入性,最终达到双赢的目的。再次,企业创新的资源不仅仅来自企业内部,更多来自企业外部的知识网络中,而企业外部知识网络由供应商、客户、竞争者、科研院所等共同构成,企业为了提升自己的创新绩效,就要积极参与到这个知识网络中。最后,在知识网络中,关系嵌入性的不同维度影响了企业获取知识的效果,因此,企业要注重在知识网络中关系嵌入性良好关系的建立,并且要和知识网络中的其他知识合作伙伴建立起以信任为基础的具有信息共享机制的最终能够共同解决问题的合作关系,从而在知识网络中获取到更多有利于自身创新的知识资源。

8.4 研究局限与未来研究方向

(1) 本书主要从技术知识角度考察了知识搜索宽度与企业创新绩效之间的中介机制。但是除了技术知识外,企业外部还包括市场知识和管理知识,这些知识也是影响创新的重要因素,将来的研究可以综合考虑不同类型的知识以及彼此间交互效应对创新绩效的影响。

(2) 本书仅仅引入了外部环境特征(环境动荡性和环境敌对性)、关系嵌入性(信任、信息共享和共同解决问题)作为知识搜索与创新绩效关系的调节变量,但是企业与外部知识源形成的开放创新网络的网络特征、治理机制、联盟管理能力以及企业内部的知识基础、组织结构、组织冗余、战略柔性等,可能也会影响它们之间的关系。未来的研究可以进一步探讨这些因素到底是正向调节还是负向调节知识搜索与企业创新绩效的关系。另外,本书主要考虑了知识搜索宽度策略对创新绩效的影响,但是外部知识总是嵌入在不同的联盟形式(如战略联盟、并购、合资、持股、许可协议等)中,不同的联盟形式直接影响知识搜索宽度策略的效果也是不同的,未来研究可以进一步考虑不同联盟形式下知识搜索宽度策略对创新绩效的影响。

(3) 因受数据收集条件制约,部分变量测度指标体系仍有待改善。虽然本书结合已有研究量表,对相关企业进行深度访谈以及结合专家意见进行调查问卷设计,并通过效度与信度检验,以尽可能地保证变量的有效性和可靠性,但不可避免地会存在测度偏差,未来可使用客观数据对部分变量进行评估从而提高研究效度。

附录 A
访 谈 提 纲

第一部分：企业基本情况

（1）请您简单介绍一下贵公司的发展历程，包括主要发展阶段、每个发展阶段的发展战略和有代表性的关键事件。

（2）请问贵公司的主要业务范畴、拥有和申请专利情况以及研发人员主要分布在哪些领域？

（3）请简要说明一下贵公司当前的组织结构以及各职能部门的定位和职责。

（4）请问贵公司在新技术研发和创新方面的现状如何？请简要说明一下贵公司当前的市场占有率以及技术水平和新产品研发在业内处于什么水平。

第二部分：企业创新管理及企业绩效情况

（1）请问贵公司在创新过程中为了搜索新知识都选择了哪些外部知识合作伙伴（请在企业知识搜索宽度调查表上进行勾选）？您认为贵公司外部知识搜索是否足够广泛？为了增加搜索的广度采取了哪些具体措施？

（2）请问贵公司主要采取怎样的方式来维持与这些知识合作伙伴之间的关系，与知识合作伙伴主要通过何种方式沟通、交流？在与知识合作伙伴的沟通的过程中，是否会因为知识合作伙伴的不同而采取不同的针对性活动？

（3）请问贵公司在创新过程中与哪些知识合作伙伴的知识搜索程度比较深入以及知识合作比较频繁？请举例说明与知识合作伙伴是如何深入重复利用知识的？贵公司对于已有知识的挖掘利用状况如何。

（4）请问当贵公司在知识搜索活动中搜索很广泛时，结果会有怎样的变化？能否通过具体的研发实例加以说明？

（5）请问当企业的外部环境发生变化时，贵公司采取了哪些措施，战略产生了怎样的变化？

（6）请问贵公司是否有过利用现有的技术和知识来研发全新的产品并取得不错的绩效的例子？能否通过具体的产品来加以说明？

（7）请问与行业内主要竞争对手相比较，近三年贵公司新产品的研发数量、新产品销售额占企业销售总额的比重、新产品研发效率、新产品研发的成功率分别处于怎样一个水平？

附录 B
企业知识搜索宽度调查表

请您根据企业利用外部知识源的实际情况,从下表列出的外部知识来源中选择符合企业情况的选项,并在相应选项上打"√"。

知识类别	知识来源	利用现状 如果利用过该知识源请打"√"	利用程度 低	中	高
市场类	1. 设备、原材料等供应商,承包商				
	2. 消费者、分销商				
	3. 竞争对手				
	4. 咨询顾问				
	5. 独立的商业实验室或研发企业				
机构类	6. 大学或其他高等教育机构				
	7. 政府的研究组织				
	8. 其他公共部门(如生产力促进中心等)				
	9. 私人研究机构				
标准类	10. 技术标准				
	11. 健康、安全标准和规定				
	12. 环境标准和规定				
其他类	13. 专业论坛、学术会议				
	14. 行业协会				
	15. 技术、贸易出版物				
	16. 交易会、博览会				

附录 C
正式调查问卷

尊敬的先生/女士：

您好！我们是同济大学经济与管理学院"知识搜索与创新绩效研究"项目组，为了了解企业知识搜索与创新绩效方面的联系，特开展此次学术调查。在填写问卷之前，请您知悉：①所有调查资料仅供学术研究之用，绝不对外公开；②此次调查是匿名的，我们只关心统计结果，对您及您所在单位无任何利害关系；③答案无对错之分，您的答案对于我们的研究非常重要，请您根据真实想法和实际情况选择最合适的选项。非常感谢您的合作与配合！

如果您对本研究感兴趣，请留下您的联系方式，我们可以把相关研究结果反馈给您。联系方式：_____

企业知识搜索与创新绩效调查问卷

一、贵公司的基本信息（请在所选答案前打√）

1. 所有制性质：
   □国有/国有控股　　□民营　　□外商独资　　□中外合资　　□其他
2. 员工数：
   □100人及以下　　□101~500人　　□501~1 000人　　□1 001~5 000人　　□5 000人以上
3. 成立时间（截至2017年）
   □不足2年　　□2~5年　　□6~10年　　□11~15年　　□15年以上
4. 所属行业：
   企业当前主营业务所属行业领域：
   □电子信息、通信设备制造业　　□生物制药　　□机械及仪器制造业　　□汽车制造
   □新材料、新能源　　□航空航天　　□其他行业_____（请说明）
5. 公司名称
   （填写说明：该问题不会用来记录贵公司或您个人的真实身份，只是为了识别问卷来源，公司名称不会用于其他任何分析并提供保密，不会对外公开。为了保证问卷调研结果的科学性，请您给予支持为盼）
   贵公司的名称是（请填写）：_____（非常重要，恳请支持）

二、贵公司的知识搜索情况

(1) 知识搜索宽度
请根据企业近三年的实际情况,在相应的数字上画圈或打"√"

	完全不符	基本不符	有点不符	不确定	有点符合	基本符合	完全符合
SB1. 本企业对知识的搜索广泛使用了多个搜索与交流通道/媒介	1	2	3	4	5	6	7
SB2. 本企业能搜索到研发、制造、营销等多个领域的知识	1	2	3	4	5	6	7
SB3. 本企业能搜索到技术、管理等多个方面的知识	1	2	3	4	5	6	7
SB4. 本企业在对知识的搜索中获取了较多的知识数量	1	2	3	4	5	6	7

(2) 知识搜索深度
根据合作情况,判断贵公司与合作伙伴的技术知识差异程度,在相应的数字上画圈或打"√"

	完全不符	基本不符	有点不符	不确定	有点符合	基本符合	完全符合
SD1. 本企业强烈而密集地使用一些特定的知识来源进行知识搜索	1	2	3	4	5	6	7
SD2. 本企业能深度搜索并提取研发、制造、营销等特定领域的知识	1	2	3	4	5	6	7
SD3. 本企业能深度搜索并提取技术或管理等特定方面的知识	1	2	3	4	5	6	7
SD4. 本企业能深度搜索并利用研发或制造或营销等特定领域的知识	1	2	3	4	5	6	7
SD5. 本企业能深度搜索并提取技术或管理等特定方面的知识	1	2	3	4	5	6	7

三、贵公司与创新相关的能力

(1) 吸收能力
近三年来,与行业内企业的平均水平相比较,贵公司吸收知识的能力情况,在相应的数字上画圈或打"√"

	非常低	比较低	有点低	行业平均	有点高	比较高	非常高
AB1. 企业能把握本行业技术的最新进展	1	2	3	4	5	6	7
AB2. 企业采取技术合作、专利授权等获取相关的知识和技术	1	2	3	4	5	6	7
AB3. 企业能快速领会和掌握从外部获取的知识和技术	1	2	3	4	5	6	7
AB4. 企业能很好地将获取的新知识和现有知识融合并转化	1	2	3	4	5	6	7
AB5. 企业善于改善知识和技术利用的方式或流程	1	2	3	4	5	6	7
AB6. 企业将新知识应用于相关产品和服务的能力	1	2	3	4	5	6	7

(续表)

		完全不符	基本不符	有点不符	不确定	有点符合	基本符合	完全符合
(2) 关系嵌入性 根据实际企业合作情况,在相应的数字上画圈或打"√"								
信任	T5. 合作伙伴与本企业在沟通时能够实事求是	1	2	3	4	5	6	7
	T6. 与合作伙伴合作时双方都能做到诚信第一	1	2	3	4	5	6	7
	T7. 合作伙伴不会利用已掌握的本公司的商业机密谋取利益	1	2	3	4	5	6	7
	T8. 合作伙伴不会故意提供误导性信息	1	2	3	4	5	6	7
信息共享	IS5. 合作伙伴会与我们分享企业发展规划	1	2	3	4	5	6	7
	IS6. 合作伙伴与我们彼此都能够提供对方所需信息	1	2	3	4	5	6	7
	IS7. 合作伙伴与我们交换信息的频率比较高	1	2	3	4	5	6	7
	IS8. 合作伙伴与我们能够彼此提醒可能存在的危机和动荡	1	2	3	4	5	6	7
共同解决问题	JP4. 合作伙伴与我们能够共同协作解决问题	1	2	3	4	5	6	7
	JP5. 合作伙伴与我们能够共同完成研发项目	1	2	3	4	5	6	7
	JP6. 合作伙伴与我们能够帮对方解决研发中遇到的难题	1	2	3	4	5	6	7
(3) R&D能力 自合作创新以来,近三年来,与行业内企业的平均水平相比,贵公司的研发能力情况,在相应的数字上画圈或打"√"		完全不符	基本不符	有点不符	不确定	有点符合	基本符合	完全符合
RD1. 公司的产品制造、设计工艺品质较高		1	2	3	4	5	6	7
RD2. 公司产品设计部门与制造部门能够很好地协调沟通		1	2	3	4	5	6	7
RD3. 公司能及时将市场和客户的信息反馈到技术创新过程中		1	2	3	4	5	6	7
RD4. 公司从技术研发到产品设计具有很好的技术转移机制		1	2	3	4	5	6	7
(4) 知识治理 自合作创新以来,与行业内企业的平均水平相比较,贵公司的知识治理能力,在相应的数字上画圈或打"√"		完全不符	基本不符	有点不符	不确定	有点符合	基本符合	完全符合

(续表)

		完全不符	基本不符	有点不符	不确定	有点符合	基本符合	完全符合
知识共享	KS1. 公司具有良好的知识共享氛围	1	2	3	4	5	6	7
	KS2. 公司的组织结构鼓励沟通	1	2	3	4	5	6	7
	KS3. 公司具有知识共享平台,员工有多种方式的交流途径	1	2	3	4	5	6	7
	KS4. 公司的规章制度或办事程序鼓励知识共享和交流	1	2	3	4	5	6	7
	KS5. 公司的内部网络提供各部门的信息共享	1	2	3	4	5	6	7
	KS6. 对于员工共享知识,公司给予其物质或精神奖励	1	2	3	4	5	6	7
知识建构	KB1. 公司有与时俱进的创新理念	1	2	3	4	5	6	7
	KB2. 公司能把握市场走向,了解消费者痛点	1	2	3	4	5	6	7
	KB3. 公司技术创新的独有知识、理念很新颖	1	2	3	4	5	6	7
	KB4. 公司能够定期多角度地进行市场调研,把握市场机会	1	2	3	4	5	6	7
	KB5. 公司与知识合作伙伴有共享的知识产权和技术窍门	1	2	3	4	5	6	7
	KB6. 公司新产品运用了来自不同领域的新技术	1	2	3	4	5	6	7

(5) 外部环境

自合作创新以来,贵公司外部环境情况,在相应的数字上画圈或打"√"

		完全不符	基本不符	有点不符	不确定	有点符合	基本符合	完全符合
环境动荡性	ET1. 顾客的偏好会经常发生变化	1	2	3	4	5	6	7
	ET2. 市场需求难以预测	1	2	3	4	5	6	7
	ET3. 顾客和分销商行为难以预测	1	2	3	4	5	6	7
	ET4. 技术变化难以预测	1	2	3	4	5	6	7
环境敌对性	EH1. 产业失败率很高	1	2	3	4	5	6	7
	EH2. 产业风险很高,坏决策很容易威胁到企业生存	1	2	3	4	5	6	7
	EH3. 产业竞争强度很高	1	2	3	4	5	6	7
	EH4. 激烈的价格战是产业特征	1	2	3	4	5	6	7
	EH5. 政府的行业政策变化很快	1	2	3	4	5	6	7
	EH6. 政府行业政策的变化趋势很难预测	1	2	3	4	5	6	7

(续表)

四、贵公司的创新绩效							
在过去三年中,与行业内企业的平均水平相比较,贵公司的技术创新情况,请在相应的数字上画圈或打"√"	非常低	比较低	有点低	行业平均	有点高	比较高	非常高
I1. 产品质量得到改进	1	2	3	4	5	6	7
I2. 现有市场需求得到基本满足	1	2	3	4	5	6	7
I3. 生产(或服务)成本降低	1	2	3	4	5	6	7
I4. 企业不断开发出新产品(或新服务)	1	2	3	4	5	6	7
I5. 企业不断引进新的工艺或技术	1	2	3	4	5	6	7
I6. 企业积极开拓新的市场	1	2	3	4	5	6	7

五、个人基本信息(请在所选答案前打"√")

1. 您的职务级别:□高层管理者　□中层管理者　□基层管理者　□一般员工
2. 您在贵公司就职年限:□不足2年　□2～5年　□6～10年　□10年以上
3. 您的工作内容:□战略规划　□行政/人事　□财务　□运营　□营销　□研发　□其他

请您核对一下是否有漏选项,再次感谢您的配合,祝您工作顺利、生活愉快!

参考文献

柴少明,2017. 知识建构引领教育创新:理论、实践与挑战——访国际知名学习科学专家波瑞特教授和斯卡德玛利亚教授[J]. 开放教育研究(4):4-11.

陈国权,李赞斌,2002. 学习型组织中的"学习主体"类型与案例研究[J]. 管理科学学报(4):51-60,67.

陈国权,王晓辉,2012. 组织学习与组织绩效:环境动态性的调节作用[J]. 研究与发展管理,24(1):52-59.

陈劲,吴波,2012. 开放式创新下企业开放度与外部关键资源获取[J]. 科研管理,33(9):10-21.

陈晓萍,徐淑英,樊景立,2012. 组织与管理研究的实证方法[M]. 北京:北京大学出版社.

陈学光,俞红,樊利钧,2010. 研发团队海外嵌入特征、知识搜索与创新绩效:基于浙江高新技术企业的实证研究[J]. 科学学研究,28(1):151-160.

陈茵,徐二明,2013. 不同外部知识环境下企业吸收能力的动态重构[J]. 科学学研究,31(7):92-101.

陈悦,陈超美,刘则渊,等,2015. CiteSpace 知识图谱的方法论功能[J]. 科学学研究,33(2):242-253.

党兴华,孙永磊,2013. 技术创新网络位置对网络惯例的影响研究:以组织间信任为中介变量[J]. 科研管理(4):1-8.

董振林,2017. 外部知识搜寻、知识整合机制与企业创新绩效:外部环境特性的调节作用[D]. 长春:吉林大学.

樊钱涛,2011. 知识源、知识获取方式与产业创新绩效研究:以中国高技术产业为例[J]. 科研管理(5):29-35.

范钧,郭立强,聂津君,2014. 网络能力、组织隐性知识获取与突破性创新绩效

[J].科研管理,35(1):16-24.

范志刚,2010.基于企业网络的战略柔性与企业创新绩效提升机制研究[D].杭州:浙江大学.

冯军政,2012.环境动荡性、动态能力对企业不连续创新的影响作用研究[D].杭州:浙江大学.

冯军政,2013.企业突破性创新和破坏性创新的驱动因素研究:环境动态性和敌对性的视角[J].科学学研究(9):1421-1432.

奉小斌,陈丽琼,2014.组织跨界搜索与创新绩效间关系的元分析[J].技术经济,33(10):41-50.

奉小斌,陈丽琼,2015.外部知识搜索能提升中小微企业协同创新能力吗?——互补性与辅助性知识整合的中介作用[J].科学学与科学技术管理,36(8):105-117.

奉小斌,洪雁,2016.新创企业绩效反馈对知识搜索时机决策的影响:情境焦点的调节作用[J].人类工效学,22(4):23-28.

付敬,朱桂龙,2014.知识源化战略、吸收能力对企业创新绩效产出的影响研究[J].科研管理,35(3):25-34.

高忠仕,2008.知识转移、知识搜索及组织学习绩效关系研究[D].杭州:浙江大学.

龚毅,李垣,姜黎辉,2004.内部自主研发与购买技术关系研究:基于潜在型与现实型吸收能力的分析[J].科学学与科学技术管理,25(8):26-30.

郭京京,2011.产业集群中技术学习策略对企业创新绩效的影响机制研究:技术学习惯例的中介效应[D].杭州:浙江大学.

胡保亮,方刚,2013.网络位置、知识搜索与创新绩效的关系研究:基于全球制造网络与本地集群网络集成的观点[J].科研管理,(11):18-26.

胡德华,种乐熹,邱均平,等,2015.国内外知识检索研究的进展与趋势[J].图书情报知识(3):93-106.

简兆权,柳仪,2015.关系嵌入性、网络能力与服务创新绩效关系的实证研究[J].软科学,29(5):1-5.

简兆权,吴隆增,黄静,2008.吸收能力、知识整合对组织创新和组织绩效的影响研究[J].科研管理,29(1):80-86.

简兆权,刘荣,招丽珠,2010.网络关系、信任与知识共享对技术创新绩效的影响研究[J].研究与发展管理(2):64-71.

姜黎辉,张朋柱,彭诗金,2006.企业技术环境扫描模式研究[J].工业技术经济,

25(1):74-77.

金昕,陈松,徐劲松,2014.企业知识管理方式对技术创新过程和创新绩效的影响研究[J].预测(3):15-20,33.

黎晓燕,井润田,2007.社会网络、创新行为、企业信任间的关系研究[J].科学学研究(5):947-951.

李大元,项保华,陈应龙,2009.企业动态能力及其功效:环境不确定性的影响[J].南开管理评论,12(6):60-68.

李慧,2013.集群核心企业外向型知识吸收能力测量研究[J].管理学报(5):761-767.

李俊,赵立龙,2010.吸收能力理论研究述评[J].西安电子科技大学学报(社会科学版),20(3):1-7.

李强,2013.外部知识搜索宽度的前因及其创新绩效影响机制研究:基于正式-非正式搜索的视角[D].杭州:浙江大学.

李庆满,杨皎平,金彦龙,2013.集群内部竞争、技术创新力与集群企业技术创新绩效[J].管理学报,10(5):746-753.

刘超,刘新梅,李彩凤,2017.吸收能力、组织整合、创造力与创新绩效的关系研究[J].科研管理(10):76-84.

刘学元,丁雯婧,赵先德,2016.企业创新网络中关系强度、吸收能力与创新绩效的关系研究[J].南开管理评论,19(1):30-42.

刘雪锋,2007.网络嵌入性与差异化战略及企业绩效关系研究[D].杭州:浙江大学.

刘雪锋,徐芳宁,揭上锋,2015.网络嵌入性与知识获取及企业创新能力关系研究[J].经济管理(3):150-159.

刘岩,蔡虹,2011.企业知识基础与技术创新绩效关系研究:基于中国电子信息行业的实证分析[J].科学学与科学技术管理,32(10):64-69.

卢艳秋,赵英鑫,崔月慧,等,2014.组织忘记与创新绩效:战略柔性的中介作用[J].科研管理,35(3):58-65.

罗胜强,2014.管理学问卷调查研究方法[M].重庆:重庆大学出版社.

潘佳,刘益,郑淞月,2017.外部知识搜寻和企业绩效关系研究:以信息技术服务外包行业为例[J].管理评论,29(6):73-84.

裴云龙,江旭,刘衡,2013.战略柔性、原始性创新与企业竞争力:组织合法性的调节作用[J].科学学研究,31(3):446-455.

钱锡红,杨永福,徐万里,2010.企业网络位置、吸收能力与创新绩效:一个交互效应模型[J].管理世界(5):118-129.

任志安,2007.超越知识管理:知识治理理论的概念、框架及应用[J].科研管理,28(1):20-26.

阮爱君,陈劲,2015.正式/非正式知识搜索宽度对创新绩效的影响[J].科学学研究(10):1573-1583.

苏道明,吴宗法,刘臣,2017.外部知识搜索及其二元效应对创新绩效的影响[J].科学学与科学技术管理,38(8):109-121.

孙海法,刘运国,方琳,2004.案例研究的方法论[J].科研管理(2):107-112.

孙婧,沈志渔,2014.权变视角下外部搜索对产品创新绩效的影响:组织冗余的调节作用[J].南方经济,32(9):1-13.

孙永风,李垣,2007.转型经济下中国企业创新选择的实证研究:环境与组织因素[J].管理工程学报,21(1):41-46.

孙永磊,宋晶,谢永平,2016.调节定向对创新网络惯例的影响:基于组织间信任的情景分析[J].科研管理(8):1-7.

唐朝永,陈万明,彭灿,2014.外部创新搜寻、失败学习与组织创新绩效[J].研究与发展管理,26(5):73-81.

唐青青,谢恩,梁杰,2015.知识库与突破性创新:关系嵌入强度的调节[J].科学学与科学技术管理(7):21-29.

汪秀婷,杜海波,江澄,等,2012.技术创新网络中核心企业对创新绩效影响:沟通和信任的中介作用研究[J].科学学与科学技术管理(12):37-44.

汪玥琦,2016.企业知识搜索二元性的前因与创新绩效效应研究:基于本地-远程搜索视角[D].杭州:浙江大学.

王国顺,李清,2006.基于吸收能力的跨国公司知识转移过程研究[J].武汉大学学报(哲学社会科学版),59(6):762-766.

王家宝,2011.关系嵌入性对服务创新绩效的影响关系研究[D].上海:上海交通大学.

王炯,2006.全球制造网络中网络嵌入性对企业绩效的影响研究[D].杭州:浙江大学.

王雎,2007.吸收能力的研究现状与重新定位[J].外国经济与管理,29(7):1-8.

王帅英,2011.开放式创新对创新绩效的影响[D].大连:东北财经大学.

王铁男,贾榕霞,陈宁,2009.组织学习能力对战略柔性影响作用的实证研究[J].中国软科学(4):164-174,184.

魏江,寿柯炎,2015.企业内部知识基与创新网络的架构及作用机制[J].科学学研究,33(11):1727-1739.

温忠麟,叶宝娟,2014.中介效应分析:方法和模型发展[J].心理科学进展,22(5):731-745.

温忠麟,刘红云,侯杰泰,2012.调节效应和中介效应分析[M].北京:教育科学出版社.

邬爱其,李生校,2011.从"到哪里学习"转向"向谁学习":专业知识搜寻战略对新创集群企业创新绩效的影响[J].科学学研究(12):1906-1913.

吴航,陈劲,2014.新兴经济国家企业国际化模式影响创新绩效机制:动态能力理论视角[J].科学学研究,32(8):1262-1270.

吴航,陈劲,2016.国际搜索与本地搜索的抉择:企业外部知识搜索双元的创新效应研究[J].科学学与科学技术管理,37(9):102-113.

吴明隆,2009.结构方程模型:AMOS的操作与应用[M].重庆:重庆大学出版社.

吴明隆,2010.问卷统计分析实务[M].重庆:重庆大学出版社.

吴伟池,2013.关系嵌入性、外部知识搜索与创新绩效的关系[D].杭州:浙江大学.

吴晓波,韦影,2005.制药企业技术创新战略网络中的关系性嵌入[J].科学学研究,23(4):561-565.

吴晓波,彭新敏,丁树全,2008.我国企业外部知识源搜索策略的影响因素[J].科学学研究,26(2):364-372,408.

吴晓波,郭瑞,熊磊,2013.跨界搜索、企业内部协作网络与创新产出技术影响力:基于全球半导体行业的实证分析[J].西安电子科技大学学报(社会科学版),23(6):27-34.

项保华,张建东,2005.案例研究方法和战略管理研究[J].自然辩证法通讯(5):62-66,111.

解学梅,左蕾蕾,2013.企业协同创新网络特征与创新绩效:基于知识吸收能力的中介效应研究[J].南开管理评论,16(3):47-56.

刑以群,杨琪,2004.如何进行有效的知识共享:一个整合的框架[J].经济论坛,(11):71-72.

徐金发,林枫,2009.企业吸收能力:内涵、构成及测量分析[J].情报杂志,28(7):118-121.

徐万里,钱锡红,2010.企业吸收能力研究进展[J].经济理论与经济管理(8):59-65.

许冠南,2008.关系嵌入性对技术创新绩效的影响研究[D].杭州:浙江大学.

杨治,郭艳萍,张鹏程,2015.企业间信任对组织双元创新的影响[J].科研管理(9):80-88.

姚伟,2013.知识治理研究回顾:成因、现象、表现维度、机理及作用综述[J].软科学,27(11):121-126.

叶江峰,任浩,郝斌,2015.企业内外部知识异质度对创新绩效的影响:战略柔性的调节作用[J].科学学研究,33(4):574-584.

叶江峰,任浩,郝斌,2016.外部知识异质度对创新绩效曲线效应的内在机理:知识重构与吸收能力的视角[J].科研管理,37(8):8-17.

应洪斌,2016.结构洞对产品创新绩效的作用机理研究:基于知识搜索与转移的视角[J].科研管理,37(4):9-15.

余菁,2004.案例研究与案例研究方法[J].经济管理(20):24-29.

袁健红,龚天宇,2011.企业知识搜寻前因和结果研究现状探析与整合框架构建[J].外国经济与管理,33(6):27-33,49.

岳意定,卢澎湖,2014.企业知识搜寻、吸收能力对产品创新绩效的影响研究[J].湘潭大学学报(哲学社会科学版),38(6):54-58.

张峰,刘侠,2014.外部知识搜寻对创新绩效的作用机理研究[J].管理科学(1):31-42.

张群祥,熊伟,奉小斌,2012.知识搜索平衡研究综述[J].情报杂志,31(1):111-114,150.

张晓芬,刘强,2017.外部知识源化战略、吸收能力对突破性创新绩效的影响[J].首都经济贸易大学学报(6):63-69.

张晓棠,安立仁,董广茂,2015.关系强度、社会资本对知识获取绩效影响研究:基于社会结构与行动模型[J].预测,34(1):35-40.

张义兵,陈伯栋,SCARDAMALIA M,等,2012.从浅层建构走向深层建构:知识建构理论的发展及其在中国的应用分析[J].电化教育研究(9):5-12.

张振刚,陈志明,李云健,2015.开放式创新、吸收能力与创新绩效关系研究[J].科研管理,36(3):49-56.

赵红岩,蒋双喜,杨畅,2015.吸收能力阶段演化与企业创新绩效:基于上海市高新技术产业的经验分析[J].外国经济与管理,37(2):3-17.

郑华良,2012.地理搜寻对集群企业创新绩效的影响:吸收能力的调节作用[J].科学学与科学技术管理,33(5):46-55.

周三多,陈传明,贾良定,2014.管理学:原理与方法[M].上海:复旦大学出版社.

朱朝晖,陈劲,陈钰芬,2009.探索性技术学习和挖掘性技术学习及其机理[J].科研管理,30(3):23-31.

ADAMS M E, DAY G S, DOUGHERTY D, 1998. Enhancing new product development performance: An organizational learning perspective[J]. Journal of product innovation management, 15(5): 403-422.

AFUAH A, TUCCI C L, 2012. Crowdsourcing as a solution to distant search [J]. Academy of management review, 37(3): 355-375.

AHUJA G, 2000. Collaboration networks, structural holes, and innovation: A longitudinal study[J]. Administrative science quarterly, 45(3): 425-455.

AHUJA G, KATILA R, 2001. Technological acquisitions and the innovation performance of acquiring firms: A longitudinal study [J]. Strategic management journal, 22(3): 197-220.

AHUJA G, KATILA R, 2004. Where do resources come from? The role of idiosyncratic situations[J]. Strategic management journal, 25(8/9): 887-907.

AHUJA G, MORRIS LAMPERT C, 2001. Entrepreneurship in the large corporation: A longitudinal study of how established firms create breakthrough inventions [J]. Strategic management journal, 22(6/7): 521-543.

AKGUN A E, BYRNE J C, LYNN G S, et al., 2007. New product development in turbulent environments: Impact of improvisation and unlearning on new product performance[J]. Journal of engineering and technology management, 24(3): 203-230.

ALAVI M, LEIDNER D E, 2001. Review: Knowledge management and knowledge management systems: Conceptual foundations and research issues [J]. MIS quarterly, 25(1): 107-136.

ALBERT S, WHETTEN D A, 1985. Organizational identity[J]. Administration & society, 42(20): 166-190.

ALMEIDA P, DOKKO G, ROSENKOPF L, 2003. Startup size and the mechanisms of external learning: increasing opportunity and decreasing ability?[J]. Research policy, 32(2): 301-315.

ANDERSON P, TUSHMAN M L, 2001. Organizational environments and industry exit: The effects of uncertainty, munificence and complexity[J]. Industrial and corporate change, 10(3): 675-711.

ANDERSON U, FORSGREN M, HOLM U, 2015. The strategic impact of external networks: subsidiary performance and competence development in the multinational corporation[M]. NYC: Palgrave Macmillan UK.

ANDRIOPOULOS C, LEWIS M W, 2009. Exploitation-exploration tensions and organizational ambidexterity: managing paradoxes of innovation[J]. Organization science, 20(4): 696-717.

ANTONELLI C, 2005. Models of knowledge and systems of governance[J]. Journal of institutional economics, 1(1): 51-73.

ANTONELLI C, FASSIO C, 2016. The role of external knowledge(s) in the introduction of product and process innovations[J]. R & D management, 46(S3): 979-991.

ARDICHVILI A, PAGE V, WENTLING T, 2003. Motivation and barriers to participation on virtual knowledge-sharing communities of practice[J]. Journal of knowledge management, 7(1): 64-77.

ARGYRES N, 2015. Evidence on the role of firm capabilities in vertical integration decisions[J]. Strategic management journal, 17(2): 129-150.

ARGYRIS C, SCHON D, 1996. Organisationallearning[J]. Association of management review, 10(4): 47-52.

ARORA A, GAMBARDELLA A, 1990. Complementarity and external linkages-the strategies of the large firms in biotechnology[J]. Journal of industrial economics, 38(4): 361-379.

ARROW K J, 1972. Economic welfare and the allocation of resources for invention[M]. NYC: macmillan education UK.

ATUAHENE-GIMA K, 2003. The effects of centrifugal and centripetal forces on product development speed and quality: how does problem solving matter?[J]. Academy of management journal, 46(3): 359-373.

AUDIA P G, GONCALO J A, 2007. Past success and creativity over time: A study of inventors in the hard disk drive industry[J]. Management science, 53(1): 1-15.

AYYAGARI M, DEMIRGUC-KUNT A, MAKSIMOVIC V, 2011. Firm Innovation in Emerging Markets: The Role of finance, governance, and competition[J]. Journal of financial and quantitative analysis, 46(6): 1545-1580.

BAO Y C, SHENG S B, ZHOU K Z, 2012. Network-based market knowledge and product innovativeness[J]. Marketing letters, 23(1): 309-324.

BARDEN J Q, 2012. The influences of being acquired on subsidiary innovation adoption[J]. Strategic management journal, 33(11): 1269-1285.

BARDEN J Q, MITCHELL W, 2007. Disentangling the influences of leaders' relational embeddedness on interorganizational exchange [J]. Academy of management journal, 50(6): 1440-1461.

BARNEY J B, 1991. Firm resource and sustained competitive advantage[J]. Journal of management, 17(1): 99-120.

BARTOL K M, SRIVASTAVA A, 2002. Encouraging knowledge sharing: The role of organizational reward systems [J]. Journal of leadership & organizational studies, 9(1): 64-76.

BASSEY M, 1999. Case study research in educational settings[M]. [S. l.]: Mcgraw-hill education (UK).

BAYONA C, GARCiA-MARCO T, HUERTA E, 2001. Firms' motivations for cooperative R&D: an empirical analysis of Spanish firms[J]. Research policy, 30(8): 1289-1307.

BECKER W, DIETZ J, 2004. R&D cooperation and innovation activities of firms:Evidence for the German manufacturing industry[J]. Research policy, 33(2): 209-223.

BECKMAN C M, 2006. The influence of founding team company affiliations on firm behavior[M]. London: Cambridge University Press.

BECKMAN C M, HAUNSCHILD P R, PHILLIPS D J, 2004. Friends or strangers? Firm-specific uncertainty, market uncertainty, and network partner selection[J]. Organization science, 15(3): 259-275.

BEERS C V, ZAND F, 2014. R&D cooperation, partner diversity, and innovation performance: An empirical analysis [J]. Journal of product innovation management, 31(2): 292-312.

BELDERBOS R, CARREE M, LOKSHIN B, 2006. Complementarity in R&D cooperation strategies[J]. Review of industrial organization, 28(4): 401-426.

BELDERBOS R, VAN ROY V, DUVIVIER F, 2013. International and domestic technology transfers and productivity growth: Firm level evidence [J]. Industrial and corporate change, 22(1): 1-32.

BENNER M J, 2010. Dynamic or static capabilities? process management practices and response to technological change [J]. Journal of product innovation management, 26(5): 473-486.

BENNER M J, TUSHMAN M, 2002. Process management and technological innovation: A longitudinal study of the photography and paint industries[J]. Administrative science quarterly, 47(4): 676-707.

BERCHICCI L, 2013. Towards an open R&D system: Internal R&D investment, external knowledge acquisition and innovative performance[J]. Research policy, 42(1): 117-127.

BEREITER C, SCARDAMALIA M, 2014. Knowledge building and knowledge creation: One concept, two hills to climb [M]. Singapore: Springer Singapore.

BERNSTEIN F, KOK A G, 2009. Dynamic cost reduction through process improvement in assembly networks[J]. Management science, 55(4): 552-567.

BOURGEOIS L J, 1981. On the measurement of organizational slack[J]. Academy of management review, 6(1): 29-39.

BRESCHI S, MALERBA F, 1997. Sectoral innovation systems: technological regimes, Schumpeterian dynamics, and spatial boundaries [C]//Edquist systems of innovation technologies institutions & organization: 130-156.

BRESCHI S, MALERBA F, ORSENIGO L, 2000. Technological regimes and schumpeterian patterns of innovation[J]. Economic journal, 110(463): 388-410.

BRESCHI S, LISSONI F, MALERBA F, 2003. Knowledge-relatedness in firm technological diversification[J]. Research policy, 32(1): 69-87.

BRUSONI S, PRENCIPE A, PAVITT K, 2001. Knowledge specialization, organizational coupling, and the boundaries of the firm: why do firms know more than they make?[J]. Administrative science quarterly, 46(4): 597-621.

BURNS L R, WHOLEY D R, 1993. Adoption and abandonment of matrix management programs: effects of organizational characteristics and interorganizational networks[J]. Academy of management journal, 36(1): 106-138.

BURT R S, 1995. Structural holes: the social structure of competition[M]. Boston: Harvard University Press.

CABRERA A, CABRERA E F, 2002. Knowledge-sharing dilemmas [J]. Organization studies, 23(5): 687-710.

CALANTONE R J, DIBENEDETTO C A, BHOOVARAGHAVAN S, 1994. Examining the relationship between degree of innovation and new product success[J]. Journal of business research, 30(2): 143-148.

CALANTONE R J, SCHMIDT J B, SONG X M, 1996. Controllable factors of new product success: a cross-national comparison[J]. Marketing science, 15(4): 341-358.

CANTWELL J, SANTANGELO G D, 2006. The boundaries of firms in the new economy: M&As as a strategic tool toward corporate technological diversification[J]. Structural change & economic dynamics, 17(2): 174-199.

CAO Q, GEDAJLOVIC E, ZHANG H P, 2009. Unpacking organizational ambidexterity: dimensions, contingencies, and synergistic effects[J]. Organization science, 20(4): 781-796.

CAO Q, SIMSEK Z, ZHANG H P, 2010. Modelling the joint impact of the CEO and the TMT on organizational ambidexterity [J]. Journal of management studies, 47(7): 1272-1296.

CAPALDO A, 2007. Network structure and innovation: The leveraging of a dual network as a distinctive relational capability[J]. Strategic management journal, 28(6): 585-608.

CASADESUS-MASANELL R, ZHU F, 2013. Business model innovation and competitive imitation: The case of sponsor-based business models [J]. Strategic management journal, 34(4): 464-482.

CASSIMAN B, VEUGELERS R, 2006. In search of complementarity in innovation strategy: internal r&d and external knowledge acquisition[J]. Management science, 52(1): 68-82.

CHEN C M, 2004. Searching for intellectual turning points: progressive knowledge domain visualization[C]//Proceedings of the National Academy of Sciences of the United States of America: 5303-5310.

CHEN C M, LEYDESDORFF L, 2014. Patterns of connections and movements in dual-map overlays[J]. Journal of the association for information science and technology, 65(2):334-351.

CHEN C M, IBEKWE-SANJUAN F, HOU J H, 2010. The Structure and dynamics of cocitation clusters: a multiple-perspective cocitation analysis[J]. Journal of the American society for information science and technology, 61(7): 1386-1409.

CHEN W R, MILLER K D, 2007. Situational and institutional determinants of firms' R&D search intensity[J]. Strategic management journal, 28(4): 369-381.

CHENG J L C, KESNER I F, 1997. Organizational slack and response to environmental shifts: The impact of resource allocation patterns[J]. Journal of management, 23(1): 1-18.

CHESBROUGH H W, 2004. Managing open invitation[J]. IEEE engineering management review, 32(2): 52-52.

CHESBROUGH H W, 2006. Open innovation: the new imperative for creating and profiting from technology[M]. Boston: Harvard Business Press.

CHESBROUGH H W, 2007. Business model innovation: it's not just about technology anymore[J]. Strategy & leadership, 35(6): 12-17.

CHESBROUGH H W, WEST J, 2010. Open innovation: researching a new paradigm[J]. Wim vanhaverbeke, 84: 1259-1259,1251.

CHIANG Y H, HUNG K P, 2010. Exploring open search strategies and perceived innovation performance from the perspective of inter-organizational knowledge flows[J]. R & D management, 40(3): 292-299.

CHILD J, 1972. Organizational structure, environment and performance: the role of strategic choice[J]. Sociology, 6(1): 1-22.

CHO D H, YU P I, 2000. Influential factors in the choice of technology acquisition mode: an empirical analysis of small and medium size firms in the Korean telecommunication industry[J]. Technovation, 20(12): 691-704.

CHOI D Y, LEE K C, 2015. Dynamic resource allocation for exploitation and exploration with ambidexterity: Logical mechanism and simulations [J]. Computers in human behavior,42: 120-126.

CHONG J C, CHENG P, HILTON B, et al., 2005. Knowledge governance [J]. Journal of knowledge management, 9(6): 67-75.

CHONG S C, CHOI Y S, 2005. Critical factors in the successful implementation of knowledge management [J]. Journal of knowledge management practice, 6(1): 234-258.

CHRISTENSEN T J, SNYDER J, 1997. Progressive research on degenerate alliances[J]. American political science review, 91(4): 919-922.

CHUNG S, KIM G M, 2003. Performance effects of partnership between manufacturers and suppliers for new product development: the supplier's standpoint[J]. Research policy,32(4): 587-603.

CHURCHILL G A, 1979. A Paradigm for developing better measures of marketing constructs[J]. Journal of marketing research, 16(1): 64-73.

COHEN M D, MARCH J G, OLSEN J P, 1972. A Garbage can model of organizational choice[J]. Administrative science quarterly, 17(1): 1-25.

COHEN W M, LEVINTHAL D A, 1989. Innovation and learning: the two faces of R&D[J]. Economic journal, 99(397): 569-596.

COHEN W M, LEVINTHAL D A, 1990. Absorptive-capacity: A new perspective on learning and innovation[J]. Administrative science quarterly, 35(1): 128-152.

CONTRACTOR F J, LORANGE P, 1988. Why should firms cooperate the strategy and economics basis for cooperative ventures[M]//in Contractor F J and Lorange P(Eds), Cooperative Strategies in International Business:3-30.

CRAIGHEAD C W, HULT G T M, JR D J K, 2009. The effects of innovation-cost strategy, knowledge, and action in the supply chain on firm performance[J]. Journal of operations management, 27(5): 405-421.

CROSSAN M M, APAYDIN M, 2010. A multi-dimensional framework of organizational innovation: a systematic review of the literature[J]. Journal of management studies,47(6): 1154-1191.

CRUZ-GONZALEZ J, LOPEZ-SAEZ P, NAVAS-LOPEZ J E, et al., 2015. Open search strategies and firm performance: The different moderating role of technological environmental dynamism[J]. Technovation, 35: 32-45.

CUI A S, WU F, 2017. The impact of customer involvement on new product development: contingent and substitutive effects[J]. Journal of product innovation management, 34(1): 60-80.

CUMMINGS L L, BROMILEY P, 1996. The organizational trust inventory (OTI): development and validation[M]//In Kramer R M and Tyler T R (Eds.), Trust in organizations: Frontiers of theory and research:302-330.

CYERT R M, MARCH J G, 1963. The behavioral theory of the firm[J]. Englewood cliffs, 2: 93-107.

CZARNITZKI D, KRAFT K, 2007. Spillovers of innovation activities and their profitability[J]. Zew discussion papers, 64(2): 302-322.

DAFT R L, SORMUNEN J, PARKS D, 1988. Chief executive scanning, environmental characteristics, and company performance:An empirical study [J]. Strategic management journal, 9(2): 123-139.

DAGHFOUS A, 2004a. Absorptive capacity and the implementation of knowledge-intensive best practices[J]. Sam advanced management journal, 69(2): 21-27.

DAGHFOUS A, 2004b. Knowledge management as an organisational innovation: an absorptive capacity perspective and a case study[J]. International journal of innovation & learning, 1(4): 409-422.

DAMANPOUR F, 1991. Organizational innovation: a meta-analysis of effects of determinants and moderators [J]. Academy of management journal, 34(3): 555-590.

DAVILA T, EPSTEIN M, SHELTON R, 2005. Making innovation work: How to manage it, measure it, and profit from it[J]. Research technology management, 50(5): 69-70.

DAWSON J F, 2014. Moderation in management research: What, why, when, and how[J]. Journal of business and psychology, 29(1): 1-19.

DENG Z, GUO H, ZHANG W, et al., 2014. Innovation and survival of exporters: A contingency perspective[J]. International business review, 23(2): 396-406.

DESS G G, BEARD D W, 1984. Dimensions of organizational task environments [J]. Administrative science quarterly, 29(1): 52-73.

DOSI G, 1988. Sources, procedures, and microeconomic effects of innovation [J]. Journal of economic literature, 26(3): 1120-1171.

DOSI G, TEECE D J, 1998. Organizational competencies and the boundaries of the firm[M]. Berlin: Springer Berlin Heidelberg: 281-302.

DRECHSLER W, NATTER M, 2012. Understanding a firm's openness decisions in innovation[J]. Journal of business research, 65(3): 438-445.

DUNCAN R B, 1972. Characteristics of organizational environments and perceived environmental uncertainty[J]. Administrative science quarterly: 313-327.

DUNCAN R B, 1976. The Ambidextrous organization: designing dual structures for innovation[J]. Management of organization design: 167-188.

DUTTON J E, 1993. Interpretations on automatic: A different view of strategic issue diagnosis[J]. Journal of management studies, 30(3): 339-357.

DWYER F R, WELSH M A, 1985. Environmental relationships of the internal political economy of marketing channels[J]. Journal of marketing research, 22(4): 397-414.

DYER J H, NOBEOKA K, 2000. Creating and managing a high-performance knowledge-sharing network: The Toyota case[J]. Strategic management journal, 21(3): 345-367.

DYER J H, SINGH H, 1998. The relational view: Cooperative strategy and sources of interorganizational competitive advantage [J]. Academy of management review, 23(4): 660-679.

Dyer J H, 1996. Does governance matter? Keiretsu alliances and asset specificity as sources of Japanese competitive advantage[J]. Organization science, 7(6): 649-666.

EISENHARDT K M, GRAEBNER M E, 2007. Theory building from cases: opportunities and challenges[J]. Academy of management journal, 50(1): 25-32.

EISENHARDT K M, TABRIZI B N, 1995. Accelerating adaptive processes: product innovation in the global computer industry [J]. Administrative science quarterly, 40(1): 84-110.

EISENHARDT K M, 1989. Building theories from case study research[J]. Academy of management review, 14(4): 532-550.

EMERY F E, TRIST E L, 1965. The causal texture of organizational environments[J]. Human relations, 18(1): 21-32.

ESCRIBANO A, FOSFURI A, TRIBó J A, 2009. Managing external knowledge flows: The moderating role of absorptive capacity[J]. Research policy, 38(1): 96-105.

FABRIZIO K R, 2009. Absorptive capacity and the search for innovation[J]. Research policy, 38(2): 255-267.

FAEMS D, VAN LOOY B, DEBACKERE K, 2005. Interorganizational collaboration and innovation: Toward a portfolio approach[J]. Journal of product innovation management, 22(3): 238-250.

FELIN T, ZENGER T R, 2014. Closed or open innovation? Problem solving and the governance choice[J]. Research policy, 43(5): 914-925.

FERNHABER S A, PATEL P C, 2012. How do young firms manage product portfolio complexity? The role of absorptive capacity and ambidexterity[J].

Strategic management journal,33(13):1516-1539.

FERRIN D L, DIRKS K T, 2003. The use of rewards to increase and decrease trust: Mediating processes and differential effects[J]. Organization science, 14(1):18-31.

FLEMING L, 2001. Recombinant uncertainty in technological search[J]. Management science, 47(1):117-132.

FLEMING L, SORENSON O, 2001. Technology as a complex adaptive system: evidence from patent data[J]. Research policy, 30(7):1019-1039.

FLEMING L, SORENSON O, 2004. Science as a map in technological search [J]. Strategic management journal, 25(8/9):909-928.

FLOYD S W, LANE P J, 2000. Strategizing throughout the organization: Managing role conflict in strategic renewal[J]. Academy of management review, 25(1):154-177.

FOSS N J, 2005. Strategy, economic organization, and the knowledge economy: the coordination of firms and resources[M]. Oxford: Oxford University Press.

FOSS N J, 2006. Knowledge and organization in the theory of the multinational corporation: some foundational issues[J]. Journal of management & governance, 10(1):3-20.

FOWLER F J, 2013. Survey research methods third edition[M]. London: Sage publications.

GAMBARDELLA A, 1992. Competitive advantages from in-house scientific research: The US pharmaceutical industry in the 1980s[J]. Research policy, 21(5):391-407.

GAMBARDELLA A, TORRISI S, 1998. Does technological convergence imply convergence in markets? Evidence from the electronics industry[J]. Research policy, 27(5):445-463.

GARCIA R, CALANTONE R, 2002. A critical look at technological innovation typology and innovativeness terminology: a literature review[J]. Journal of product innovation management, 19(2):110-132.

GARCIA-VEGA M, 2006. Does technological diversification promote innovation? An empirical analysis for European firms[J]. Research policy, 35(2):230-246.

GATIGNON H, TUSHMAN M L, SMITH W, et al., 2002. A structural approach to assessing innovation: Construct development of innovation locus, type, and characteristics[J]. Management science, 48(9): 1103-1122.

GATTI C, VOLPE L, VAGNANI G, 2015. Interdependence among productive activities: Implications for exploration and exploitation [J]. Journal of business research, 68(3): 711-722.

GEE L K, JONES J J, FARISS C J, et al. , 2017. The paradox of weak ties in 55 countries[J]. Journal of economic behavior & organization, 133: 362-372.

GEIGER S W, MAKRI M, 2006. Exploration and exploitation innovation processes: The role of organizational slack in R & D intensive firms[J]. Journal of high technology management research, 17(1): 97-108.

GELETKANYCZ M A, HAMBRICK D C, 1997. The external ties of top executives: Implications for strategic choice and performance[J]. Administrative science quarterly: 654-681.

GHEMAWAT P, SOL P D, 1998. Commitment Versus Flexibility [J]. California management review, 40(4): 26-42.

GIARRATANA M S, MARIANI M, 2014. The relationship between knowledge sourcing and fear of imitation[J]. Strategic management journal, 35(8): 1144-1163.

GIBSON C B, BIRKINSHAW J, 2004. The antecedents, consequences, and mediating role of organizational ambidexterity[J]. Academy of management journal, 47(2): 209-226.

GLASER B G, STRAUSS A, 1967. Grounded theory: the discovery of grounded theory[J]. The journal of the British sociological association, 12: 27-49.

GOLL I, RASHEED A M A, 1997. Rational decision-making and firm performance:The moderating role of the environment[J]. Strategic management journal, 18(7): 583-591.

GOPALAKRISHNAN S, BIERLY P, KESSLER E H, 1999. A reexamination of product and process innovations using a knowledge-based view[J]. Journal of high technology management research, 10(1): 147-166.

GOPALAKRISHNAN S, DAMANPOUR F, 1997. A review of innovation research in economics, sociology and technology management[J]. Omega-international journal of management science, 25(1): 15-28.

GRANDORI A, 1997. Governance structures, coordination mechanisms and cognitive models[J]. Journal of management & governance, 1(1): 29-47.

GRANDORI A, 2001. Neither hierarchy nor identity: knowledge-governance mechanisms and the theory of the firm[J]. Journal of management & governance, 5(3-4): 381-399.

GRANOVETTER M, 1973. The strength of weak ties[J]. American journal of sociology, 78(6): 1360-1380.

GRANOVETTER M,1985. Economic action and social structure: The problem of embeddedness[J]. American journal of sociology, 91(3): 481-510.

GRANT R M, 1996. Toward a knowledge-based theory of the firm[J]. Strategic management journal, 17(S2): 109-122.

GRANT R M, 1999. Prospering in dinamically-competitive environments: Organizational capability as knowledge integration [J]. Knowledge & strategy, 7(4): 133-153.

GRANT R M, BADEN-FULLER C, 1995. A knowledge-based theory of inter-firm collaboration[J]. Academy of management annual meeting proceedings (1):17-21.

GREVE H R, TAYLOR A, 2000. Innovations as catalysts for organizational change: Shifts in organizational cognition and search[J]. Administrative science quarterly, 45(1): 54-80.

GRIFFIN A, 1997. The effect of project and process characteristics on product development cycle time[J]. Journal of marketing research, 34(1): 24-35.

GRIMPE C, SOFKA W, 2009. Search patterns and absorptive capacity: Low- and high-technology sectors in European countries[J]. Research policy, 38(3): 495-506.

GULATI R, 1995. Does familiarity breed trust? The implications of repeated ties for contractual choice in alliances[J]. Academy of management journal, 38(1): 85-112.

GULATI R, 1999. Network location and learning: The influence of network resources and firm capabilities on alliance formation [J]. Strategic management journal, 20(5): 397-420.

GULATI R, SYTCH M, 2007. Dependence asymmetry and joint dependence in interorganizational relationships: Effects of embeddedness on a manufacturer's performance in procurement relationships [J]. Administrative science quarterly, 52(1): 32-69.

GUO B, WANG Y Q, 2014. Environmental turbulence, absorptive capacity and external knowledge search among Chinese SMEs[J]. Chinese management studies, 8(2): 258-272.

GUO B, WANG Y Q, XIE X Y, et al., 2015. Search more deeply or search more broadly? An empirical study of external knowledge search strategy in manufacturing SMEs[J]. Asian journal of technology innovation, 23(1): 87-106.

GUPTA A K, GOVINDARAJAN V, 2000. Knowledge flows within multinational corporations[J]. Strategic management journal, 21(4): 473-496.

GUPTA A K, SMITH K G, SHALLEY C E, 2006. The interplay between exploration and exploitation[J]. Academy of management journal, 49(4): 693-706.

HAGEDOORN J, 1993. Understanding the rationale of strategic technology partnering-interorganizational modes of cooperation and sectoral differences [J]. Strategic management journal, 14(5): 371-385.

HAGEDOORN J, CLOODT M, 2003. Measuring innovative performance: is there an advantage in using multiple indicators? [J]. Research policy, 32(8): 1365-1379.

HÅKANSSON H, SNEHOTA I, 1995. Developing relationships in business networks[M]. London: Routledge.

HÅKANSSON H., SNEHOTA I, 1998. The burden of relationships or who's next[M]//in Network Dynamics in International Marketing, Elsevier:522-536.

HAMBRICK D C, 1981. Environment, strategy, and power within top management teams[J]. Administrative science quarterly, 26(2): 253-275.

HAN J K, KIM N, SRIVASTAVA R K, 1998. Market orientation and organizational performance: Is innovation a missing link? [J]. Journal of marketing, 62(4): 30-45.

HANSEN M T, 1999. The search-transfer problem: The role of weak ties in sharing knowledge across organization subunits[J]. Administrative science quarterly, 44(1): 82-111.

HARRIGAN K R, 1985. Exit barriers and vertical integration[J]. Academy of management journal, 28(3): 686-697.

HE Z-L, WONG P-K, 2004. Exploration vs. exploitation: An empirical test of the ambidexterity hypothesis[J]. Organization science, 15(4): 481-494.

HEIDE J B, MINER A S, 1992. The shadow of the future-effects of anticipated interaction and frequency of contact on buyer-seller cooperation [J]. Academy of management journal, 35(2): 265-291.

HELFAT C E, 1994. Evolutionary trajectories in petroleum firm R&D[J]. Management science, 40(12): 1720-1747.

HELLRIEGEL D, SLOCUM J W, 1974. Organizational climate: measures, research and contingencies[J]. Academy of management journal, 17(2): 255-280.

HENDERSON R, COCKBURN I, 1996. Scale, scope, and spillovers: the determinants of research productivity in drug discovery[J]. Rand journal of economics, 27(1): 32-59.

HONG W, SU Y S, 2013. The effect of institutional proximity in non-local university-industry collaborations: An analysis based on Chinese patent data [J]. Research policy, 42(2): 454-464.

HOU H, CHEN C, YUE C, HOROWITZ M, et al., 2007. Towards an explanatory and computational theory of scientific discovery[J]. Journal of informetrics, 3(3):191-209.

HOWELLS J, JAMES A, MALIK K, 2003. The sourcing of technological knowledge: distributed innovation processes and dynamic change[J]. R & D management, 33(4): 395-409.

HUBER G P, 1991. Organizational learning: the contributing processes and the literatures[J]. Organization science, 2(1): 88-115.

HUERGO E, JAUMANDREU J, 2004. How does probability of innovation change with firm age?[J]. Small business economics, 22(3): 193-207.

HUSTED K, FOSS N J, MICHAILOVA S, et al., 2003. Governing knowledge processes: theoretical foundations and research opportunities[R]. Center for knowledge governance working paper.

HWANG J, LEE Y, 2010. External knowledge search, innovative performance and productivity in the Korean ICT sector[J]. Telecommunications policy, 34(10): 562-571.

IANSITI M, 1995. Technology integration-managing technological evolution in a complex environment[J]. Research policy, 24(4): 521-542.

IHL C, WAGNER P, 2012. Organizing for open innovation: Aligning internal structure and external knowledge sourcing[C]// Proceedings of the DRUID: 1-43.

IRELAND R D, HITT M A, VAIDYANATH D, 2002. Alliance management as a source of competitive advantage[J]. Journal of management, 28(3): 413-446.

JAMES S D, LEIBLEIN M J, LU S H, 2013. How firms capture value from their innovations[J]. Journal of management, 39(5): 1123-1155.

JANSEN J J P, BOSCH F A J V D, VOLBERDA H W, 2005. Managing potential and realized absorptive capacity: How do organizational antecedents matter?[J]. Social science electronic publishing, 48(6): 999-1015.

JANSEN J J P, VAN DEN BOSCH F A J, VOLBERDA H W, 2006. Exploratory innovation, exploitative innovation, and performance: Effects of organizational antecedents and environmental moderators[J]. Management science, 52(11): 1661-1674.

JANTUNEN A, 2005. Knowledge-processing capabilities and innovative performance: An empirical study [J]. European journal of innovation management, 8(3): 336-349.

JAWORSKI B J, KOHLI A, 1993. Market Orientation: Antecedents and consequences[J]. Journal of marketing, 57(3): 53-70.

JENSEN M C, 1993. The Modern industrial-revolution, exit, and the failure of internal control-systems[J]. Journal of finance, 48(3): 831-880.

JOHNSTON W J, LEACH M P, LIU A H, 1999. Theory testing using case studies in business-to-business research [J]. Industrial marketing management, 28(3): 201-213.

JONES P H, 2000. Knowledge strategy: Aligning knowledge programs to business strategy[J]. Knowledge management world, September: 12-15.

JOSHI A W, 2016. When does customer orientation hinder (help) radical product innovation? the role of organizational rewards[J]. Journal of product innovation management, 33(4): 435-454.

KALE P, SINGH H, PERLMUTTER H, 2000. Learning and protection of proprietary assets in strategic alliances: building relational capital [J].

Strategic management journal, 21(3): 217-237.

KAMIN J Y, RONEN J, 1978. The smoothing of income numbers: Some empirical evidence on systematic differences among management-controlled and owner-controlled firms[J]. Accounting organizations & society, 3(2): 141-157.

KANG S C, MORRIS S S, SNELL S A, 2007. Relational archetypes, organizational learning, and value creation: Extending the human resource architecture[J]. Academy of management review, 32(1): 236-256.

KANKANHALLI A, TAN B C Y, WEI K K, 2005. Contributing knowledge to electronic knowledge repositories: An empirical investigation[J]. MIS quarterly, 29(1): 113-143.

KATILA R, AHUJA G, 2002. Something old, something new: A longitudinal study of search behavior and new product introduction[J]. Academy of management journal, 45(6): 1183-1194.

KATILA R, CHEN E L, 2008. Effects of search timing on innovation: The value of not being in sync with rivals[J]. Administrative science quarterly, 53(4): 593-625.

KEATS B W, HITT M A, 1988. A causal model of linkages among environmental dimensions, macro organizational characteristics, and performance[J]. Academy of management journal, 31(3): 570-598.

KHANAGHA S, VOLBERDA H, OSHRI I, 2017. Customer co-creation and exploration of emerging technologies: The mediating role of managerial attention and initiatives[J]. Long range planning, 50(2): 221-242.

KIM C, PARK J H, 2013. Explorative search for a high-impact innovation: The role of technological status in the global pharmaceutical industry[J]. R&D management, 43(4): 394-406.

KIM D, 1998. The Link between individual and organizational learning[J]. Strategic management of intellectual capital, 35(1): 41-62.

KIM J, Geum Y, Son C, et al., 2013. Development of dual technology roadmap (TRM) for open innovation: Structure and typology[J]. Journal of engineering & technology management, 30(3):309-325.

KING D R, HEGARTY W H, 2003. Complementary resources and the exploitation of technological innovations[J]. Journal of management, 29(4):

589-606.

KLEIN S, FRAZIER G L, ROTH V J, 1990. A transaction cost analysis model of channel integration in international markets[J]. Journal of marketing research, 27(2): 196-208.

KLEVORICK A K, LEVIN R C, NELSON R R, et al. , 1995. On the sources and significance of interindustry differences in technological opportunities[J]. Research policy, 24(2): 185-205.

KOGUT B, ZANDER U, 1992. Knowledge of the firm, combinative capabilities, and the replication of technology[J]. Organizationscience, 3(3): 383-397.

KOPUT K W, 1997. A chaotic model of innovative search: some answers, many questions[J]. Organization science, 8(5): 528-542.

KRIAUCIUNAS A, KALE P, 2006. The impact of socialist imprinting and search on resource change: A study of firms in Lithuania[J]. Strategic management journal, 27(7): 659-679.

KUMAR N, 1996. The power of trust in manufacturer-retailer relationships[J]. Harvard business review, 74(6): 15-19.

LANE P J, LUBATKIN M, 1998. Relative absorptive capacity and interorganizational learning[J]. Strategic management journal, 19(5): 461-477.

LANE P J, KOKA B R, PATHAK S, 2006. The reification of absorptive capacity: A critical review and rejuvenation of the construct[J]. Academy of management review, 31(4): 833-863.

LANT T K, MILLIKEN F J, BATRA B, 1992. The role of managerial learning and interpretation in strategic persistence and reorientation: An empirical exploration[J]. Strategic management journal, 13(8): 585-608.

LAURSEN K, SALTER A J, 2006. Open for innovation: the role of openness in explaining innovation performance among U. K. manufacturing firms[J]. Strategic management journal, 27(2): 131-150.

LAURSEN K, SALTER A J, 2014. The paradox of openness: Appropriability, external search and collaboration[J]. Research policy, 43(5): 867-878.

LAVIE D, ROSENKOPF L, 2006. Balancing exploration and exploitation in alliance formation[J]. Academy of management journal, 49(4): 797-818.

LAZZAROTTI V, MANZINI R, NOSELLA A, et al. , 2016. Collaborations with scientific partners: the mediating role of the social context in fostering innovation performance[J]. Creativity & innovation management, 25(1): 142-156.

LEE C C, CHEN Y K, 2009. Adoption timing of technology innovative investment project in economic rents perspective[J]. International journal of information systems & change management, 4(1):85-99.

LEE J D, PARK C, 2006. Research and development linkages in a national innovation system: Factors affecting success and failure in Korea[J]. Technovation, 26(9): 1045-1054.

LEE K C, 2015. Dynamic resource allocation for exploitation and exploration with ambidexterity: Logical mechanism and simulations[J]. Computers in human behavior, 42: 120-126.

LEE T S, TSAI H J, 2005. The effects of business operation mode on market orientation, learning orientation and innovativeness [J]. Industrial management & data systems, 105(3): 325-348.

LEI D, HITT M A, GOLDHAR J D, 1996. Advanced manufacturing technology: organizational design and strategic flexibility[J]. Organization studies, 17(3): 501-523.

LEIBENSTEIN H, 1969. Organizational or frictional equilibria, x-efficiency, and the rate of innovation[J]. Quarterly journal of economics, 83(4): 600-623.

LEIPONEN A, HELFAT C E, 2010. Innovation objectives, knowledge sources, and the benefits of breadth[J]. Strategic management journal, 31(2): 224-236.

LEIPONEN A, HELFAT C E, 2011. Location, decentralization, and knowledge sources for innovation[J]. Organizationscience, 22(3): 641-658.

LEONARD D A, 1992. Core capabilities and core rigidities: a paradox in managing new product development[J]. Strategic management journal, 13(S1): 111-125.

LEVIN D Z, CROSS R, 2004. The strength of weak ties you can trust: the mediating role of trust in effective knowledge transfer[J]. Management science, 50(11): 1477-1490.

LEVIN R C, KLEVORICK A K, NELSON R R, et al., 1987. Appropriating the returns from industrial research and development[J]. Brookings papers on economic activity, 14: 551-561.

LEVINTHAL D A, 1995. Strategic management and the exploration of diversity[M]. NYC: Springer US.

LEVINTHAL D A, MARCH J G, 1981. A model of adaptive organizational search[J]. Journal of economic behavior & organization, 2(4): 307-333.

LEVINTHAL D A, MARCH J G, 1993. The myopia of learning[J]. Strategic management journal, 14(S2): 95-112.

LEVINTHAL D A, SCHOOL W, POSEN H E, 2008. Bringing context to the exploration-exploitation trade-off: Considering the impact of selection and turbulent environments[J]. Ann arbor, 1001: 48109-41234.

LEVITT B, MARCH J G, 1988. Organizational learning[J]. Annual review of sociology, 14(14): 319-340.

LEWIN A Y, VOLBERDA H W, 1999. Prolegomena on coevolution: a framework for research on strategy and new organizational forms [J]. Organization Science, 10(5): 519-534.

LICHTENTHALER U, 2009. Absorptive capacity, environmental turbulence, and the complementarity of organizational learning processes[J]. Academy of management journal, 52(4): 822-846.

LICHTENTHALER U, ERNST H, 2009. Opening up the innovation process: the role of technology aggressiveness[J]. R&D Management, 39(1): 38-54.

LIN C J, LI C R, 2013. The effect of boundary-spanning search on breakthrough innovations of new technology ventures [J]. Industry and innovation, 20(2): 93-113.

LIN C P, 2007. To share or not to share: modeling tacit knowledge sharing, its mediators and antecedents[J]. Journal of business ethics, 70(4): 411-428.

LIN H F, 2011. An empirical investigation of mobile banking adoption: The effect of innovation attributes and knowledge-based trust[J]. International journal of information management, 31(3): 252-260.

LOVE J H, ROPER S, VAHTER P, 2015. Learning from openness: The dynamics of breadth in external innovation linkages[J]. Strategic management journal, 35(11): 1703-1716.

LOVELACE K, SHAPIRO D L, WEINGART L R, 2001. Maximizing cross-functional new product teams' innovativeness and constraint adherence: A conflict communications perspective[J]. Academy of management journal, 44(4): 779-793.

LUBATKIN M H, SIMSEK Z, LING Y, et al., 2006. Ambidexterity and performance in small-to medium-sized firms: the pivotal role of top management team behavioral integration[J]. Journal of management, 32(5): 646-672.

LUMPKIN G T, DESS G G, 2001. Linking two dimensions of entrepreneurial orientation to firm performance: The moderating role of environment and industry life cycle[J]. Journal of business venturing, 16(5): 429-451.

MACHER J T, BOERNER C S, 2006. Experience and scale and scope economies: Trade-offs and performance in development[J]. Strategic management journal, 27(9): 845-865.

MACKINNON D P, LOCKWOOD C M, WILLIAMS J, 2004. Confidence limits for the indirect effect: distribution of the product and resampling methods[J]. Multivariate behavioral research, 39(1): 99-128.

MADHOK A, 1997. Cost, value and foreign market entry mode: The transaction and the firm[J]. Strategic management journal, 18(1): 39-61.

MADHOK A, 2011. Opportunism and trust in joint venture relationships: an exploratory study and a model[J]. Scandinavian journal of management, 11(1): 57-74.

MAHNKE V, PEDERSEN T, 2004. Knowledge governance and value creation [J]. Knowledge flows, governance and the multinational enterprise: 3-17.

MAKADOK R, WALKER G, 2010. Search and selection in the money market fund industry[J]. Strategic management journal, 17(S1): 39-54.

MARCH J G, OLSEN J P, CHRISTENSEN S, 1976. Ambiguity and choice in organizations[M]. Bergen: Universitetsforlaget.

MARCH J G, 1991. Exploration and exploitation in organizational learning[J]. Organization science, 2(1): 71-87.

MARCH J G, SIMON H A, 1958. Organizations[M]. New York: John Wiley & Sons.

MARINO K E, LANGE D R, 1983. Measuring organizational slack: a note on the convergence and divergence of alternative operational definitions[J]. Journal of management, 9(1): 81-92.

MARKIDES C, 2006. Disruptive innovation: in need of better theory[J].

Journal of product innovation management, 23(1): 19-25.

MARTIN X, MITCHELL W, 1998. The influence of local search and performance heuristics on new design introduction in a new product market[J]. Research policy, 26(7-8):753-771.

MCALLISTER D J, 1995. Affect and cognition-based trust as foundations for interpersonal cooperation in organizations [J]. Academy of management journal, 38(1): 24-59.

MCCARTHY I P, LAWRENCE T B, Wixted B, et al., 2010. A multidimensional conceptualization of environmental velocity[J]. Academy of management review, 35(4): 604-626.

MCEVILY B, MARCUS A, 2005. Embedded ties and the acquisition of competitive capabilities[J]. Strategic management journal, 26(11): 1033-1055.

MCEVILY S K, CHAKRAVARTHY B, 2010. The persistence of knowledge-based advantage: an empirical test for product performance and technological knowledge[J]. Strategic management journal, 23(4): 285-305.

MCFADYEN M A, CANNELLA A A, 2004. Social capital and knowledge creation: Diminishing returns of the number and strength of exchange relationships[J]. Academy of management journal, 47(5): 735-746.

MCFADYEN M A, SEMADENI M, CANNELLA A A, 2009. Value of strong ties to disconnected others: examining knowledge creation in biomedicine[J]. Organization science, 20(3): 552-564.

MILES M P, COVIN J G, HEELEY M B, 2000. The relationship between environmental dynamism and small firm structure, strategy, and performance[J]. Journal of marketing theory & practice, 8(2): 63-78.

MILES R E, SNOW C C, MEYER A D, et al., 1978. Organizational strategy, structure, and process[J]. Academy of management review, 3(3): 546-562.

MILLER D, FRIESEN P H, 1982. Innovation in conservative and entrepreneurial firms: Two models of strategic momentum [J]. Strategic management journal, 3(1): 1-25.

MILLER D, FRIESEN P H, 1983. Strategy-making and environment: the third link[J]. Strategic management journal, 4(3): 221-235.

MILLER D, 1987. The structural and environmental correlates of business strategy[J]. Strategic management journal, 8(1): 55-76.

MILLER E M, 2005. Studying the meaning of giftedness: inspiration from the field of cognitive psychology[J]. Roeper review, 27(3): 172-177.

MILLER W L, MORRIS L, 2000. 4th generation R&D: Managing knowledge, technology, and innovation[J]. Research technology management, 11(1): 60.

MINTZBERG H, 1979. An emerging strategy of "direct" research[J]. Administrative science quarterly, 24(4): 582-589.

MITCHELL J R, 2011. Erratic strategic decisions: when and why managers are inconsistent in strategic decision making[J]. Strategic management journal, 32(7): 683-704.

MOKYR J, 1990. Punctuated equilibria and technological progress[J]. American economic review, 80(2): 350-354.

MOLINA-MORALES F X, MARTíNEZ-FERNáNDEZ M T, 2009. Too much love in the neighborhood can hurt: how an excess of intensity and trust in relationships may produce negative effects on firms[J]. Strategic management journal, 30(9): 1013-1023.

MOOR A D, SMITS M T, 2005. An indicator wizard for knowledge management: Using system dynamics to implement the knowledge governance framework[J]. Telematics institute research paper, 9(68): 1-28.

MORGAN K, COOKE P, 1998. The associational economy: firms, regions, and innovation[J]. Social science electronic publishing, 21(2): 51-62.

MOSES H Y, 1992. A guide to completeness and complexity for modal logics of knowledge and belief[J]. Artificial intelligence, 54(3): 319-379.

MOWERY D C, OXLEY J, SILVERMAN B, 1996. Strategic alliances and interfirm knowledge transfer[J]. Strategic management journal, 17(S2): 77-91.

MOWERY D C, OXLEY J E, SILVERMAN B S, 2015. Strategic alliances and interfirm knowledge transfer[J]. Strategic management journal, 17(S2): 77-91.

NADKARNI S, BARR P S, 2008. Environmental context, managerial cognition, and strategic action: an integrated view[J]. Strategic management journal, 29(13): 1395-1427.

NADKARNI S, NARAYANAN V K, 2007. Strategic schemas, strategic flexibility, and firm performance: The moderating role of industry clockspeed[J]. Strategic management journal, 28(3): 243-270.

NEERGAARD H, 2005. Networking activities in technology-based entrepreneurial teams[J]. International small business journal, 23(3): 257-278.

NELSON R R, 1959. The simple economics of basic scientific research[J]. Journal of political economy, 67(3): 297-306.

NELSON R R, WINTER S G, 1982. The schumpeterian tradeoff revisited[J]. American economic review, 72(1): 114-132.

NERKAR A A, MCGRATH R G, MACMILLAN I C, 2005. Three facets of satisfaction and their influence on the performance of innovation teams[J]. Journal of business venturing,11(3): 167-188.

NIETO M, QUEVEDO P, 2005. Absorptive capacity, technological opportunity, knowledge spillovers, and innovative effort[J]. Technovation, 25(10): 1141-1157.

NOHRIA N, GULATI R, 1996. Is slack good or bad for innovation?[J]. Academy of management journal, 39(5): 1245-1264.

OCASIO W, 1997. Towards an attention-based view of the firm[J]. Strategic management journal, 18(S1): 187-206.

OPERTI E, CARNABUCI G, 2014. Public knowledge, private gain: the effect of spillover networks on firms' innovative performance[J]. Journal of management, 40(4): 1042-1074.

O'REILLY C A, CHATMAN J A, 1994. Working smarter and harder: a longitudinal study of managerial success[J]. Administrative science quarterly, 39(4): 603-627.

PATEL P, PAVITT K, 1997. The technological competencies of the world's largest firms: Complex and path-dependent, but not much variety[J]. Research policy, 26(2): 141-156.

PAVITT K, 1990. What we know about the strategic management of technology[J]. California management review, 32(3): 17-26.

PELTOKORPI V, TSUYUKI E, 2006. Knowledge governance in a Japanese project-based organization[J]. Knowledge management research & practice, 4(1): 36-45.

PETERSEN T, SAPORTA I, SEIDEL M D L, 2000. Offering a Job: Meritocracy and Social Networks[J]. American journal of sociology, 106 (3): 763-816.

PHELPS C C, 2010. A longitudinal study of the influence of alliance network structure and composition on firm exploratory innovation[J]. Academy of management journal, 53(4): 890-913.

PIANTA M, ARCHIBUGI D, 1996. Innovation surveys and patents as technology indicators: the state of arts [M]//Innovation, patents and technological acivities in industrial countries: the analysis of patent data:17-56.

PISANO G P, 1990. The R&D boundaries of the firm: an empirical analysis [J]. Administrative science quarterly, 35(1): 153-176.

PODOLNY J M, STUART T E, HANNAN M T, 1996. Networks, knowledge and niches: competition in the worldwide semiconductor industry, 1984-1991[J]. American journal of sociology, 102(3): 659-689.

PODSAKOFF P M, MACKENZIE S B, 2003. Common method biases in behavioral research: A critical review of the literature and recommended remedies[J]. Journal of applied psychology, 88(5): 879-903.

POON J P H, MACPHERSON A, 2005. Innovation strategies of Asian firms in the United States[J]. Journal of engineering & technology management, 22(4): 255-273.

PORTER M E, 1980. Corporate strategy: the state of strategic thinking[M]. NYC: New York Press.

POSEN H E, LEVINTHAL D A, 2012. Chasing a moving target: exploitation and exploration in dynamic environments[J]. Management science, 58(3): 587-601.

POWELL W W, KOPUT K W, SMITH-DOERR L, 1996. Interorganizational collaboration and the locus of innovation: networks of learning in biotechnology [J]. Administrative science quarterly: 116-145.

PRAGER D J, OMENN G S, 1980. Research, innovation, and university-industry linkages[J]. Science, 207(4429): 379-384.

PRAJOGO D I, AHMED P K, 2006. Relationships between innovation stimulus, innovation capacity, and innovation performance[J]. R&D management, 36(5): 499-515.

QUINTANA-GARCiA C, BENAVIDES-VELASCO C A, 2008. Innovative competence, exploration and exploitation: The influence of technological diversification[J]. Research policy, 37(3): 492-507.

RAISCH S, BIRKINSHAW J, 2008. Organizational ambidexterity: antecedents, outcomes, and moderators[J]. Journal of management, 34(3): 375-409.

RAISCH S, HOTZ F, 2010. Shaping the context for learning: Corporate alignment initiatives, environmental munificence and firm performance[J]. American journal of surgery, 167(1): 163-168.

REICHSTEIN T, SALTER A, 2006. Investigating the sources of process innovation among UK manufacturing firms[J]. Industrial & corporate change, 15(4): 653-682.

ROBBINS S P, JUDGE T A, VOHRA N, 2013. Organizational behavior (15th edition)[M]. New Jersey:Pearson education Inc.

RODAN S, GALUNIC C, 2004. More than network structure: how knowledge heterogeneity influences managerial performance and innovativeness[J]. Strategic management journal, 25(6): 541-562.

ROSENBUSCH N, BAUSCH A, GALANDER A, 2007. The impact of environmental characteristics on firm performance: a meta-analysis[J]. Academy of management annual meeting proceedings, (1): 1-6.

ROSENKOPF L, ALMEIDA P, 2003. Overcoming local search through alliances and mobility[J]. Management science, 49(6): 751-766.

ROSENKOPF L, NERKAR A, 2001. Beyond local search: Boundary-spanning, exploration, and impact in the optical disk industry[J]. Strategic management journal, 22(4): 287-306.

ROTHAERMEL F T, ALEXANDRE M T, 2009. Ambidexterity in technology sourcing: the moderating role of absorptive capacity[J]. Organization science, 20(4): 759-780.

ROTHAERMEL F T, DEEDS D L, 2004. Exploration and exploitation alliances in biotechnology: a system of new product development[J]. Strategic management journal, 25(3): 201-221.

ROTHWELL R, 1992. Successful industrial innovation: critical factors for the 1990s[J]. R&D management, 22(3): 221-240.

ROWLEY T, BEHRENS D, KRACKHARDT D, 2000. Redundant governance structures: an analysis of structural and relational embeddedness in the steel and semiconductor industries[J]. Strategic management journal, 21(3): 369-386.

ROY A, WALTERS P G P, LUK S T K, 2001. Chinese puzzles and paradoxes: conducting business research in China[J]. Journal of business research, 52(2): 203-210.

RUSSO A, VURRO C, 2011. Cross-boundary ambidexterity: Balancing exploration and exploitation in the fuel cell industry[J]. European management review, 7(1): 30-45.

SALGE T O, FARCHI T, PIENING E P, 2012. Harnessing the value of open innovation: the moderating role of innovation management[J]. International journal of innovation management, 16(3): 1240005.

SAMMARRA A, BIGGIERO L, 2008. Heterogeneity and specificity of inter-firm knowledge flows in innovation networks[J]. Journal of management studies, 45(4): 800-829.

SAMPSON H W, DEARMAN A C, AKINTOLA A D, et al., 2007. Immunohistochemical localization of cadherin and catenin adhesion molecules in the murine growth plate[J]. Journal of histochemistry and cytochemistry, 55(8): 845-852.

SANCHEZ R, 1995. Managing articulated knowledge in competence-based competition[M]. Champaign: University of Illinois at urbana-champaign.

SCANDURA A, 2016. University-industry collaboration and firms' R&D effort[J]. Research policy, 45(9): 1907-1922.

SCHEIN E H, 1996. Culture: The missing concept in organization studies[J]. Administrative science quarterly, 41(2): 229-240.

SCHNEIDER S, SPIETH P, 2013. Business Model Innovation: Towards An Integrated Future Research Agenda[J]. International journal of innovation management, 17(1):1340001.

SCHULZ M, JOBE L A, 2001. Codification and tacitness as knowledge management strategies: an empirical exploration[J]. Journal of high technology management research, 12(1): 139-165.

SCHUMPETER J A, 2009. Business cycles: A theoretical, historical, and statistical analysis of the capitalist process. Vol, 2[J]. Reproduction nutrition development, 36(2): 175-189.

SHANG S S C, YAO C Y, LIOU D M, 2017. The effects of knowledge interaction for business innovation[J]. R&D management, 47(3): 337-351.

SHARFMAN M P, DEAN J W, 1991. Conceptualizing and measuring the organizational environment: a multidimensional approach[J]. Journal of management, 17(4): 681-700.

SHAO Z, FENG Y, LIU L, 2012. The mediating effect of organizational culture and knowledge sharing on transformational leadership and Enterprise Resource Planning systems success: An empirical study in China[J]. Computers in human behavior, 28(6): 2400-2413.

SHAVELSON R J, TOWNE L, 2009. 'Scientific' research in education[M]. [S. l.]:Springer.

SHENG S B, ZHOU K Z, LI J J, 2011. The Effects of business and political ties on firm performance: evidence from china[J]. Journal of marketing, 75(1): 1-15.

SHENKAR O, LI J T, 1999. Knowledge search in international cooperative ventures[J]. Organization science, 10(2): 134-143.

SHIMIZU K, HITT M A, 2004. Strategic flexibility: organizational preparedness to reverse ineffective strategic decisions[J]. Academy of management perspectives, 18(4): 44-59.

SHROUT P E, BOLGER N, 2002. Mediation in experimental and nonexperimental studies: new procedures and recommendations [J]. Psychological methods, 7(4): 422-445.

SIDHU J S, VOLBERDA H W, COMMANDEUR H R, 2004. Exploring exploration orientation and its determinants: Some empirical evidence[J]. Journal of management studies, 41(6): 913-932.

SIDHU J S, COMMANDEUR H R, VOLBERDA H W, 2007a. The multifaceted nature of exploration and exploitation: Value of supply, demand, and spatial search for innovation[J]. Organization science, 18(1): 20-38.

SIDHU T, KLAVANS J, LIN J, 2007b. Concept disambiguation for improved subject access using multiple knowledge sources[C]//Proceedings of the workshop on language technology for cultural heritage data.

SIGGELKOW N, LEVINTHAL D A, 2003. Temporarily divide to conquer: centralized, decentralized, and reintegrated organizational approaches to exploration and adaptation[J]. Organization science, 14(6): 650-669.

SILVERMAN B S, 1999. Technological resources and the direction of corporate diversification: toward an integration of the resource-based view and transaction cost economics[J]. Management science, 45(8): 1109-1124.

SIMPSON B M, 1982. The essential clausewitz[J]. Naval war college review, 35(2): 54-61.

SINGH J, 2008. Distributed R&D, cross-regional knowledge integration and quality of innovative output[J]. Research policy, 37(1): 77-96.

SIRMON D G, HITT M A, IRELAND R D, 2007. Managing firm resources in dynamic environments to create value: Looking inside the black box[J]. Academy of management review, 32(1): 273-292.

SNYDER N H, GLUECK W F, 1982. Can environmental volatility be measured objectively?[J]. Academy of management journal, 25(1): 185-192.

SOFKA W, SHEHU E, DE FARIA P, 2014. Multinational subsidiary knowledge protection: Do mandates and clusters matter?[J]. Research policy, 43(8): 1320-1333.

SONG M, BERENDS H, BIJ H V D, et al., 2007. The effect of it and co-location on knowledge dissemination[J]. Journal of product innovation management, 24(1): 52-68.

STINCHCOMBE A L, 2000. Social structure and organizations[J]. Advances in strategic management, 17: 229-259.

STOCK G N, GREIS N P, FISCHER W A, 2001. Absorptive capacity and new product development[J]. Journal of high technology management research, 12(1): 77-91.

STUART T E, PODOLNY J M, 1996. Local search and the evolution of technological capabilities[J]. Strategic management journal, 17(S1): 21-38.

SU Z, SHEN H, XIAO T, 2013. Technological capability, marketing capability, and firm performance in turbulent conditions[J]. Management & organization review, 9(1): 115-137.

SUZUKI J, KODAMA F, 2004. Technological diversity of persistent innovators in Japan: Two case studies of large Japanese firms[J]. Research policy, 33(3): 531-549.

SWAN K S, ALLRED B B, 2003. A product and process model of the technology-sourcing decision[J]. Journal of product innovation management, 20(6): 485-496.

TAN J, LITSCHERT R J, 1994. Environment-strategy relationship and its performance implications: An empirical study of the Chinese electronics industry[J]. Strategic management journal, 15(1): 1-20.

TAN J, PENG M W, 2003. Organizational slack and firm performance during economic transitions: Two studies from an emerging economy[J]. Strategic management journal, 24(13): 1249-1263.

TAN J, TAN D, 2010. Environment-strategy co-evolution and co-alignment: a staged model of Chinese SOEs under transition[J]. Strategic management journal, 26(2): 141-157.

TANRIVERDI H, VENKATRAMAN N, 2005. Knowledge relatedness and the performance of multibusiness firms[J]. Strategic management journal, 26(2): 97-119.

TEECE D J, 1993. Profiting from technological innovation: Implications for integration, collaboration, licensing and public policy[J]. Research policy, 15(6): 285-305.

TERZIOVSKI M, GUERRERO-CUSUMANO J L, 2009. ISO 9000 quality systems certification and its impact on innovation performance[J]. Academy of management annual meeting proceedings(1): 1-6.

TETHER B S, SMITH I J, THWAITES A T, 2004. Smaller enterprises and innovation in the UK: the SPRU innovations database revisited [J]. Research policy, 26(1): 19-32.

THOMPSON J D, ZALD M N, SCOTT W R, 1967. Organizations in action: Social science bases of administrative theory [M]. [S. l.]: Transaction Publishers.

THORNHILL S, 2006. Knowledge, innovation and firm performance in high- and low-technology regimes[J]. Journal of business venturing, 21(5): 687-703.

TODOROVA G, DURISIN B, 2007. Absorptive capacity: Valuing a reconceptualization[J]. Academy of management review, 32(3): 774-786.

TSAI K H, WANG J C, 2009. External technology sourcing and innovation performance in LMT sectors: An analysis based on the Taiwanese Technological Innovation Survey[J]. Research policy, 38(3):518-526.

TSAI K H, 2009. Collaborative networks and product innovation performance: Toward a contingency perspective[J]. Research policy, 38(5): 765-778.

TSAI M T, HUANG Y C, 2008. Exploratory learning and new product performance: The moderating role of cognitive skills and environmental uncertainty[J]. Journal of high technology management research, 19(2): 83-93.

TSCHANG F T, 2007. Balancing the tensions between rationalization and creativity in the video games industry[J]. Organization science, 18(6): 989-1005.

TUNG R L, 1979. Dimensions of organizational environments: An exploratory study of their impact on organization structure[J]. Academy of management journal, 22(4): 672-693.

TUSHMAN M L, ROSENKOPF L, 1992. Organizational determinants of technological change: towards a sociology of technological evolution[J]. Research in organizational behavior, 14: 311-347.

TUSHMAN M L, ANDERSON P C, O'REILLY III C A, 1997. Technology cycles, innovation streams, and ambidextrous organizations: organization renewal through innovation streams and strategic change[J]. Managing strategic innovation and change: 3-23.

UZZI B, 1997. Social structure and competition in interfirm networks: The paradox of embeddedness[J]. Administrative science quarterly, 42(1): 35-67.

VAN DEN BOSCH F A J, VOLBERDA H W, DE BOER M, 1999. Coevolution of firm absorptive capacity and knowledge environment: Organizational forms and combinative capabilities[J]. Organization science, 10(5): 551-568.

VASUDEVA G, ANAND J, 2011. Unpacking absorptive capacity: a study of knowledge utilization from alliance portfolios[J]. Academy of management journal, 54(3): 611-623.

VENKATRAMAN N, PRESCOTT J E, 1990. Environment-strategy coalignment:An empirical test of its performance implications[J]. Strategic management journal, 11(1): 1-23.

VEUGELERS R, 1997. Internal R&D expenditures and external technology sourcing[J]. Research policy, 26(3): 303-315.

VEUGELERS R, CASSIMAN B, 2005. R&D cooperation between firms and universities. Some empirical evidence from Belgian manufacturing[J]. International journal of industrial organization, 23(5/6): 355-379.

VON HIPPEL E, 1988. Cooperation between rivals: The informal trading of technical know-how[J]. The sources of innovation: 76-92.

VOUDOURIS I, LIOUKAS S, IATRELLI M, et al., 2012. Effectiveness of technology investment: Impact of internal technological capability, networking and investment's strategic importance[J]. Technovation, 32(6): 400-414.

WAGNER S, HOISL K, THOMA G, 2014. Overcoming localization of knowledge: The role of professional service firms[J]. Strategic management journal, 35(11): 1671-1688.

WALSH J P, LEE Y N, NAGAOKA S, 2016. Openness and innovation in the US: Collaboration form, idea generation and implementation[J]. Research policy, 45(8): 172-183.

WANG C F, ZHANG P, 2010. A simulation model for the main factors affecting business innovation performance[J]. Journal of computers, 5(10): 1543-1551.

WANG C H, HSU L C, 2014. Building exploration and exploitation in the high-tech industry: The role of relationship learning[J]. Technological forecasting and social change, 81(1): 331-340.

WANG C H, HSU L C, FANG S R, 2008. The determinants of internationalization: Evidence from the Taiwan high technology industry[J]. Technological forecasting and social change, 75(9):1388-1395.

WANG H, LI J, 2008. Untangling the effects of overexploration and overexploitation on organizational performance: The moderating role of environmental dynamism[J]. Journal of management, 34(5): 925-951.

WANG T, LIBAERS D, 2016. Nonmimetic knowledge and innovation performance: empirical evidence from developing countries[J]. Journal of product innovation management,33(5): 570-588.

WANG Z Z, ZHANG X Q, 2008. Construction of scientific and technological innovation system for local application-oriented universities[J]. Technology & innovation management,29(1): 19-22.

WELLMAN B, WORTLEY S, 1989. Brothers' keepers: situating kinship relations in broader networks of social support[J]. Sociological perspectives, 32(3): 273-306.

WEST J, SALTER A, VANHAVERBEKE W, et al., 2014. Open innovation: The next decade Introduction[J]. Research policy, 43(5): 805-811.

WHETTEN D A, ALDRICH H, 1979. Organization setsize and diversity: people-processing organizations and their environments[J]. Administration

& society, 11(3): 251-281.

WHOLEY D R, BRITTAIN J, 1989. Characterizing environmental variation [J]. Academy of management journal, 32(4): 867-882.

WIERSEMA M F, BANTEL K A, 1993. Top management team turnover as an adaptation mechanism: The role of the environment [J]. Strategic management journal, 14(7): 485-504.

WINTER D A, 1984. Kinematic and kinetic patterns in human gait-variability and compensating effects[J]. Human movement science, 3(1-2): 51-76.

WONG C W, WONG C Y, BOON-ITT S, 2013. The combined effects of internal and external supply chain integration on product innovation[J]. International journal of production economics, 146(2): 566-574.

XU D, MEYER K E, 2013. Linking theory and context: 'Strategy research in emerging economies' after Wright et al. (2005)[J]. Journal of management studies, 50(7): 1322-1346.

YAM R C M, LO W, TANG E P Y, et al., 2011. Analysis of sources of innovation, technological innovation capabilities, and performance: An empirical study of Hong Kong manufacturing industries[J]. Research policy, 40(3): 391-402.

YAN A, GRAY B, 1994. Bargaining Power, Management control, and performance in united states-china joint ventures: a comparative case study [J]. Academy of management journal, 37(6): 1478-1517.

YANG Y, GUO B, YIN S, et al., 2008. Connotation, theory framework and application of customer collaborative innovation[J]. Computer integrated manufacturing systems, 14(5): 944-950.

YIN R, 2009. Case study research: design and methods. [M]. 4th edition. Los Angeles and London: SAGE.

YOUNG-YBARRA C, WIERSEMA M, 1999. Strategic flexibility in information technology alliances: the influence of transaction cost economics and social exchange theory[J]. Organization science, 10(4): 439-459.

YU S-H, 2013. Social capital, absorptive capability, and firm innovation[J]. Technological forecasting and social change, 80(7): 1261-1270.

ZAHEER A, MCEVILY B, PERRONE V, 1998. Does trust matter? exploring the effects of interorganizational and interpersonal trust on performance[J].

Organization science, 9(2):141-159.

ZAHRA S A, 1996. Technology strategy and financial performance: Examining the moderating role of the firm's competitive environment[J]. Journal of business venturing, 11(3):189-219.

ZAHRA S A, COVIN J G, 2015. Contextual influences on the corporate entrepreneurship-performance relationship: A longitudinal analysis [J]. Entrepreneurship research journal, 10(1):43-58.

ZAHRA S A, GEORGE G, 2002a. Absorptive capacity: A review, reconceptualization, and extension[J]. Academy of management review, 27(2):185-203.

ZAHRA S A, GEORGE G, 2002b. The net-enabled business innovation cycle and the evolution of dynamic capabilities[J]. Information systems research, 13(2):147-150.

ZHANG C, 2014. How open search strategies align with firms' radical and incremental innovation: evidence from China[J]. Technology analysis & strategic management, 26(7):781-795.

ZHOU K Z, LI C B, 2007. How does strategic orientation matter in Chinese firms?[J]. Asia pacific journal of management, 24(4):447-466.

ZHOU K Z, LI C B, 2012. How knowledge affects radical innovation: Knowledge base, market knowledge acquisition, and internal knowledge sharing[J]. Strategic management journal, 33(9):1090-1102.

ZHOU K Z, WU F, 2010. Technological capability, strategic flexibility, and product innovation[J]. Strategic management journal, 31(5):547-561.

ZINOVYEVA N, BAGUES M, 2015. The role of connections in academic promotions[J]. Social science electronic publishing, 7:264-292,229.

ZYNGIER S, BURSTEIN F, MCKAY J, 2016. Knowledge management governance: A multifaceted approach to organisational decision and innovation support[R]. [S. l.]:Monash University.